国家哲学社会科学基金西部项目（11XMZ048）成果；石河子大学“中西部高校综合实力提升工程”兵团屯垦经济学科群建设项目资助出版

经济管理学术文库・经济类

旅游资源开发缓解绿洲城镇孤岛效应的作用机理研究：基于新疆视角

Research on the Mechanism of Tourism Resource Development to Alleviate the Island Effect of Oasis Town: Based on Xinjiang Perspective

杨宏伟 等/著

图书在版编目（CIP）数据

旅游资源开发缓解绿洲城镇孤岛效应的作用机理研究：基于新疆视角/杨宏伟等著．—北京：经济管理出版社，2018.6

ISBN 978-7-5096-5804-8

Ⅰ.①旅… Ⅱ.①杨… Ⅲ.①旅游资源开发—研究—新疆 Ⅳ.①F592.745

中国版本图书馆 CIP 数据核字(2018)第 101150 号

组稿编辑：曹　靖
责任编辑：杨国强　张瑞军
责任印制：黄章平
责任校对：王淑卿

出版发行：经济管理出版社
（北京市海淀区北蜂窝 8 号中雅大厦 A 座 11 层　100038）
网　　址：www.E-mp.com.cn
电　　话：(010) 51915602
印　　刷：北京玺诚印务有限公司
经　　销：新华书店
开　　本：720mm×1000mm/16
印　　张：16.5
字　　数：314 千字
版　　次：2018 年 7 月第 1 版　　2018 年 7 月第 1 次印刷
书　　号：ISBN 978-7-5096-5804-8
定　　价：68.00 元

课题主要参与人

杨宏伟　石河子大学经济与管理学院教授、硕士生导师
王春豪　石河子大学经济与管理学院副教授、管理学博士、硕士生导师
王晓蜀　石河子大学经济与管理学院副教授、经济学博士
王　惠　石河子大学经济与管理学院副教授
周　蕾　石河子大学经济与管理学院讲师
蒲　静　石河子大学经济与管理学院讲师
冯晓玉　石河子大学统计学硕士研究生
李江丽　石河子大学统计学硕士研究生
马　腾　石河子大学统计学硕士研究生
张海文　石河子大学统计学硕士研究生
孙善祥　石河子大学统计学硕士研究生
周小虎　石河子大学统计学硕士研究生
郑　洁　石河子大学统计学硕士研究生
李雅莉　石河子大学统计学硕士研究生

旅游业正成为绿洲城镇群成长的新动力引擎（代前言）

2009 年，《国务院关于加快发展旅游业的意见》（国发〔2009〕41 号）提出："旅游业是战略性产业，资源消耗低，带动系数大，就业机会多，综合效益好。"根据 2016 年 12 月国务院发布的《"十三五"旅游业发展规划》，"十二五"期间旅游业已基本形成为"国民经济战略性支柱产业"和"综合性大产业"。2017 年，我国旅游业综合贡献 8.77 万亿元，旅游直接就业 2825 万人，旅游业对国民经济的综合贡献率已达到 11.04%。旅游业作为战略性大产业已进入"两山"（绿水青山就是金山银山）大时代，使得绿洲中小城镇群的建设发展拨云见日，迎来了生机盎然的新时代。

第一，绿洲城镇群发展的动力引擎问题。大力推进绿洲新型城镇化是促进新疆区域协调发展、全面建成小康社会、建设丝绸之路经济带核心区、努力实现科学发展与长治久安的重大战略性问题，具有十分重要的战略意义。由于受"三山夹两盆"干旱区绿洲自然地理空间碎片化环境、地缘经济区位劣势、交通运输成本以及传统区域经济分工等不利因素的制约，新疆绿洲城镇化总体上一直没有较好地形成相适宜的有强劲引擎动力的绿洲型支柱产业，致使绿洲城镇聚集力长期普遍较弱、整体规模效益偏低、体系结构关系失衡等问题突出。因此，选择和培育适宜于绿洲城镇化特点的动力产业对 21 世纪新疆绿洲新型城镇化建设（特别是分布于各地州的中小城镇群）依然是关键性的战略问题。

第二，实施旅游资源战略性开发。进入 21 世纪以来，新疆逐渐形成旅游资源战略性开发思路，在"十二五"时期明确提出实施了旅游资源战略性开发的重大举措。核心就是大力培育旅游战略性支柱产业、建设"一轴两翼"三大旅游产业带以及实施绿洲旅游城镇化发展等。"十二五"期间，新疆累计接待国内外游客达 2.51 亿人次，实现旅游总收入 3056.91 亿元。整个"十二五"期间旅游总收入占全区 GDP 总值（5 年 37825 亿元）比重历史性地达到了 8.1%（"十一五”为5.47%）。2015年，全区接待国内外游客6097万人次，旅游总收入首次突破了千亿元大关（1022亿元），旅游收入占自治区当年GDP（9324.80亿元）比重达到11%。无疑，实施旅游资源战略性开发已使新疆培育起旅游战略性支柱产业和综合性大产业。

第三，旅游战略性支柱综合大产业产生缓解绿洲城镇孤岛效应的积极作用。消除绿洲经济孤岛效应是解决新疆绿洲城镇体系结构碎片化空间问题的关键所在。绿洲城镇孤岛效应的空间屏蔽作用使传统工业型城镇模式面对新疆绿洲的自然孤岛地理空间而明显缺乏效力。通过旅游资源战略性开发，新疆旅游业获得社会资本的有力投入，大大促进了旅游交通建设、特色产品开发和农牧民就业转移，大力推进了地州县乡旅游服务业体系培育，带动了三次产业以旅游业为综合平台的融合发展，产生了积极的乘数经济效应。因此创造了新疆城乡一体化和县域就地城镇化的新机制，积极有效地促进了各（地州）中小绿洲城镇群的成长。

第四，旅游业与绿洲城镇群协同发展的积极效应。新疆旅游资源战略性开发形成了以12个（其中10个都分布于南北疆地州）5A级景区为龙头的300多个遍布南北疆各地州的国家A级景区群体系，使南北疆旅游开发趋向均衡；“一轴两翼”三大旅游产业带构型基本形成，所产生的旅游规模效益已经凸显；全新疆以高水平旅游景区（5A与4A）作为吸引物的旅游中心地体系结构布局极大优化，显著改善了各地州市县旅游一体化分工协作的产品关联；各地州初步形成新疆旅游集散服务的绿洲旅游城镇体系，因此显示了新疆绿洲中小城镇群发展的新产业动力。新疆绿洲城镇群成长已基本形成以旅游战略性支柱产业为动力支撑、旅游城镇为空间支点、旅游产业带为资源密集区和联动空间的功能结构关系，正在积极形成旅游综合带动的产业分工协作联动经济体系。课题组将其中的作用机理概括为新疆旅游资源战略性开发缓解绿洲城镇孤岛效应的自然空间机理、战略可行机理、战略成效机理和空间经济机理，其中又将空间经济机理总结归纳为“旅游产业带空间作用机理”“旅游中心地空间作用机理”和“旅游城镇化空间作用机理”三个方面。基于分形原理，课题组从位序—规模分维、空间聚集分维和空间关联分维三个维度进行了实证定量分析，解构观察了新疆“十二五”期间“一轴两翼”三大旅游产业带发展演变的空间分形特征及其效益，观察了新疆绿洲旅游中心地体系构建的空间分形效率以及存在的问题，从实证和理论两个方面解析了旅游产业带与绿洲城镇群协同发展的分形机理。

第五，不断深入推进旅游战略性产业壮大，促进绿洲城镇体系成长。通过理论思考和实证分析，课题组提出进一步推进旅游资源战略性开发缓解绿洲城镇孤岛效应、促进新疆绿洲中小城镇群发展能力的对策建议，简要概括为以下6条：

（1）积极而充分肯定新疆绿洲中小城镇群发展的战略思路和旅游资源战略

性开发的基本方向。

（2）从丝绸之路经济带核心区建设的战略新高度大力推进新疆旅游业向高端化、精品化、个性化、智能化和国际化大纵深开发。

（3）深入优化新疆绿洲旅游空间模式，进一步提高新疆绿洲旅游区块之间的通勤联络水平，大力发展新疆全域化低空旅游项目、自驾旅游公共设施服务和高速列车旅游系统。

（4）完善高端精品景区“点”空间布局优化，继续深入挖掘、充分开发、均衡布局南北疆5A级高端精品龙头旅游景区体系。以体系化均衡布局的高端精品旅游景区为多点支撑，大力提升新疆旅游吸引物规模效应、游客消费性价比，大幅降低因新疆地域辽阔而产生的“旅长游短”劣势影响。

（5）深化旅游产业带“面”空间内涵优化，按照我国“十三五”全域旅游的新内涵要求，提升“一轴两翼”三大旅游产业带的融合发展能力、聚集资源能力和辐射带动能力，深化旅游产业带与绿洲城镇群的协同发展关系。

（6）进一步促进新疆各地州之间旅游产业的深度分工协作关系，提升各地州旅游吸引物产品特色化及时空差异化水平，促进各地州旅游深度关联协同一致的产业化发展。

2018年5月

目　录

第1章 研究报告综述

1.1 研究问题

1.1.1 选题背景

1.1.1.1 问题缘由

大力推进绿洲新型城镇化是促进新疆区域协调发展、全面建成小康社会、建设丝绸之路经济带核心区、努力实现科学发展与长治久安的重大战略性问题，具有十分重要的战略意义。

由于受“三山夹两盆”的干旱区绿洲自然地理空间碎片化环境、地缘经济区位劣势、交通运输成本以及传统区域经济分工等不利因素的制约，新疆绿洲城镇化总体上一直没有较好地形成相适宜的有强劲引擎动力的绿洲型支柱产业，致使绿洲城镇聚集力依然普遍较弱、整体规模效益偏低、体系结构关系失衡等问题突出。总之，长期以来新疆城镇体系结构的严重不合理状态是一个制约绿洲新型城镇化发展的重大瓶颈问题。尤其是全疆绿洲城镇系统所表现出的地理空间分布碎片化、体系层次关系不清晰、区域城镇系统功能不完备等问题，不仅是绿洲城镇化发展过程中较难破解的瓶颈，而且对新疆绿洲城镇经济与社会发展构成极为不利的制约性影响。

首先，对新疆各地州产业结构发展的制约影响突出表现为长期以来产业分工粗放、产业层次水平低下；其次，对各地州中心城市发展的制约影响突出表现为地州中心城市经济辐射功能不足、带动绿洲县域城镇化的动能较弱；最后，对全疆城镇体系结构发育的制约影响突出表现为新疆大城市功能的缺稀，即首府乌鲁木齐市首位度严重偏高而其他城市位序—规模普遍偏小，明显缺位中间较大城市类型，而这种结构失衡格局长期以来未取得比较理想的改观。

概括起来看，新疆绿洲城镇体系结构关系因绿洲地理结构严重碎片化而过于松散，因此极大地制约了各地州中心城市对区域内绿洲城镇群的空间凝聚、功能结构关联以及梯度层次结构的有效整合。导致这些问题的关键就在于新疆尚未能较成熟地形成适宜于干旱区大空间碎片化绿洲环境和强劲推动绿洲城镇体系成长的产业动力引擎与发展机制。或者可以说，对于这种产业动力引擎与发展机制，仍然需要从 21 世纪以来新疆改革发展的新实践中进行深入观察、总结和提炼。

因此，需要从我国和新疆全面建成小康社会、全面深化改革推进产业转型升级所面临的新阶段、新技术与新战略变革角度进行深入的科学分析，从我国新的经济社会发展机遇中探寻适宜新疆绿洲城镇化发展的新产业动力机制。为此，特别需要深入解构新疆绿洲城镇体系发展的区域经济地理空间特征，着力求解对新疆绿洲城镇体系空间分布结构、位序—规模结构与产业结构实施深度优化的相应策略。

1.1.1.2　文献背景

对于上述重要问题，本课题进行了一定的文献调查分析，其中既有学者研究论著，也有来自政府公布的重要政策文件。文献调查分析着重围绕两个关键问题进行梳理探寻，一是新疆绿洲城镇化的动力引擎发展与重大机遇在哪里，如何从新疆绿洲特殊空间结构的角度深刻理解新疆绿洲城镇化战略与产业政策选择；二是绿洲碎片化自然地理空间形态对新疆绿洲新型城镇化模式与发展路径的“制约”意味着什么，会如何影响新疆绿洲城镇化的发展模式和基本途径。以下就从这两方面进行具体阐析。

（1）关于新疆绿洲新型城镇化动力引擎与绿洲特色主导产业的选择问题。

纵览关于新疆城镇化发展制约因素的研究文献，可以发现比较普遍的观点是地域面积大、交通成本高、工业化能力弱以及远离国内外主要市场等是影响新疆绿洲城镇化发展的基本因素。因此相应的对策建议多集中于优化交通建设和提升工业发展能力方面。从数十年来的发展效果看，新疆交通建设获得了长期持续的国家重大政策支持而成绩斐然，对推进新疆城镇化发展产生了巨大的基础性支撑作用。对于提升工业发展能力的努力，就新疆各地州层面来评价，不能不说确实取得了持续性的进步和比较显著的效果，但是在发展具有规模化效益的特色支柱（或主导）产业方面却受到众多因素制约，比如绿洲生态环境制约、长距离交通成本制约、相对封闭的市场空间制约以及较薄弱的人力资源制约等。尤其是发展过程中越来越多的情况指向脆弱性绿洲生态环境的破坏与工业化污染问题，似乎成为推进新型工业化与城市化发展难以逾越的矛盾与困扰，这些问题已日趋严重地制约着新疆各地州提升绿洲区域性一体化工业经济体系和绿洲城镇系统的成长

发展。

那么综合这些文献研究的主要观点来推断，新疆今后的新型工业化必将在“一带一路”倡议推动的新区域产业分工这一新历史机遇中展现其区位优势与资源禀赋特长，将树立起绿色发展理念，推进绿色、生态和富民的区域性特色产业发展策略。总体上要强调以作为丝绸之路经济带建设核心区这一地缘经济战略的关键环节获得新疆发展的新突破。其中一个要点就是新疆将不应该再简单模仿重复东部沿海发展模式来构建传统形态的制造业生产体系。

在21世纪的一个较长历史时期里（比如前20～30年），新疆实现绿洲新型城镇化的驱动力必然产生于我国全面建设小康社会和全面深化改革的产业高级化区域分工所释放的新动力与新机遇。将会结合新疆各地州的现实资源禀赋条件，以高端化、个性化、智能化和规模化的新疆绿洲特色产业开发为抓手，创新重塑新疆干旱半干旱区地域风格特征的绿洲新型城镇化模式。新疆比较优势突出的产业主要有能源业、商贸业、物流业、特色农产品加工以及旅游业等。

在本课题所涉及的主要文献中，无论是从各级政府的战略决策还是学者的经济发展论著看，都显示出大美新疆得天独厚的旅游资源开发优势和其十分巨大的需求潜力与市场价值。这些文献资料在理论层面通过南北疆各地州旅游的大规模整体性战略开发，将能够使新疆成为我国在中亚区域性的高水平特色旅游经济核心区。不少研究文献中还以比较丰富的实证数据举证了新疆各地州推进差异化、特色化和规模化旅游开发的实践积累与突出成效。

总之，各方面的观点以及开发实践例证都已明显反映出对旅游业驱动新疆绿洲新型城镇化潜能和优势所持有的肯定态度。可以看出，旅游业对于新疆绿洲县域城镇化的产业支撑作用已得到各方面较高的战略性认同。因此，把旅游业作为新疆绿洲中小城镇群发展的主导性驱动产业来加以培育，不仅已有较广泛的理论共识基础，而且自治区决策层从“十一五”以来就越来越明显地在逐渐构建提升旅游业的重大发展规划与战略举措。

（2）关于影响新疆绿洲城镇体系结构的自然地理空间碎片化因素的认识问题。

从文献分析角度，本课题需要特别提到的另一个关键点就是绿洲自然地理碎片化对新型城镇化的空间障碍，在上述制约新疆城镇化发展的文献研究中明显属于有普遍性关注的问题。然而，就新疆城镇体系结构失衡问题来讲，对于地理空间因素的思考探讨仍然显得较缺乏足够深入的理论架构和对策分析，尤其是对导致新疆城镇体系结构失衡的空间根源与机理还缺少较透彻的理论与对策思考。比如，为什么在新疆地州层面形成较大城市始终很困难呢？又比如促进各地州之间经济分工联系的努力为什么总体效果仍然不够理想呢？

新疆各地州经济在逾越孤立发展状态的瓶颈上和突破地域分工关系松散、封闭的状态上都遇到了非同一般的自然地理空间制约因素，于是在各地州区域的制造业发展方面就表现为扭转长期各自为政与低层次产业结构的局面较缓慢，相应地则在促进地州区域性产业集群发展上成效不够明显。

对于这些问题，研究者通常是从产业分工理论、人口聚集理论以及城市经济理论方面做出分析和推断，而在分析破解绿洲地理空间碎片化障碍方面的注意力却相对薄弱。但也有学者关注新疆绿洲城镇承载力的影响问题，探寻了制约新疆城镇发展的绿洲空间因素。就21世纪以来十余年的文献（CNKI数据库收录）情况看，新疆学者对于绿洲空间因素制约城镇发展的问题已有更明显的重视程度和认识深度，比如李广舜（2008）、胡晓霞（2008）、龚新蜀（2010）等。其中，胡晓霞对新疆绿洲空间因素制约经济发展的特征做出的归纳阐释有一定代表性，即对新疆绿洲地理空间系统的生态结构与社会经济结构呈“封闭、分散和局限”的基本判断。石河子大学龚新蜀教授的研究团队则进一步从城镇体系角度定量测算了绿洲地理空间的分散程度，计量了新疆绿洲“封闭、分散和局限”地理空间对城镇体系发展的严重制约程度。综合来看，这些学者做出的研究表明了一个探寻新疆城镇化发展问题的重要方向，那就是对绿洲城镇发展的地理空间结构问题需要有更加深入的了解。然而，尽管这些学者已做出一定的理论思考与实证分析，但其中更有价值的可能是在深层次上所蕴含的对相关机理作深入解构的那些问题。例如，绿洲空间的“封闭、分散和局限”结构是如何制约新疆城镇体系结构发展的呢？其特征、机理以及破解对策又是什么？适合绿洲空间“封闭、分散和局限”结构特点的城镇体系结构模式的选择策略该如何确定？这些问题都需要做出更深入的探索。

总之对于新疆绿洲城镇体系的构建与优化问题，无论是从已形成的理论研究积累方面考虑，还是从已形成的实践积累方面考虑，都非常有必要依据区域经济学的基本思想方法，进一步从绿洲地理空间因素的基本视角建立绿洲城镇体系发展的新理论概念与分析逻辑。

1.1.2 提出新疆绿洲城镇孤岛效应概念及其缓解问题

1.1.2.1 提出绿洲城镇孤岛效应的理论概念

针对新疆绿洲城镇体系所表现出的“碎片化空间结构对城镇化特色支柱产业选择与成长”的制约问题，本课题借鉴了国内一些学者的研究思路（程厚思、邱文达和赵德文，1999；饶光明，2005；王旭科和宋健，2010；解学梅，2010），尝试将他们在探讨城镇发展问题时所论及的“城市孤岛效应”这一概念引入新疆绿洲城镇体系结构问题研究的理论框架中。于是本课题提出了绿洲城镇孤岛效应这个相类似的概念术语，试图为分析新疆绿洲严重碎片化地理空间所导致的绿洲城镇体系结构失衡问题构建一个更具概括性、系统性和表达力的分析视角和区域理论。

参考通常的百科文献资料，孤岛属于地理科学的用语，而最初明确提出孤岛效应概念则源自生态学研究，即指生态系统内的子系统与该系统其他组成部分之间缺乏应有的物质交换与能量循环而不相协调发展的封闭现象。但是后来人们也逐渐发现孤岛效应在经济、文化与社会众多系统中有广泛的存在性。例如，在现代社会信息化领域中，信息孤岛效应便是一个十分典型的突出问题——在社会组织中，其信息系统大量存在信息的局部分割导致的组织内外的信息封闭现象。若简单归纳自然与社会领域各方面所涉及的有关孤岛效应的现象，可以发现，在一个系统内的各个组成部分之间主要有物质交换、能量交换和信息交换这样三个方面内容的孤岛效应问题。在这三种情况下，那些由于缺乏有效物质交换和能量交换的孤岛效应问题，则可能更具有基础性的影响。

若是将上述孤岛效应概念引用于现代城镇系统关系的分析中，本课题认为所谓的城镇孤岛效应就是：在一定经济区域范围的城镇体系内，由于各城镇相互之间疏于经济职能分工关联、缺乏有序的位序—规模等级及空间分布秩序等，因而显著地表现出在空间秩序与功能关联结构上的无序性特征。它反映了该经济区域内城镇之间所具有的内在联系和依存关系较弱，各个城镇在经济上多呈相对封闭、离散的低水平初级状态，于是表明了区域城镇系统的体系关系还不够成熟。

按照前述对孤岛效应内涵的一般性解释，就是指区域城镇系统中各个城镇之间的经济活动缺乏有机的物质与能量交换循环关系，因而使区域内的城镇体系整体发展表现出不够协调的系统封闭现象。对于区域城镇系统中各个城镇之间的物质与能量交换而言，其核心内涵应该是指城镇系统的产业关联关系，这是由于区域产业分工而形成的各城镇中心性产品或服务贸易的相互交换，具体表现为产品交换关系、生产连接关系，乃至所形成的有不同生产分工角色的产业功能结构一体化关系等。

对于那些较大范围存在着的区域性城镇孤岛效应的显著情况，也就可以推断认为在该区域范围内尚未建立起有明显一体化特征的城镇体系关系，其体系结构方面便会表现出较为显著的空间隔离性特征，比如在地理空间上表现为区域内各城镇之间有大面积的荒漠地带或农耕区域等，同时作为显示城镇之间关联性指标的交通连接关系则明显薄弱。因而该区域内大多数的城镇在很大程度上还处于相对封闭孤立发展的较初级形态。按照以上推论，本课题所涉及的新疆绿洲城镇孤岛效应所应关注的重点首先在于城镇之间物质交换和能量交换方面（即产业关联、交通关联等方面）当属基础性的发展问题。

之所以导致城镇孤岛效应，有多方面的因素。在客观因素方面，极大可能地会与自然地理环境有密切关系，特别是自然地理空间上形成的严重障碍往往是导致城镇孤岛效应的基础性因素，阻碍城镇之间经济产业的物质与能量交换。另外，在客观上还会与历史发展阶段有很大的关系，比如在现代工业化驱动城镇发展的早期，城镇总体上普遍处于相对孤立的独体式发展形态，现代产业分工的不断深化才使得城镇之间逐渐形成密切的经济关联关系，而如今已显著地呈现为区域性乃至全球性的城市一体化和体系化的发展形态。

以上两种客观性因素所导致的城镇孤岛效应现象，即使在21世纪的现代社会中，对于那些地理位置偏僻和工业化过程严重滞后的区域，也仍然具有客观的存在性和突出表现，比如位于亚欧内陆中亚区域范围的中华人民共和国新疆维吾尔自治区。

若是从主观性的角度分析，不容忽视的一个重大因素是对社会经济体制模式的选择。历史经验表明，计划经济模式更容易使经济体之间形成彼此孤立的经济关系，从而使城镇等经济体之间常常较缺乏有经济效率的产业关联性，于是各城镇经济便显得较为封闭。即使在市场经济环境下，地方保护或过度的行政分割等壁垒的顽固性存在也会使城镇等不同经济体之间形成一种相对封闭的发展状态。

本课题所重点关注的是在我国市场经济改革开放的区域经济一体化大环境下依然显著存在着的西部干旱区较大范围区域性的绿洲城镇孤岛效应现象。具体就是侧重于研究当下如新疆城镇体系发展阶段相对较初级的欠发达区域，由于显著受制于自然地理空间结构的客观性制约，形成城镇体系结构碎片化孤岛效应问题。

也就是说，本课题认为，绿洲空间碎片化结构引致的城镇孤岛效应正是新疆绿洲城镇体系发育早期“封闭、分散和局限”结构问题的症结所在，时至今日而依然显著地表现出城镇体系结构关系失衡、一级中心城市首位度极高、次级中心城市缺位以及各地州经济相对封闭孤立等一系列问题，以致全疆范围的城市产业分工水平较低、规模效益不足、整体竞争力不强。

1.1.2.2 经济学经典理论依据

在经济学的理论系统中，事实上早已存在关于城镇孤岛效应问题的经典理论分析。德国经济地理学家约翰·杜能（Johann Heinrich von Thünen）于1826年提出的农业用地圈层模型最为经典，他的“孤立国”假设显然是对前工业化阶段孤岛型小城镇经济的抽象化描绘，大体上是德国工业化初期的封闭式自给自足的农业经济的基本形态。

正是由于工业化推动了城镇从最初的孤岛式发展时代进入体系化成长的一般性过程，德国著名城市经济地理学家瓦尔特·克里斯泰勒（Walter Christaller）

于1933年提出的中心地理论给出了一定区域范围内的不同城镇从孤岛向六边形蜂窝结构的体系化演变模型（一个数学式的理想化抽象），在抽象的理论层面解释了多个城镇各自从初始的孤岛状态逐渐趋向于一种体系化关系的六边形蜂窝结构演变规律。

这些经典理论在如今的区域经济研究中依然深入发展着，对区域开发有着广泛的指导作用。即使在20世纪中叶后的城市群已普遍发展的超级城市化时代，城镇孤岛效应也并未彻底消失，甚至有大量的存在和多种形态的表现。比如，诺贝尔经济学奖获得者米尔顿·弗里德曼（Milton Friedman）的核心—边缘理论就以"离散型"概念论述城镇孤岛效应的存在情形。本课题认为，人类社会虽然已进入21世纪，但是在众多欠发达国家和我国西部地区，客观上仍然存在较普遍而显著的城镇孤岛效应现象。比如，我国西北干旱半干旱农牧业地区和西南崇山峻岭地带，城镇体系在空间与经济上的碎片化孤岛效应就是最突出的。

区域经济学经典理论以及现代城市化的发展历程都已告诉我们，城镇孤岛效应是城镇体系发展过程中的历史现象，而现代区域城镇体系研究在一定意义上也可以认为是以杜能的"孤立国"探讨为起点的。

1.1.2.3　修正经济学经典理论假设条件

需要注意的是，这些经典理论模型的抽象过程一般都是将均质性的平原地理环境作为其理论模型的假设条件，如果用于分析我国的西北干旱半干旱地区和西南崇山峻岭地带的城镇化规律，便会导致严重脱离实际的偏差。因此就不能不修正关于平原地理均质性条件的理论假设，而应该依据我国西北农牧业干旱半干旱地区或西南崇山峻岭地带的实际地理条件重构理论模型，并且还需要寻求适宜解决碎片化经济地理空间问题的非线性分析方法和工具。

本课题认为，绿洲城镇孤岛效应属于典型的经济地理空间结构碎片化现象与问题，同平原上经济地理环境优良的连续性经济社会空间结构有极大差别，因此经典理论模型建立在均质性经济地理条件下的研究假设以及分析方法和工具对绿洲城镇孤岛效应的解释均存在很大的局限性。也就是说，解构绿洲城镇孤岛效应现象与问题必须修正区域经济学经典理论的假设条件，应基于碎片化的自然地理条件寻求针对非线性结构问题的新理论方法与分析工具，形成模型构造条件和方法论方面的突破。

本课题提出绿洲城镇孤岛效应这样一个相对较新的术语及理论阐述，是针对新疆绿洲城镇体系结构关系在地理空间与经济产业等方面联系松散且相对孤立问题而做出的一个新表述与区域经济理论思考，目的是希望更深入地探索新疆城镇体系空间结构不合理的自然地理和经济等主客观因素及其内在的经济机理，并为缓解绿洲城镇孤岛效应提出科学理论依据和产业发展对策。

1.1.2.4 新疆绿洲城镇孤岛效应缓解问题

正如人们所普遍知晓的那样，在现代城镇向体系化形态不断深刻演变的历史进程中，将城镇关联起来的基本动力与纽带是蓬勃发展的二、三产业，而交通则是支撑城镇之间建立关联的基础条件和关键条件。因此，要改变新疆绿洲城镇孤岛效应的制约影响，就必须从交通和产业两个基本方面寻求解决对策。

于是，本课题所谓的“绿洲城镇孤岛效应的缓解”之义便可以解释为：在我国经济能力获得高速提升、产业升级和现代交通技术取得革命性发展的时代大背景下，一方面，要继续对新疆交通业进行长期的高水平建设发展，进一步克服和消解绿洲自然地理对城镇体系成长构成的巨大天然障碍，不断增强和改善城镇相互间通勤关联的基础条件；另一方面，更为关键也更具有困难性的是，要对适宜新疆现代绿洲特色的产业进行持续性的创新开发，培育起富有区域竞争力、绿色生命力和综合带动力的新疆绿洲新型特色支柱产业，增强联结绿洲中小城镇之间的一体化产业纽带关系。通过以上两方面的建设发展，使绿洲区域中较“封闭、分散和局限”的各个城镇之间建立起具有高效物流通道，并形成相互依存、彼此协同的现代绿洲型经济产业发展系统。那么，本课题重点考虑的正是关于后一问题的解决思路、方向、途径和策略。

以瓦尔特·克里斯泰勒（Walter Christaller）的中心地理论以及德国学者韦伯和廖什提出的工业和市场区位论为代表的区域发展理论，解释了较早期的工业化动力驱动下城镇逐渐从独体发展的孤立形态趋向融合而形成体系化结构的机理、特征与趋势等一般规律。对于缓解新疆绿洲城镇的孤岛效应问题，目前必须从新疆“三山夹两盆”绿洲型地理空间的实际出发，着重构建能促进地州内部以及地州之间紧密关联的主导产业与中小城镇群产业体系。这既要遵循上述区域发展基本理论所阐释的一般性规律，即依靠我国整体工业化发展的基本推动力，更要着眼于我国步入后工业化过程中服务产业创新崛起的新动力，寻找和选择适合新疆绿洲特点的新产业机遇和形态。也就是说，要寻求发展既能适合分散的绿洲小城镇特色经济，又能发挥综合带动性，使各个分散的小城镇特色经济体共同发展而集成为有规模化效益的特色产业组织形态。

依据美国学者克里斯·安德森（Chris Anderson）于 2004 年提出的长尾（Long - tail）理论，课题组认为，新疆分散状的绿洲小城镇群经济结构本身就显示了明显的长尾特征的市场结构。要构建有利于缓解绿洲城镇孤岛效应的主导产业与城镇产业体系，就应积极考虑适应长尾市场结构的产业系统。从当前世界产业发展的实践特点与趋势以及我国产业结构转型升级的大背景来看，旅游产业开发显然对缓解新疆绿洲城镇孤岛效应具有重要意义。

1.1.2.5 提出绿洲城镇孤岛效应理论问题的重要意义

综上所述，通过对绿洲城镇体系孤岛效应概念的提出和探讨，不仅有助于进一步概括出新疆绿洲“封闭、分散和局限”的空间特征，而且有可能更深入地反映新疆绿洲城镇体系空间经济问题及其规律的绿洲空间特质，而且在研究方法层面上也可能会更好地体现系统理论的思维方式。这无疑有助于从绿洲地理系统、生态系统、城镇系统、交通系统、人口系统与经济系统等多层面整体性地分析认识新疆城镇化的空间规律，思考解决新疆绿洲城镇孤岛效应问题的对策。

依据以上分析逻辑和所建立的关于新疆绿洲城镇孤岛效应的理论概念，便勾勒了本课题研究的问题内涵和基本理论前提，于是给出以下关于研究设计的阐述。

1.1.3 确立旅游资源战略性开发缓解新疆绿洲城镇孤岛效应研究命题

1.1.3.1 拟解决的主要问题及核心任务

通过以上分析论述可知，在“一带一路”这一宏大的新历史背景和战略机遇面前，要推进新疆绿洲新型城镇化的发展，就必须着力解决好城镇体系严重碎片化的结构缺陷问题，也就是要采取科学合理的有效对策不断促进绿洲城镇的孤岛效应缓解。关键要抓住重大战略机遇，实施持久的战略规划，特别是要按照绿洲中小城镇群发展的基本方向，选准和培育好战略性支柱产业，狠抓新疆特色绿洲产业的高水平开发，不断增强各地州城镇群的产业关联关系，着力提升全疆一体化的绿洲城镇体系发展水平。

在基本的对策上，首先，在国家中央政府和自治区政府的重大规划下不断地优化连通新疆绿洲内外的陆空立体化交通建设，大力提升绿洲城镇群通勤水平、缩短城镇间交通时长、降低交通成本，从交通层面破解经济地理“封闭、分散和局限”的绿洲孤岛空间结构制约。其次，提高新疆各绿洲城镇系统的产业一体化水平，必须根据新疆绿洲城镇发展的基本特点与规律选择出有效的主导产业和支柱产业类型。为此要兼顾绿洲产业的特色化与规模化、通用性与高端性等发展关系，使之可以较普遍地适应在新疆各绿洲地区整体发展。也就是说，要既能发挥不同地州的地域资源特色实现差异化发展，又能构建起全疆一体化与规模化的产业体系，从而增强绿洲城镇间的产业关联性，以获得实现新疆绿洲城镇体系结构优化的根本目标。

概括来说，本课题的核心任务就是着眼于地州中小城镇群的绿洲特色产业体系构建问题，思考新疆旅游资源战略性开发对绿洲城镇孤岛效应缓解功效的作用机理，进行科学的分析、推导和论证。

1.1.3.2 确立本课题的旅游业发展背景与政策依据

关于本课题中所谓旅游资源战略性开发的内涵，简要地讲，就是无论从全球的视野还是从中国的视野看，旅游业在现代产业构成中都已上升到十分重要的战略地位，对区域经济发展产生了重要的支柱性乃至引领性的功能。因此，在许多重大的区域发展战略规划中对旅游资源开发都采取了具有重大方向性、全局性、整体性、长期性、持续性和发展性的开发规划与实施策略。这无论是在西方发达国家的发展经验中，还是在中国进入21世纪以来的改革实践中，都已形成清晰明确的理论内涵和大量丰富的实践积累。

21世纪以来特别是“十一五”后，我国经济社会发展水平获得巨大提升，我国人民的旅游需求与旅游能力空前高涨，使得旅游经济无论是在发达的城市经济区域还是在偏僻的农村地区都获得了普遍性的广泛发展。因此，旅游业已普遍性地成为很多省（市）自治区举足轻重的战略性支柱产业，深刻影响现代城市的发展样式和农村地区新城镇的产生。

确立本课题的重要政策背景就是“十一五”特别是“十二五”以来我国旅游业发展的国家战略规划与决策。2009年，《国务院关于加快发展旅游业的意见》（国发〔2009〕41号）指出，“旅游业是战略性产业，资源消耗低，带动系数大，就业机会多，综合效益好”，要求“把旅游业培育成国民经济的战略性支柱产业和人民群众更加满意的现代服务业”。正如众多有力的客观事实所反映的那样，不管从世界产业发展的历程看还是从我国旅游业发展的实践来看，都充分表明旅游经济已成为后工业化时代社会经济发展的重要推动力，也是我国新型城镇化的新动力，无论是对发达城市的转型升级还是对欠发达区域新城镇的开发建设，均具有重要作用甚至关键作用。

首先，在生态环境层面，旅游业被公认为是绿色产业，具有低消耗无污染的基本特征，更适宜人们对现代绿色生活的追求。其次，在经济发展层面，旅游业被公认为具有投资效益高和产业链条长的综合优势，可以融合文化、商贸、农业和工业等众多产业的综合性发展，具有较高的乘数效应，对多方面产业发展都具有综合带动作用。从产业要素和产业链构成看，旅游业不仅适合大城市资本密集型和技术密集型产业的发展，而且也适合中小城镇乃至农村地区劳动密集型产业的发展。以上两方面的推断已为大量实践所证明，也得到学术理论界的广泛认同，更是在我国重大产业规划和区域发展规划中得到认定和推崇的。

因此，对于我国西部欠发达地区，实施旅游资源战略性开发不仅能够适应干旱半干旱生态环境的约束条件，而且能够发挥不同地方特色资源的经济效能，可以有效解决就业与农村地区脱贫致富的问题，开辟出比较丰富的城乡一体统筹发展的新办法新方式。可见，旅游业发展能够为我国西部地区提供以县域城镇化为主体的就近城镇化发展的基本动力和途径。特别是对于新疆干旱半干旱绿洲生态与地理空间的约束性问题，旅游产业显然与绿洲城镇发展能够形成良好的契合关

系，因此非常有利于绿洲城镇孤岛效应的缓解。

改革开放以来，旅游业发展的不断积累逐步形成新疆旅游业的战略性开发新局面，特别是“十一五”以来对旅游业的战略性开发日益清晰，至“十二五”规划时新疆维吾尔自治区人民政府十分明确地提出了战略性支柱产业发展、旅游产业带布局和旅游城镇化等推进旅游资源大格局高水平开发战略目标与举措。上述这些重大重要的战略性发展举措正是本课题选题立论的现实政策背景依据。

1.2 课题研究的命题假设条件

通过上述内容的阐述分析，从选题背景、研究问题与研究目的等方面对课题的基本内涵进行阐释，形成本研究命题假设的逻辑分析基础。作为课题研究的逻辑设计，下面将进一步对研究命题的假设条件进行逻辑梳理，给出课题假设条件的具体表述和课题研究的基本内容结构。

1.2.1 命题假设逻辑分析

（1）作为第一项关键的基本假设条件，本课题根据新疆交通发展的现实情况及可预见的未来趋势，认为新疆交通总体上已实现相对优化的状态，为推进全疆绿洲城镇经济的产业一体化发展提供了较为充分的通勤与物流条件。也就是说，对于新疆绿洲城镇孤岛效应的缓解问题，按照比较初级的一个发展目标，预判在21世纪前30年，重点应该在选择和培育绿洲城镇发展的战略性特色支柱产业上。

以上关于交通的第一项假设条件若客观成立，也仅能算作一定程度地趋近于经典区位模型关于平原均质性条件的假设情况。如果说还存在不能完全满足的地方，就是绿洲碎片化空间对干旱生态系统的承载能力问题，是远无法达到平原地区的均质条件的。按照这一推断，意味着新疆单体城市的规模必然会受到绿洲有限的生态承载空间的极大限制。也就是说，新疆在选择较大型城市的发展上必须非常慎重。

在大城市发展和中小城镇发展的策略选择上，新疆会因绿洲承载力限制而谨慎选择发展大型城市，更趋向于以突出地州中小城镇群的策略来解决大城市功能缺失的结构性问题。实际上，从新疆维吾尔自治区人民政府关于《新疆城镇体系规划（2012～2030年）》来看，“一主三副、多心多点”总体布局的战略勾画便着重考虑了绿洲生态对城镇空间承载的约束性问题，突出了对中小城镇群发展的基本策略。这一重要规划明确表示新疆要以绿洲为单元，围绕地州中心城市培育若干区域性中小城镇集群。新疆维吾尔自治区党校姬肃林教授（2013）指出："受绿洲经济的限制，新疆培育和发展城镇群不能照搬内地模式，只能走中小城镇群的路子。"

依照以上逻辑，对主导产业或战略性支柱产业的选择就必须优先考虑新疆绿洲中小城镇发展的特点与需要。所谓新疆绿洲区域性中小城镇群，其本质内涵就是根据绿洲"封闭、分散和局限"的基本特点，选择合适的区域性主导产业或重点产业来促进区域内分散的中小城镇形成一体化的产业关联，深化中小城镇群产业分工、强化中小城镇发展特色产业的能力、提升中小城镇群的产业规模水平，从而使这些中小城镇群形成具有长尾市场结构的产业集群新模式，改变孤岛格局实现城镇间的彼此融合，进一步推进各中小城镇群之间的融合发展关系。所以，产业的优化选择就成为当下和今后较长时期内的核心问题和关键问题，显然也是有效实现《新疆城镇体系规划（2012～2030年）》的重要战略对策问题。

本课题便由此作预推断：从现代产业发展的趋势和新疆的资源环境来看，旅游业具有显著的综合性产业属性，应该是能够发挥上述功能比较关键的战略性产业之一。也就是说，旅游资源的战略性开发能够对缓解新疆绿洲城镇孤岛效应发挥重大作用。

（2）作为另一项关键的基本假设条件，本课题认为，在旅游经济的视角上，新疆有极为突出的"旅长游短"问题，与绿洲城镇孤岛效应存在内在紧密相关的逻辑关系。

实施旅游资源战略性开发，正是新疆战略性地解决"旅长游短"问题的基本过程，自然也便是缓解绿洲城镇孤岛效应的重要机理过程；反之亦然，两者正是相互促进的发展关系。

从新疆旅游发展长期以来存在的瓶颈看，事实上同样受绿洲城镇孤岛效应的困扰，表现为长久以来的"旅长游短"问题。所谓"旅长游短"，简而言之，就是游客在一次旅游活动中乘车路途所占时间远长于景区游乐活动的时间，同时所花乘车费用占旅游花费的比重过高。

十分突出的"旅长游短"问题恰是制约新疆旅游发展的一个关键问题，而解决"旅长游短"问题，一方面需要交通的建设发展，另一方面需要大力开发建设高水平优质景区产品体系。这两方面的建设都离不开新疆城镇群体系的发展，特别是城镇体系空间结构的优化更会起到基础性的作用，因此就必须有效降低绿洲城镇孤岛效应的影响。旅游景区产品体系的丰富和空间布局的优化既是对"旅长游短"问题的解决，也是对缓解绿洲城镇孤岛效应的促进。新疆旅游资源的战略性开发对"旅长游短"问题的解决，在本质上就是绿洲城镇孤岛效应缓

解问题。

1.2.2 命题假设条件表述

基于上述关于本课题假设条件的内涵逻辑分析，课题组具体确定以下4个假设项，构成课题论证的基本逻辑前提。

第一，关于新疆绿洲城镇特征及其发展模式的假设。

H1：新疆城镇属于典型的绿洲类型，绿洲自然地理和生态样式决定新疆城镇发展空间、经济与人口的基本结构关系与特征，因此绿洲地理环境是形成新疆城镇孤岛效应的基本因素。受绿洲孤岛效应制约，新疆培育和发展城镇群更适宜走中小城镇群的模式，即着重以绿洲为单元围绕地州中心城市培育若干区域性中小城镇集群。新疆绿洲区域性中小城镇群具有长尾市场结构特质，产业选择应积极凸显和发挥长尾经济优势。

第二，关于缓解新疆绿洲城镇孤岛效应的基本假设。

H2：设定交通发展和绿洲战略性特色支柱产业是缓解新疆绿洲城镇孤岛效应的两个最基本因素，其中交通条件经过建设发展已形成有效缓解新疆绿洲城镇孤岛效应的正向因素。因此，绿洲战略性特色支柱产业问题便成为当下要着力解决的关键。

第三，旅游资源战略性开发解决新疆“旅长游短”瓶颈问题与缓解城镇孤岛效应作用的内在逻辑关系假设。

H3：新疆旅游资源战略性开发，将重点通过三大旅游产业带的发展逐渐形成比较优化的旅游空间结构，同时逐步培育出具有产业规模化水平和竞争力的特色支柱产业，将有效解决新疆“旅长游短”问题，也将有力促进绿洲城镇孤岛效应的缓解。

第四，缓解新疆绿洲城镇孤岛效应的旅游驱动机制假设。

H4：旅游业是现代城镇发展的后续动力。不断向战略性支柱产业发展的旅游业已成为我国新型城镇化重要的新动力，特别对推进西部欠发达区域的新型城镇化具有重大意义。

H4a：我国经济向内需经济模式转型以及强调以人为本的新型城镇化，将带来我国旅游产业经济的巨大发展，使西部地区迎来旅游引导的城镇化发展时代。

H4b：旅游产业带景群系统空间结构的演进遵循DLA演化等空间分形规律，其中蕴含旅游产业与区域城镇、交通及经济系统之间相互作用、彼此影响的内在机理关系。

H4c：通过旅游产业带景群系统空间结构的质量水平评价，可以有效评估绿洲城镇孤岛效应的缓解成效。

1.2.3 本课题研究的结构框架

综上所述，本课题确定重点研究的内容可归结为7个逻辑部分：①阐释和建立新疆绿洲城镇孤岛效应的核心概念与理论；②阐释和构建缓解绿洲城镇孤岛效应的发展动力理论；③对新疆旅游资源战略性开发情况的综述分析；④解构旅游产业带发展中蕴含的缓解绿洲城镇孤岛效应的分形机理；⑤实证新疆三大旅游产业带对缓解绿洲城镇孤岛效应的作用与功效问题；⑥实证新疆旅游中心地的建设发展对缓解绿洲城镇孤岛效应的影响问题；⑦实证新疆优秀旅游城市体系建设对缓解绿洲城镇孤岛效应的积极影响。以下是对7部分内容的简要阐释。

第1章，论证阐释新疆绿洲城镇孤岛效应的概念内涵，分析、解释和概括其基本特征。

第2章，分析缓解新疆绿洲城镇孤岛效应的城镇化动力机制问题，论述旅游引导的城镇化动力理论。

第3章，对新疆维吾尔自治区“十一五”以来逐步形成的旅游资源战略性开发政策与实施情况做出归纳分析。

第4章，从新疆绿洲县域城镇化产城协同发展问题出发，论证分析绿洲县域城镇化与旅游产业带协同发展的分形机理。

第5章，以第4部分的论证为理论基础，分别对新疆“十二五”规划的全疆三大旅游产业带（环准噶尔旅游产业带、天山北坡旅游产业带和南疆丝路中道旅游产业带）景区系统空间结构演化作实证分析，从旅游产业带景区系统空间结构的演化水平和优化能力来观察旅游产业带开发对缓解城镇孤岛效应的战略价值，并探寻其中蕴含的作用机理。

第6章，从构建新疆旅游中心地系统的更高层面，进一步探寻旅游资源战略性开发使旅游产业与城镇协同发展的问题与实效。

第7章，对新疆优秀旅游城市的发展情况进行分析，着重考察这些优秀旅游城市空间布局对缓解绿洲城镇孤岛效应的影响。

1.3 研究方法与思路

1.3.1 研究对象与样本选取

1.3.1.1 研究对象阐释

本课题的研究对象在前文已逐步提出并进行了相应的分析和阐述，为了进一

步阐明本课题的研究方法问题，还需要有一个对研究对象更简练明确的表达，因此本节再就研究对象问题做一个提炼性的总结概述。

根据区域经济学的基本理论，作为探讨新疆区域经济发展的一个基本问题，本课题的研究对象就是新疆干旱半干旱区域中小绿洲城镇群的培育与发展问题，重点涉及新疆绿洲严重碎片化的地理与生态空间环境下绿洲中小城镇发展模式、动力引擎机制与主导产业选择等相应的规律与特征问题。

具体地，是针对新疆绿洲城镇孤岛效应这一关键性的问题，着重探寻“十一五”以来特别是“十二五”期间新疆实施旅游资源战略性开发对城镇孤岛效应的缓解作用及其机理。观察解析新疆旅游战略性支柱产业培育、旅游产业带开发和旅游城镇化发展战略实施过程中，如何借助旅游开发促进新疆绿洲城镇体系在位序—规模结构关系、空间分布结构关系与中心聚集结构方面取得一定优化改善？如何推进了新疆绿洲城镇群成长发展，从中探析对新疆绿洲城镇孤岛效应缓解作用的内在经济机理关系。

于是课题组首先通过文献研究和实际观察，做出如下基本推断：21 世纪以来随着中国旅游业的高速发展，旅游经济开发逐步上升到了国家战略和新疆发展的重大战略层面，有力推动着新疆逐渐形成旅游战略性支柱产业培育、旅游产业带开发和旅游城镇化发展的战略规划与重大举措，从而促使旅游业逐渐演变成为有极大可能推进新疆绿洲中小城镇群成长发展的一个重要动力引擎。

也正是在此背景下，新疆旅游业进入了一个历史性的高水平开发期，客观上为绿洲城镇的特色经济开发创造了难得的重大历史机遇和有利环境，萌发出绿洲中小城镇群成长的一种盎然生机，于是也促进绿洲城镇之间基于旅游业带动的产业分工协作发展关系，使新疆各地州围绕旅游等特色产业经济发展的绿洲中小城镇群关系有了更为显著的成长特征。

为此，课题组通过理论探讨和实证分析来求证：上述绿洲城镇群发展的新成长特征说明旅游资源的战略性开发，已经对新疆绿洲新型城镇化产生有力的推动作用，对于缓解和克服主要由于绿洲自然地理碎片化环境因素而导致的城镇体孤岛效应已产生积极有效的功能，这种影响与变化将是非常深刻深远的。

关于这种作用的基本机理就是由于 21 世纪以来中国旅游业的快速成长壮大而产生的对推动新疆绿洲区域经济发展的综合带动机制，即一种综合动力机制。由于旅游业所特有的绿色属性和对区域经济的综合带动属性，这其中便可能包括绿色生态经济机制、乘数效应机制、长尾效应机制、市场创新机制、公共产品机制、资源共享机制、规模效应机制等。

那么这些机制产生作用的表现特征是什么呢？本课题认为，可以重点观察在绿洲城镇经济的发展之中旅游支柱产业是否正在不断获得有效的成长，并发挥出战略性的产业主导作用；可以观察区域旅游产业带培育是否不断取得积极的成效，是否显示出带动各地州向绿洲特色经济一体化规模化发展的显著特征；可以直接观察全疆旅游城镇体系和旅游中心地体系的发展，是否呈现新疆全域式遍在性的规模化成长壮大。

本课题将从以上几方面做出推断和求证，来具体考虑对分析样本的选取、模型方法的选择以及数据的采集获取等。

1.3.1.2 研究样本的选取

本课题研究的展开既需要作理论性的演绎推理，也需要进行一定的实证分析，在这两方面的研究中，都必须按照本课题研究对象与问题的设计要求来科学合理地选择研究样本。

首先，按照新疆维吾尔自治区内部的行政划分体制，课题组需要将全疆 14 个地州（市）都作为研究的个体样本对象，构造全样本的总体性分析。也就是说，对研究中所涉及的若干重要问题，将会以各地州（市）为样本单元来做总体探讨，比如关于新疆区域内旅游中心地体系建设问题的探讨，关于新疆旅游城镇体系建设问题探讨等。另外，也需要选取某个（或几个）地州为样本，做局部性的案例研究，比如对三大旅游产业带空间结构优化问题的探讨。新疆的基本行政单元主要是按地州来划分的（包括 12 个地州和 2 个地级市，但 2015 年开始有些地州实行了地改市，不过 14 个基本行政区域单元仍保持不变），而每个地州（市）基本上属于一个相对独立的连片绿洲区，也可被视为新疆省域内划分出的相对独立的绿洲经济区域单元。

其次，对于实证样本的选取，主要体现在以下三个层面的研究中。

（1）关于旅游产业带开发问题的相关样本选取。

课题组以新疆维吾尔自治区旅游发展“十二五”规划确定的全疆三大旅游产业带为分析框架，分别对环准噶尔旅游产业带、丝路中道旅游产业带和天山北坡旅游产业带的景区开发进行研究。

具体就是对每个旅游产业带 A 级景区（中华人民共和国国家标准）构成的景群系统成长演化的空间结构及其与绿洲城镇群建设的协同性关系进行分析解构，试图从 A 级景群成长演化的空间结构优化水平和成熟程度来推断旅游资源战略性开发对新疆中小绿洲城镇群发展的促进作用。也就是说，把 A 级景区视为构造新疆旅游产业带最基本的产品（载体）。A 级景区是我国制定的国家标准，它不仅本身就是旅游产品，而且是凝结其他各种形式旅游产品的主要空间载体，可以说由 A 级景区所构造的旅游景群布局，是构建旅游产业带的重要基础，也是评价旅游产业带开发成效的一个重要指标。

因此景区样本是研究中的一个关键要素，课题组以新疆维吾尔自治区旅游局政务网公布的A级景区目录（2012年）为基准，同时及时关注国家旅游局发布的最新A级景区目录，尽量在实证中纳入最新的A级景区样本。所以对于新疆三大旅游产业带的景区群构造的区域空间结构观察，根据研究问题的需要，基本考虑了全部14个地州（市）中所有的国家A级景区样本（近400个A级景区样本）。

（2）关于旅游中心地建设问题的相关样本选取。

课题组在对旅游中心地概念进行辨析梳理的基础上，参照新疆维吾尔自治区旅游发展“十二五”规划的相关内容，并经过对近年新疆相关研究学者的成果进行分析后，提出了以新疆地州为基本空间单元（而非以城市为单元）的旅游中心地划分方式。

课题组将新疆的12个地州和两个地级市（乌鲁木齐市、克拉玛依市）作为构建新疆旅游中心地的14个基本空间单元样本，然后再结合各地州（市）旅游发展的水平差异而作适当的调整组合，最终拟定形成了全疆旅游中心地体系构成的11个基本样本，并划分出三个层级。

因此课题组总体上是以新疆12个地州（市）全样本对新疆旅游中心地体系发展的位序—规模结构、空间分布结构和中心聚集结构关系进行分析研究，从中观察解析旅游资源战略性开发对绿洲城镇孤岛效应的缓解作用与机理。

（3）关于旅游城镇体系建设问题的样本。

旅游城镇建设或旅游城镇化可以说是旅游业促进城镇发展的直接表现，也是观察缓解绿洲城镇孤岛效应的窗口。课题组在研究中发现，新疆旅游城镇建设或旅游城镇化特征已十分显著，特别是进入21世纪后的十几年间，正在积极地形成由优秀旅游城市、旅游强县和特色旅游城镇为表现形式的旅游城镇体系架构。

研究中课题组重点选取了新疆维吾尔自治区从2006年以来创建的13个优秀旅游城市为样本［共涵盖新疆12个地州（市）］，分析了新疆优秀旅游城市的形成及其空间分布特征规律，解析了优秀旅游城市发展对缓解绿洲城镇孤岛效应的作用和意义，并对自治区旅游强县建设情况、自治区特色旅游城镇的规划与建设等情况进行了调查分析。

1.3.2 主要理论工具

理论方法与理论性分析是本课题的重要基础。本课题研究的主要问题与相关设计在理论上涉及区域经济学、城市经济学、经济地理学和旅游学、旅游经济学以及旅游规划学等较多的学科问题，另外在分析方法上涉及统计学、计量经济学和分形理论等方法理论。

（1）主要的基础性理论。

在本章1.1节的论述中，已涉及课题的基本理论依据问题，也就是从区域经济学的基本理论视角提出问题、分析问题和解决问题。因此，本课题主要把区域经济学作为最基本的理论基础，同时兼顾其他相关学科的重要理论，具体涉及区位理论、城市动力学理论和旅游学的基本理论等，构成课题研究的基本理论逻辑，特别是把中心地理论、交通区位理论以及推进新型城镇化的旅游动力引擎理论等作为本课题研究的重要理论依据。

这些基本理论的具体运用主要体现在本课题各个分论证报告的研究过程中。一方面是将以上经典理论作为基础性的思想方法，另一方面根据新疆区域自然地理与地缘关系特征而对经典理论中的有关条件提出一定的变动调整。比如，对瓦尔特·克里斯泰勒（Walter Christaller）中心地理论的应用，在遵循其基本理论思想的基础上，本课题尝试修正其中对平原均质空间条件的一般性假设（考虑新疆自然绿洲地理的碎片化空间特征），提出了结合新疆旅游资源类型和城镇空间分布特点的旅游中心地概念。基于同样的因素考量，课题组在新疆城镇体系构成特点的问题上，赞同绿洲中小城镇群的理论概念和发展模式选择。另外，课题组还吸收了一些系统理论的思想观念，比如在绿洲城镇孤岛效应概念的建立上吸收了生态系统论的思想。针对新疆绿洲新型城镇化动力机制这一重要问题，本课题在一般城市动力理论的基础上，积极吸收国内外特别是我国学者近 10 年来关于城市发展的旅游动力引擎的理论成果，提出了新疆绿洲城镇发展的旅游动力引擎这一理论观点。也正是由于以上理论问题的需要，本课题在分析工具的运用上着重考虑了分形理论的方法工具应用。

（2）主要的分析工具：理论、模型与方法。

综上所述，课题组从新疆绿洲分布空间碎片化这一突出特征着眼，重点选择了专门针对碎片化空间问题的分形理论作为分析工具，运用相关的分维模型工具，展开对旅游带空间结构、旅游城镇空间结构和旅游中心地空间结构的定量与定性研究（在后续的小节中做出详细论述）。

（3）对核心概念的界定。

如本章第 1.1 节中所述，课题组在区域经济等学科经典理论的基础上，结合本课题研究的实际问题，提出且定义了课题必需的相关理论概念，建立课题研究必要的基本概念和理论表达，主要包括绿洲城镇孤岛效应的理论概念、绿洲城镇群点—轴分形发展特征的理论推断、旅游产业带与绿洲城镇群协同发展的分形分析模型及理论推断、以地州为基本空间单元的新疆旅游中心地识别分析概念等（在此不再赘述）。

1.3.3 逻辑关系模型与定量分析机理

1.3.3.1 本课题研究的逻辑关系模型构建

按照上述对课题研究的设计构思，在研究过程中将需要进行科学严谨的定量

分析。特别是对于所涉及的有关经济空间结构关系方面的探讨，比如新疆绿洲城镇体系、旅游中心地体系、旅游产业带系统等相关问题的研究，均需要对其空间分布结构、中心聚集结构和位序—规模结构关系做出定量意义上的解析。也就是说，利用抽象的模型定量方法，先对城镇经济关系在空间结构上的表现特征加以揭示。再通过对这些表现特征的结构优劣性评价，来推断新疆绿洲城镇体系结构关系的演变，及其受旅游经济发展的影响特征。尤其是旅游资源的战略性开发，在构建旅游产业带和旅游中心地发展的过程中，对促进新疆旅游产业空间结构的优化情况，应是课题观察推断绿洲城镇体系结构关系取得新演进的主要定量关系依据，如图1－1所示。

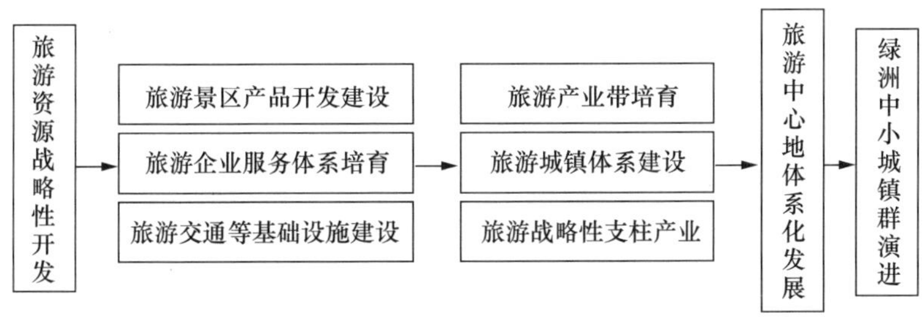

图1－1　旅游资源战略性开发促进绿洲城镇孤岛效应缓解机理的逻辑模型

图1－1所示的基本逻辑含义就是：①新疆实施旅游资源战略性开发，在21世纪前20年（或长至30年）的时期内，其主要工作抓手应围绕旅游景区产品开发建设、旅游企业服务体系培育和旅游交通等基础设施建设三个方面，这在新疆可能正是旅游业开发最基础性的问题。②以上三方面建设只有经过一个较长期的积累发展，才能不断促进新疆的三大旅游产业带、旅游城镇体系建设和旅游战略性支柱产业发展取得战略性推进，最终构建起新疆有较优空间结构关系、较强旅游服务能力和较优国际性知名品牌的旅游中心地体系。③随着新疆旅游中心地体系的逐渐成熟完善，在全疆范围将形成有规模效应的一体化旅游产业体系，从而整体性地提升各绿洲城镇共同对特色服务产业和劳动人口的承载能力，将有力地带动全疆各绿洲中小旅游城镇群的成长壮大，并产生缓解绿洲城镇孤岛效应的巨大效能。

2011年，本课题研究展开之际，正是我国“十二五”的开局之年，因而课题研究中所能观察把握的实际情况和研究数据也就主要局限于“十一五”和“十二五”阶段的相应状态，我们尝试在一定程度上对上述机理关系进行观察和定量分析推断。

1.3.3.2 定量分析方法的选择与运用机理

1.3.3.2.1 分形理论方法的选用与机理分析

以上关于本课题研究问题的阐述表明，绿洲自然生态地理的严重碎片化空间结构是导致新疆绿洲城镇孤岛效应的根源性的自然客观因素，也是求解绿洲城镇孤岛效应问题的关键所在。针对碎片化空间结构这一核心问题，课题组决定采用基于分形理论的定量分析策略。以下仅对分形理论的基本情况作阐释性的简要介绍（在本课题的几个分项论证报告中，有结合具体研究问题的详细综述），并说明引作课题关键性研究方法的缘由。

分形理论诞生于 20 世纪 70 年代，源自美国法裔著名数学家曼德尔布罗特（B. B. Mandelbrot）先生（在研究海岸线碎片化不规则空间结构的无标度现象时）所创建的分形几何理论。分形理论首次以数学精确方式解析了地球自然生态系统无标度自相似性的嵌套层次结构生长演化的混沌特征与规律，由此突破了以往数学理论基于线性尺度认识空间几何结构关系的思维局限，而这种认识又进一步扩展延伸到经济社会系统的分析中。近半个世纪以来，分形理论已广泛地影响到当代人类对自然界与人类社会众多领域中的空间结构关系规律的分析研究，不断揭示出客观世界混沌状态的各种分形特征规律，极大地拓展了人类对自然与社会规律的认识视野和理解深度。

分形理论产生以后，首先是对数学领域的深刻影响，出现了新的数学思想方法，这也就自然影响到统计学理论的新发展。然后是对其他自然科学领域的广泛影响，开始产生基于分形理论、分形思想和分形方法的各学科的新研究领域。当然也对计量地理学研究产生了重大影响，既包括自然地理的研究也包括人文地理的研究，这也就涉及经济地理的研究问题。在经济学领域，由于区域经济学强调经济活动的空间因素及其变化规律与经济地理学形成有交叉渗透的内在关联性，分形理论在人文地理或经济地理领域的应用发展也便相应地影响到区域经济研究的方法思想。尤其是进入到 21 世纪以来，在我国的科研文献资料中已经可以看到有关城市和区域空间结构方面的经济地理分形研究内容、工具与方法等方面的丰硕成果，它们也正在被我国区域经济学者借鉴和引用。另外，分形统计理论方面的基础研究与应用所取得的初步进展也对分形理论方法在区域经济领域的应用产生了一定的支持和鼓励。

从本课题组所掌握的文献情况（主要来自 CNKI 论文期刊库收录）可以看到，我国经济地理（或人文地理）学者在 20 世纪末已较为系统地将分形理论引入城市和区域空间结构问题的分析中，尝试探讨一些相关的基本问题，并建立起一些基础性的理论概念，为后来进一步在我国区域科学研究方面（包括区域经济学领域）深入推广应用而奠定了重要的基础。成果比较丰硕的代表性人物有陈彦光和刘继生两位学者。进入到21世纪之后，特别是“十一五”阶段，我国一些学者在旅游空间结构的分形问题应用研究方面成果也日渐丰硕（如CNKI论文期刊库收录），其中发表有较多学术论文的如戴学军。“十二五”期间，关于旅游空间结构和城市等区域空间结构方面的分形研究得到了更多研究者的热情关注，又有不少新的探索和应用成果。值得一提的是新疆经济地理和区域经济研究领域的一些研究者（张竞竞、强海洋、张小雷、雷军、买买提江、蒲春玲、李凤华等）也进行了分形理论的应用研究，尝试对新疆绿洲城镇空间系统和旅游空间结构问题进行分析，这些成果无疑为本课题提供了更直接的借鉴经验。

课题组在查阅、梳理和归纳这些研究的成果中看到，随着对分形理论的深入探讨和其在各学科领域的广泛应用，人们发现分形结构形态中所表现出的无标度自相似性的生长演化现象，恰恰反映了客观物质世界的各种系统在其存在与发展的过程中有效利用空间系统资源的基本规律。例如，中国学者林鸿溢与李映雪所著的《分形论——奇异性探索》（北京理工大学出版社，1992）认为，分形是大自然的优化结构。刘继生和陈彦光在探讨《城镇体系空间结构的分形维数及其测算方法》（1999）的一文中不仅引述了这一观点，而且进一步论证提出“分形体能够最有效地占据空间”。对于城镇体系，刘继生和陈彦光也提出“自相似性（Self - similarity）意味着人文地理系统的自组织演化受到某种隐含规则的支配，具有优化趋向”。

对于这方面的证据，还有来自生态学的重要研究。例如杰弗里·B. 韦斯特（Geoffrey B. West）、詹姆斯·H. 布朗（James H. Brown）和布莱恩·J. 奎因斯特（Brian J. Enquist）于1997年发表了一篇名为《生物起源异速生长缩放法则的一般模式》（*A General Model for the Origin of Allometric Scaling Laws in Biology*）的学术论文。对于生态系统中的动植物形体质量与能量之间的比例关系问题，人们发现，体形庞大的大象比体形很小的老鼠具有更高效的能量利用效率。而且同样的现象在生态系统里有着普遍的存在性，似乎是一个普适性的法则，可以一般性地表达为严格的数学控制公式（$E = M^{3/4}$）。这三位学者通过分形理论方法对此进行分析，解释了其中所蕴含的空间结构分形规律，由此也验证了自然界的分形结构都是有效利用空间资源的客观选择，即系统自组织演化而形成的分形空间结构都是系统在其自然发展中有效利用空间资源效能的积极选择（资源的有限性而导致的生命体之间的竞争性生存法则）结果。为了寻找更丰富的证据，奎因斯特（Brian J. Enquist）还组织了一个研究团队，在南美洲哥斯达黎加选择了一片热带雨林，对单棵树木与整片雨林之间吸收二氧化碳数量的比例关系进行测量，然后进行分形理论解析，发现了单棵树体的形态结构与一整片热带雨林形态结构之间所存在的无标度自相似性关系：显示出在雨林系统的空间形体结构中，蕴含雨林树群争取空间利用最大化的质量与能量配比结构的效率法则，表明其无标度自相似的分形结构正是有效占有（利用）空间的优化形态。

事实上，在自然界的生态系统演化过程中，这种争取高效实现形体质量与能量配比关系的空间分形表现为广泛的一般性规律，其例不胜枚举、俯拾皆是。对于处在生态系统较低端的植物系统，构成其质量（能量）的基本物质，简单地讲主要包括土壤、水和阳光这三种基本要素（以周而复始的分形循环过程演化出地球的复杂生态系统）。由于自然地理生态环境的差异，可以看到在地球上不同地域中千姿百态的生态系统分形结构样式。比如，在中国广大的西部干旱半干旱区形成了绿洲生态系统，完全不同于华北等地区的平原生态系统。绿洲严重碎片化的空间结构同样是生态系统积极争取其形体质量与能量高效配比关系的一种分形结构形态，是干旱半干旱地理环境下生态系统物质与能量实现有效交换循环的分形结果。由于水资源的严重稀缺，绿洲生态系统形成了空间碎片化极为突出的离散结构形态，导致绿洲片块之间十分显著的孤岛效应。对于绿洲的孤岛效应，显然也是干旱半干旱自然地理环境下客观选择的合理结果。作为人类的社会经济活动，首先要适应这种绿洲孤岛效应环境，进而主动影响或试图改变绿洲孤岛效应的束缚。随着科技和经济能力的提升，人类突破绿洲孤岛效应的雄心似乎也在不断膨胀。但是，不可否认的是，人类的不少社会改造活动实际上表现得莽撞而混乱。随着经验的积累和对发展认识的不断深入，人类在绿洲区域的经济性改造活动将会趋向由被动适应规律与积极改造环境相结合的更显理性的行为方式，比如关于促进绿洲城镇孤岛效应缓解的现实发展问题。

事实上，人类社会系统事实上仅是地球生态系统的一个子系统而已，因此人类社会经济活动自然要遵循以上分形规律基本法则。人类社会自从产生现代工业革命以来，所创造的工业化经济活动在历史长河中前所未有地影响了地球自然生态系统的传统面貌状态（其中也在很多时候极大地违背了自然生态系统分形演化的客观规律），但是人类以往的和现代的社会经济活动总归需要回到自然规律的基本轨道上，而无法过分脱离。现代城镇系统就是人类走入工业化经济后最显著地影响和改变了自然地理生态系统原貌的一种人文景观空间现象。不过即便如此，城镇体系的产生和不断演进的发展状态，自始至终都仍然还是地球自然生态系统演化的延伸部分而已，也必须努力争取其形态质量与能量高效配比的分形结构演化方向，以致实现城镇体系物质与能量的有序循环演进。这或许就是通常而言的市场经济效率法则中所应蕴含的自然生态规律本质所在。

作为城镇经济的一个最基本的特征规律，就是经济要素的空间聚集与规模化效应，其地理空间现象便是大量人口围绕工业化生产活动而产生的人文景观（工厂楼房与道路等各类设施）在空间上的密集化生长蔓延。其中必然有城镇空间形

体质量与能量有效配比的问题，在一个经济区域内也就是城镇体系的空间结构与功能结构的基本关系问题，用经济术语来讲应该就是资源配置的经济效率问题。于是城镇经济所具有的聚集与规模经济效率要求，其本质依然应是自然生态系统分形演化规律的一种反映。因此在城镇体系的空间景观构造上必须遵循分形效率的基本规律，比如城镇空间关联分维规律、中心城市空间聚集分维规律以及城镇体系位序—规模分维规律等；否则，区域城镇体系便可能难以有效获取支撑发展的优化资源，也可能在发展中丧失持续能力而使城镇衰落（在中外现代城镇史中似乎一直不乏其例）。

那么，不断主导一个区域城镇体系成长：使其逐步取得分形结构优化演进的动力因素是什么呢？前文所提到的德国城市经济地理学家瓦尔特·克里斯泰勒在其经典的中心地理论中认为，在城镇中心地体系的不断演进过程中先后存在有三种主导因素——市场、交通和行政，于是他提出了中心地三原则和相应的三种中心地系统模型，即基于市场原则的中心地系统（$K=3$）、基于交通原则的中心地系统（$K=4$）和基于行政原则的中心地系统（$K=7$）。这三类形态分别对应于市场发育初期、交通较为完善和已形成区域完善的行政系统，是三个由低到高的发展时期。瓦尔特·克里斯泰勒中心地理论虽然是一个较为理想化的模型，但是面对现实它着实有极为重大的理论意义。在现实中，以上三种因素对现代城镇体系的演进确实都具有关键性的动力主导功能，不过它们发生作用的机制应是一个复杂的组合过程，包含市场效率、交通效率和行政效率的相应要求。这些效率机制也就应该是不断推动城镇体系无标度自相似成长、构成其形态质量与能量配比的空间结构关系的重要动力机制。借助分形理论工具，经济与人文地理问题的研究者已做出理论推导，认为瓦尔特·克里斯泰勒的中心地模型仅是城镇体系分形的一种特例情形，比如中国学者陈彦光便对这方面的研究进行了一定的归纳总结以及理论创新。

由于工业化被认为是现代城镇化发展的核心动力，因此在工业区位理论中应该会更深刻地蕴含有关于城镇体系成长的分形结构演进动力因素之内涵。在区域经济学领域，一般认为德国经济学家阿尔弗雷德·韦伯（Alfred Weber）是奠定工业区位理论的标志性人物，其代表性学术成果是1909年出版的《论工业区位》。该论著通常被认为是首次系统地论述了工业区位理论，韦伯在其理论中认为运输成本和工资是决定工业区位的主要因素。1914年，阿尔弗雷德·韦伯发表了《工业区位理论：区位的一般理论及资本主义的理论》，对工业区位问题和资本主义国家人口集聚进行了综合分析。关于工业区位认识的起源可追溯到18世纪的经济学家，比如英国著名经济学家亚当·斯密（Adam Smith）于1776年发表的著作中，就已论述过运费、距离、原料等对工业区位的影响。当然在阿尔弗雷德·韦伯前后，有不少经济学家在工业区位问题的探讨上进行了探索和理论推进。

阿尔弗雷德·韦伯归纳提出的一个核心概念是区位因子，经过分析判断他又界定了三个一般区位因子——运费、劳动费、聚集和分散。这种一般性概念的抽象很关键，在此基础上阿尔弗雷德·韦伯提出了决定工厂选址和发生迁移的三个法则——运输区位法则、劳动区位法则和聚集（分散）区位法则。阿尔弗雷德·韦伯阐释的区位理论的主要贡献就是对最小费用区位原则的深刻表达（即费用最小点就是最佳区位点），不仅对工业而且对其他产业的空间布局都具有重要的理论指导意义。与瓦尔特·克里斯泰勒相比，阿尔弗雷德·韦伯的工业区位论是从厂商市场行为的效率法则方面归纳了推动城镇体系发展演化的动力因素（即区位因子），尤其是对聚集和分散因子的提出更加清楚地反映了现代大规模城镇发展的一般特征。因此，工业区位理论对认识和理解城镇体系成长的分形结构演进动力因素与发生机制同样具有重要的理论启发。

综上所述便可以推断，具有空间形体质量与能量间高效配比关系的某种无标度自相似性演化系统，也应该是一个其各子系统之间能够有效实现物质与能量交换循环的结构体。再进一步看，可以认为分形结构中（或在系统分形结构的演化过程中）存在着一定的优劣差异问题（可以从分维数的差别来加以判断）。越优质的分形结构形态，就越应该表现有更显著更高效（空间形体质量与能力配比）的无标度自相似性结构特征，会反映于一定的分维数特征值上，其中说明了系统结构对相应物质能量具有更高效的利用效能。也就是说，无论是自然物质系统还是人类社会经济系统，一个系统的空间结构倘若呈现为优质的分形结构演化特征，那么表明该系统在相应无标度区间范围内比较经济地利用了系统环境中的物质与能量资源，使系统不断演化成为可以持续发展的有机循环结构体。

换句话说，一个系统在其运行发展中所具有的经济效率水平，应该可以在其一定空间分形结构的分维特征值中得到表现和解读。因此，对于绿洲城镇体系的演化过程，也就同样可以通过分析其空间分形结构的分维特征值来解构和表达它所蕴含的各子系统的发展效率水平，比如交通系统的效率水平、产业经济系统一体化发展的效率水平等。

一个系统运行发展的效率水平与其一定空间分形结构之间应该具有某种相关关系，而分维特征值正是其相关关系的一个数学表征。在实际问题的应用中，其实分维特征值的求解是对分形结构某种无标度自相似性混沌特征的一个统计意义的表达。于是有学者提出了分形统计的新概念，其中一些学者进一步探讨了分形随机现象与布朗随机现象的差异，发现分形随机现象蕴含无标度自相似性混沌结构中的统计现象，而分形随机现象相对于布朗随机现象更具有一般性。对这方面的探讨，比如21世纪初的几年，可以见到中国的一些学者（如储海林、刘秀英、李哲、赵旭等）在国内权威的《统计研究》等学术期刊上曾有过很积极的理论思考。

正是因为这样的逻辑，分形理论在区域经济和经济地理等区域科学研究领域已越来越受到重视。特别是对于强调空间经济变化规律的区域经济学来讲，分形理论显示了更加具有开拓意义的方法价值论。毫无疑问，对于新疆绿洲城镇孤岛效应这样的区域经济系统问题，基于分形理论的研究方法应是一个科学的运用选择，将可以从绿洲城镇经济系统的分形混沌结构中，通过对有关分维特征的解析，获取城镇体系中已形成的内在经济产业相互关联之效率的认识。对于新疆绿洲自然生态地理严重碎片化空间结构下的城镇体系分析而言，显然是极有科学价值的一种探索。

分形结构中的关联分维、聚集分维和位序—规模分维，是较多地被用于城镇体系结构研究中的三个分维模型工具，常常分别或组合用于诊断分析城镇系统的结构特征问题。就本课题探讨的旅游资源战略性开发对绿洲城镇孤岛效应的缓解作用机理问题来讲，这三个分维模型工具的运用是十分必要也是非常重要的。下面就这三个模型工具的基本含义与运用的必要性加以阐释（关于模型工具的解析表达式及详细的应用说明，将在相应的分论证报告中结合问题详述）。

1.3.3.2.2 关联维数模型与运用机理分析

（1）对关联维数内涵的基本解释与分维数计算问题。

中国科学院地理科学与资源研究所朱晓华研究员于1999年（其间为南京师范大学地理科学学院博士生）在中文核心期刊《经济地理》（2000年第3期）发表了一篇名为《经济混沌研究的非线性科学方法》的论文，这是中国中文学术期刊（仅就CNKI数据库而言）中较早出现的直接探讨分形理论应用于经济研究问题的文章。在论文中，作者整理阐述了关联维数的计算思路，而这一整理阐述后来被中国的一些研究者广泛引用。比如，在该文整理阐述的基础上，对关联分维的如下表述目前比较常见。

分形集合中每一个状态变量随时间的变化都是由与之相互作用、相互联系的其他状态变量共同作用而产生的，为重构一个等价的状态空间，只要考虑其中一个状态变量的时间演化序列，然后按某种方法构建新维。若有一等间隔的时间序列：$\{x_1, x_2, x_3, \cdots, x_i, \cdots\}$，就可以用这个时间序列重构一个$k$维相空间。

先取X_i（$i=1, 2, 3, \cdots, k$），确定k维相空间中第一个点X_1；再取X_{i+1}（$i=1, 2, 3, \cdots, k$），依次构造第二个点X_2、第三个点X_3……

依次类推，便构成k维相空间中的N个点：

$$\begin{cases} X_1\ (x_1,\ x_2,\ \cdots,\ x_k) \\ X_2\ (x_2,\ x_3,\ \cdots,\ x_{k+1}) \\ \cdots \\ X_N\ (x_n,\ x_{n+1},\ \cdots,\ x_{k+n-1}) \end{cases} \tag{1-1}$$

由于各点之间的距离越近，则表明其关联程度越高。若给定一个值 r，对于 k 维空间中的 N 个点，检查有多少个点对（X_i，X_j）之间的距离 $|X_i - Y_j|$ 小于 r，把距离小于 r 的点对数占总点对数 N^2（如果有 N 个点，则有 N^2 个点对）的比例记作 C（r），称为空间关联函数。例如，当有 3 个点时，则有 9 个点对，可表示为如下点对阵：

$$\begin{pmatrix} X_1X_1 & X_1X_2 & X_1X_3 \\ X_2X_1 & X_2X_2 & X_2X_3 \\ X_3X_1 & X_3X_2 & X_3X_3 \end{pmatrix} \tag{1-2}$$

其中，r 为码尺（Yardstick），则：

$$C(r) = \frac{1}{N^2}\sum_{i,j=1}^{N} H(r - |X_i - Y_j|) \tag{1-3}$$

其中，H（x）为 Heaviside 跃阶函数，即 $H(x) = \begin{cases} 1 & x > 0 \\ 0 & x < 0 \end{cases}$

类似于 Hausdorff 维数，一般地便定义关联维数为：

$$D = \lim_{r\to 0}\frac{\ln (r)}{\ln (1/r)} \tag{1-4}$$

上述关于关联维数状态变量而言的“时间序列”是否为一个不可或缺的必要条件呢？比如，在地理空间意义上，关于城镇体系空间关联维数或旅游景区系统空间关联维数的分析探讨中，分形集空间状态变量往往就是地理空间位置的实点坐标序列。其变化演进虽然会有随时间而异的不同状态情况，但是对某一时点状态的探讨（在某一可见的时期中）往往被视为相对静止的状态。因此上述关联函数 C（r）便被简化为下式，即在二维的地理域面空间中

$$C(r) = \frac{1}{N^2}\sum_{i,j=1}^{n} H(r - d_{ij}) \tag{1-5}$$

其中，d_{ij} 为 i，j 两个空间点位（比如 i 城市和 j 城市，或 i 景区和 j 景区）之间的欧氏距离即乌鸦距离（Crow Distance）。于是阶跃函数 H（x）也可以表达为

$$H(x) = \begin{cases} 1 & d_{ij} \leq r \\ 0 & d_{ij} > r \end{cases}$$

d_{ij} 欧氏距离点阵便一般地可表示为：

$$\begin{pmatrix} d_{11} & d_{12} & \cdots & d_{1N} \\ d_{21} & d_{22} & \cdots & d_{2N} \\ \cdots & \cdots & \cdots & \cdots \\ d_{n1} & d_{n2} & \cdots & d_{nN} \end{pmatrix} = \begin{pmatrix} 0 & d_{12} & \cdots & d_{1N} \\ d_{21} & 0 & \cdots & d_{2N} \\ \cdots & \cdots & \cdots & \cdots \\ d_{n1} & d_{n2} & \cdots & 0 \end{pmatrix}, \quad d_{ij} = d_{ji} \tag{1-6}$$

如果系统要素（如城市或景区等）的空间分布是分形的，那么就应该有标度不变性，即

$$C(\lambda r) \propto \lambda^{\alpha} C(r)$$

$$C(r) \propto r^{\alpha} \tag{1-7}$$

此时，$\alpha = D$ 即是分维，也就是系统要素的空间关联维数。当 $r \to 0$ 时，便会有 $D\ln r = \ln C(r)$，亦即

$$D = \frac{\ln C(r)}{\ln r} \tag{1-8}$$

对关联维数进行实际计算时，当给定一个码尺值 r 时，可以先计算出各空间点对之间的距离 d_{ij}，得到上述欧氏距离矩阵，算出 $C(r)$ 值；然后按某种幅度调整改变码尺 r 的取值，求得一系列 $C(r)$ 值；再绘成 $[r, C(r)]$ 点对系列的双对数坐标图；最后可以采用最小二乘法得到关联维数 D 的值。

（2）对于关联维数空间地理意义的解释。

经济地理方面的研究者十分关注分维数的空间地理意义问题（其实区域经济分析同样需要探讨相应的空间经济地理意义），对关联维数有以下基本解释。例如，刘继生和陈彦光在《城镇体系空间结构的分形维数及其测算方法》一文中表述道："就表征空间分布而言，空间关联维数与网格维数含义相似，反映了城镇体系要素空间分布的均衡性。"相类似地，戴学军等在其《旅游景区（点）系统空间结构关联维数分形研究》一文中也有表述："就表征空间分布而言，空间关联维数反映了景点系统要素空间分布的均衡性。"尽管前者讲的是城镇体系，后者探讨的是旅游景区系统，其实两个表述在一定抽象层面是相同的含义。现如今对空间关联维数地理意义的解释已有比较广泛的引用。在此可以更一般性地概括为：就表征空间分布而言，空间关联维数反映了系统空间要素（如城市或景区等）在一定范围二维域面分布的均衡性。这里所谓的空间分布的均衡性，需要结合关联维数值来具体分析和解释，下面不妨先引述两个应用实例。

实例一，引自刘继生和陈彦光的《城镇体系空间结构的分形维数及其测算方法》一文：

一般情况下，其数值变化界于0～2之间，当 $D \to 0$ 时，表明城镇分布高度集中于一地（形成一个首位城市）；当 $D \to 2$ 时，表明城镇的空间分布很均匀。空间关联维数的独特用途在于可以反映城镇体系各要素之间交通网络的通达性，从而指示城市之间的关联性。

将 d_{ij} 改为实际交通里程即乳牛距离（Cow Distance），利用上述求关联维数公式可求得交通网络的关联维数 D'，从而可定义牛鸦维数比为

$$d = D'/D \tag{1-9}$$

d 越接近于 1，则表明城市之间交通网络通达性越好，从而城镇体系各要素关联度越高。

实例二，引自戴学军等的《旅游景区（点）系统空间结构关联维数分形研究》一文：

一般情况下，其数值变化界于 0 ~ 2 之间，当 $D \to 0$ 时，表明景点分布高度集中于一地；当 $D \to 2$ 时，表明景点的空间分布很均匀，标准的中心地模型即属于这种情况。

正常情况下，当 $1 < D < 2$ 时，D 越大，表明景点系统各要素的空间分布越均衡，反之则越集中；而当 $D \to 1$ 时，表明景点系统均匀地集中到一条光滑曲线上了。

将以上实例中的具体阐述做进一步的抽象概括，空间关联分维数的地理意义就应该有如下表述：一般地，对于二维域面的点（粒子）集系统所形成的分形集，各点（粒子）的空间关联分维数 D 的值变化于 0 ~ 2 之间。当 $D \to 0$ 时，表明系统中的各空间点（粒子）分布高度集中于一地；当 $D \to 2$ 时，表明空间点（粒子）的地域分布很均匀（属于标准的中心地模型构造情况）。正常情况下，$1 < D < 2$，其中当 D 越大时表明系统各要素（粒子）的空间分布越均衡，反之则越集中；而当 $D \to 1$ 时，表明系统要素（粒子）均匀地集中到一条光滑曲线上。

在实际应用中，d_{ij} 通常取值系统要素空间点（粒子）之间的欧氏距离（又称乌鸦距离）作为参数值，来观察系统要素的空间关联性。于是，可以大体划分出三种空间关联形态，即均匀分布的空间关联形态（$D \to 2$）、高度集中于一地的关联形态（$D \to 0$）和集中到一条光滑曲线的关联形态（$D \to 1$）三种类型。

对于 d_{ij}，在实际的经济社会系统问题中也可以取值系统要素空间点（粒子）之间的交通距离（又称乳牛距离）作为参数值，比如根据问题的需要可以取值公路距离（国道里程或高速公路里程等）或铁路里程等。再利用以上求关联维数公式求得该系统的交通网络关联维数 D'，于是定义牛鸦维数比（简称牛鸦比）为

$$d = D'/D \tag{1-10}$$

当 d 越接近于 1 时，则说明该系统要素空间点（粒子）之间的交通网络通达性越好，从而表明该经济社会系统各要素的关联度也就会越高。比如，在城镇体系中，各城镇间的关联性、区域旅游产业带中的旅游景群区块间的关联性或旅游

中心地之间的关联性等，都可通过牛鸦比 d 来加以分析推断。因此也可以作为推测干旱区域绿洲城镇孤岛效应缓解的一个重要分析参数。在城镇体系的关联问题上，虽然牛鸦比 d 并不是各个城镇之间产业关联关系的一个直接判断参数，但它确实应是各城镇之间产业关联必然的空间反应，至少是一个极为重要的必要条件。

对于以上三种空间关联维数的分布形态，怎样解释其均衡性呢？若是从对二维空域的域面利用范围多与少的角度去看，那么第一种情形在空域分布状态上最为均衡，第二种情形则最不均衡。但第二种情形中，系统要素的关联程度则是最为紧密的，第三种情形次之。因此，在分析实际问题的应用中，并不能说哪种情形的均衡形态是最佳的判定，而需要结合实际做综合性的具体评判。在经济社会系统中，实际上第二种情形反映的往往就是所谓的首位中心地（比如首位城市、首位旅游中心区、城市 CBD 等问题）的区域空间分形构造形态，第三种情形便是所谓的点—轴结构系统的空间分形构造形态。相对而言，点—轴结构系统是区域城市或产业分布比较典型的空间样式，其中的关键之处就在于系统要素基于交通等基础设施的分布，对于社会经济资源的聚集通常都具有比较高的交通配置效率水平。因此，通过空间关联分维值，显然能够比较好地分析评价经济社会系统要素的空间分布效能和空间关联效率，乃至系统演化过程中要素的功能组织结构的发展水平等。将空间关联分维同空间聚集分维以及位序—规模分维结合起来，综合用以解析系统要素的空间分维特征规律，则更有助于全面准确地分析推断系统要素之间的内在关联结构与功能关系。

（3）本课题运用空间关联维数模型分析解决问题的概况。

从新疆绿洲城镇孤岛效应的问题来看，在空间特征上绿洲的分布多数会依山系与河谷流域形成自然分布，往往就是点—轴线性空间结构形态；而同样贯穿于绿洲之间的交通线路自然也成为关联绿洲社会经济系统重要的经济轴线。因此，如果新疆绿洲城镇体系的空间分布形态若具有分形特征，那么其关联分维数呈上述第三种形态（$D\to1$）的可能性会最大。当然，根据各绿洲地理分布形态的不同，在不同地州区域内，城镇体系空间关联分维也应存在不同情况的差异。比如有的地州有较好的平缓连续性地理空间的绿洲结构，那么其城镇也易于形成均匀分布的空间分形结构，于是城镇体系的空间关联分维则很有可能易于趋近第一种形态（$D\to2$）。若是这种情形，城镇体系在绿洲中的分布空间就比较均匀，那么在城镇的交通关联上应该更有可能形成高效的网络式体系结构关系，此时求解相应的牛鸦比 d 对于分析评价城镇体系的交通关联性则可能就显得很有意义。

在本课题的研究过程中，分别探讨了新疆绿洲城镇点—轴结构分形特征、新疆三大旅游产业带景群构造系统以及新疆旅游中心地构造系统三方面的空间关联分维特征与变化规律。重点是通过空间关联分维，观察新疆旅游资源开发的空间资源配置均衡性问题，从中发现旅游产业规划与开发对绿洲中小城镇群发展的产业地理空间的优化作用，亦即透析缓解绿洲城镇孤岛效应的作用机理。

1.3.3.2.3　聚集维数模型与运用机理分析

（1）对聚集维数模型内涵的基本解释与分维数计算问题。

聚集分维模型是另一个在经济地理和区域经济研究中比较常用的分形模型，进入21世纪以来在中国城镇体系空间结构和旅游景区体系空间结构等分形问题研究中已有比较多的应用情况，受到了很大程度的重视。

聚集分维模型来自扩散受限凝聚（Diffusion Limited Aggregation，DLA）分形生长理论。1981年由托马斯·韦廷（Thomas A. Witten）和雷纳德·桑代（Leonard M. Sander）提出的扩散受限凝聚模型，揭示了分形体非平衡生长的DLA原理，形成了空间聚集分形理论基础。

分形理论对系统要素在空间上形成聚集现象的理论表达被称为分形生长理论，即为探知分形体的生成机理而建立解析自然界分形生长的模型，DLA就是其中最重要的模型之一。中国矿业大学朱华教授与姬翠翠在《分形理论及其应用》（2011）中阐述道：分形生长即指一个分形对象随时间而增大的过程。

关于分形体DLA随机生长规则，请参阅张济忠的《分形》（1995）及朱华等在《分形理论及其应用》中的相关阐述，DLA模型是典型的随机生长分形，其生长规则模型可简述为：设定某尺码半径的二维方形点阵，在阵中央放一颗种粒子作为核；然后从边界（粒子源）随机发射一颗粒子，该粒子随机向种粒子行走，步长对各方向保持恒定，到达种粒子则成为核的一部分；重复发射粒子便形成粒子集聚，核长到一定程度会出现无规分叉，形成树枝状的轴树结构，称为DLA颗粒簇或DLA粒子群，其形状大小取决于发射的粒子总数，数量越多，颗粒簇便越大越复杂。

根据扩散受限凝聚分形机理，形成了聚集分维模型。聚集分维不仅存在于自然世界中，而且也普遍存在于人类的经济社会系统的演化过程中，比如城镇中心体系的生长演化规律就具有扩散受限凝聚分形特征，区域旅游中心地体系的培育成长以及旅游景群系统的开发演进等都表现有扩散受限凝聚分形特征。通过空间聚集分维模型分析，能够对城镇体系等社会经济系统的内在功能关联结构、体系层次关系等方面的空间反映给予数学化的定量刻画和认知，发现其中的基本特征与变化发展规律。下面不妨先引述两个应用实例来对空间聚集分维模型及其计算方法加以阐释。

实例一，引自刘继生和陈彦光的《城镇体系空间结构的分形维数及其测算方法》一文：

基本模型：

假定城镇体系各要素按照某种自相似规则围绕中心城市（一般是等级体系中的首位城市）呈凝聚态分布，且分形体是各向均匀变化的，则可借助几何测度关系确定半径为 r 的圆周内的城镇（粒子）数目 $N(r)$ 与相应半径的关系，即有

$$N(r) \propto r^{D_f} \tag{1-11}$$

类比于 Hausdorff 维数公式可知，式中 D_f 为分维。这表明，如果假设正确，可以利用回转半径法测算城镇体系空间聚集的分维数。现已证明，上述假设成立。考虑到半径 r 的单位取值影响分维的数值，可将其转化为平均半径，定义平均半径为

$$R_S \equiv \left[\left(\frac{1}{S}\sum_{i=1}^{S} r_i^2\right)^{\frac{1}{2}}\right] \tag{1-12}$$

则一般有分维关系

$$R_S \propto S^{\frac{1}{D}} \tag{1-13}$$

其中，R_S 为平均半径，r_i 为第 i 个城镇到中心城市的欧氏距离（称重心距），S 为城镇个数，[…] 表示平均，D 为分维。由于这里的 D 反映的是城镇围绕中心城市随机聚集的特征，故可称之为聚集维数，可归入广义的半径维数之列，半径维数现已成为一个贬义的概念。

实例二，引自戴学军等的《旅游景区（点）系统空间结构随机聚集分形研究——以南京市旅游景区（点）系统为例》一文：

随机聚集维数的定义和测算方法：

根据景区（点）系统的演化模型，假定在一定地理区域内景区（点）系统各要素按照某种自相似规则围绕中心景点呈凝聚态分布，且回转半径 R 与景区（点）系统总的半径呈线形比例，即分形体是各向均匀变化的，同时不考虑边界效应，且系统不是一个几何上的多重分形，则可确定作为景点（粒子）数目 N 的函数与回转半径 $R(N)$ 的关系，即有

$$R(N) \propto N^{\frac{1}{D}} \tag{1-14}$$

这表明，如果假设正确，可以利用回转半径法测算景区（点）系统空间聚集的分维数。考虑到半径 R 的单位取值影响分维的数值，可将其转化为平均半径，定义平均半径为 $R_N \equiv \left[\left(\frac{1}{N}\sum_{i=1}^{N} r_i^2\right)^{\frac{1}{2}}\right]$，则一般有分维关系：

$$R(N) \propto N^{\frac{1}{D}} \tag{1-15}$$

其中，R_N 为平均半径，r_i 为第 i 个景点到中心景点的欧氏距离（称重心距），N 为景点个数，[…] 表示平均，D 为分维。由于这里的 D 反映的是景点围绕中心景点随机聚集的特征，故可称为聚集维数。

对于聚集维数的计算，首先是选定一定地理区域内的中心景点，然后得到其他景点到中心景点的重心距 r_i，再转化为平均半径 R_N，改变 N 得到一系列 R_N 值，把（R_N，N）绘成双对数坐标图，通过最小二乘法可求出分维值 D。各景点之间的重心距 r_i 的计算可以采用以中心景点为投影中心的景点分布图来测算，也可以采用 GPS 仪器去野外测量来计算。

以上引自两个应用实例中对聚集分维数模型的定义实际内涵是完全一样的，尽管在变量符号的使用上略有差异。实例二中的定义参考了实例一作者之一陈彦光（又名陈涛）的另一篇论文《城镇体系随机聚集的分形研究》。

为了能更一般性地表述聚集分维模型对内涵，本课题主要以上述实例二中的表述形式为参照基础，做出以下阐述：

一般地，对于二维域面的点（粒子）集系统所形成的分形集，假设各要素按照某种自相似规则围绕中心点呈凝聚态分布，且回转半径 R 与点集系统总的半径呈线形比例，即分形体是各向均匀变化的，同时不考虑边界效应，且系统不是一个几何上的多重分形，则可确定作为空间点（粒子）数目 N 的函数与回转半径 R（N）的关系，即有

$$R(N) \propto N^{\frac{1}{D}}$$

这表明，如果假设正确，可以利用回转半径法测算点集系统空间聚集的分维数。考虑到半径 R 的单位取值影响分维的数值，可将其转化为平均半径，定义平均半径为 $R_N \equiv \left[\left(\frac{1}{N}\sum_{i=1}^{N} r_i^2\right)^{\frac{1}{2}}\right]$

一般有分维关系：

$$R(N) \propto N^{\frac{1}{D}} \tag{1-16}$$

其中，R_N 为平均半径，r_i 为第 i 个点（粒子）到中心点（粒子）的欧氏距离（称重心距），N 为点（粒子）的个数，［…］表示平均，D 为分维。由于这里的 D 反映的是各点（粒子）围绕中心点（粒子）随机聚集的特征，故可称之为该点集系统的空间分形聚集维数。

（2）对于聚集维数的空间地理意义的解释。

关于聚集维数的空间地理意义，在实例一中，刘继生和陈彦光在《城镇体系空间结构的分形维数及其测算方法》一文中的表述为：

城镇体系的半径维数反映城镇分布从中心城市向周围腹地的密度衰减特征。从式（1-11）中可以引出关系 $d(r) \propto r^{D_f-d}$ （1-17）

其中，$d(r)$ 为城镇体系的空间分布密度，欧氏维数取 $d=2$，所以，当 $D_f<d$ 时，$D_f-d<0$，此时城镇体系的要素空间分布从中心向四周是密度衰减的；当 $D_f=d$ 时，$D_f-d=0$，$d(r)$ 为常数，此时城镇体系的要素分布在半径方

向上是均匀变化的；当 $D_f>d$ 时，$D_f-d>0$，此时城镇体系的要素分布从中心城市向四周是密度递增的，这是一种非正常的情况。

在实例二中，戴学军等在《旅游景区（点）系统空间结构随机聚集分形研究——以南京市旅游景区（点）系统为例》一文中的表述为：

聚集维数 D 反映景点分布从中心景点向周围腹地的密度衰减特征，从景点系统的空间结构上讲，反映结构的紧凑性特征。在一个地理区域中，如果中心景点在随机聚集的过程中，由于其旅游吸引力足够大，在与其相邻的景点的随机聚集中相互吸附，形成一个新的大的景点聚集体；如果这个以中心景点为中心的聚集体在景点随机聚集的过程中始终保持吸附其相邻的景点或者景点聚集体的作用（特定的条件下才会出现这种情况），由于景点聚合体的屏蔽作用，该中心景点始终会处于聚集体的中心位置，也就是说，反映在对旅游流的吸引上，其中心性作用非常强，作为整体对旅游流的吸引也很强。如果在某些时段的随机聚集中，含有这个中心景点的景点聚集体不能吸附其相邻的景点或者聚合体，而是发生游离，那么，在景点随机聚集的某些时间段，会存在多个较大的景区（点）系统，每个景区（点）系统围绕其中心景点形成随机聚集体，而在整个空间区域上没有明显的中心。无论哪种情形，只要有景点随机聚集体的形成，旅游景区（点）系统的整体旅游吸引力都是增加的。

一般来说，在二维空间上，如果旅游景区（点）系统演化完全遵循有限扩散集团凝聚模型，则分维 $D\approx1.78$，当然实际情况不可能完全与该模型相一致，但肯定同样具有统计的自相似性和标度不变性，当 $D<2$ 时，说明景点分布从中心景点向周围腹地是密度衰减的，中心景点的中心性作用很强。当 $D>2$ 时，说明景点分布从中心景点向周围腹地是密度递增的，这说明中心景点根本不具备中心性作用，系统呈离心状态，整个系统的旅游吸引力是弱化的。

为了能更一般性地表述聚集分维模型的空间地理意义，本课题主要以上述实例二中的表述形式为参照基础，做出以下基本阐述：

聚集维数反映了分形点（粒子）集系统随机分布的向心性特征。当 $D<2$ 时，说明系统各点（粒子）分布从中心点（粒子）向周围腹地是密度衰减的，中心点（粒子）的中心性作用很强。当 $\mathrm{D}>2$ 时，说明系统各点（粒子）分布从中心点（粒子）向周围腹地是密度递增的。这说明中心点（粒子）根本不具备中心性作用，系统呈离心状态，整个系统的中心吸引力是弱化的。当 $D=2$ 时，表示点（粒子）集系统的空间分布是在半径的方向上均匀变化，其分形性质已退化，无凝聚态结构体系，应为一种较极端的情形。

（3）本课题运用空间聚集维数模型分析解决问题的概况。

本课题在研究过程中分析了新疆绿洲城镇群点—轴结构分布的分形特征、三大旅游产业带景群系统开发的空间分形特征以及新疆旅游中心地体系演进的空间分形特征。这些分形特征中都包含有中心点“粒子”空间聚集分维结构特征问题，其中着重考察分析了新疆的绿洲中心节点城市、旅游产业带5A级龙头景区和全疆重要节点性旅游中心地的空间聚集分维特征及其中心性能力水平。

对于“十二五”规划建设的新疆三大旅游产业带，其中旅游景区群的开发创建就是基础性的，尤其是新疆绿洲草原、山川、河流与大漠等独特自然景观旅游资源的开发显得特别重要。新疆旅游资源的构成在我国十分丰富多样的旅游资源体系中依然具有独特性。在新疆，城市旅游其实难以有显著的优势，新疆旅游资源的最大特色、独有魅力和相对优势首先是其千变万化、风光独特的自然景观天然构造，其次是与之相应的民族文化风俗的历史积淀，与内地广大区域形成了鲜明的对比。因此，以5A级等高级别自然风光旅游景区为核心的新疆旅游景群开发成长，对构建高水平旅游产业带是十分关键和必要的，是观察旅游资源战略性开发促进绿洲城镇孤岛效应缓解的重要载体。在研究分析中，课题组主要对三大旅游产业带中若干5A级景区为核心的景群空间聚集分维进行定量测评，通过观察景群的中心凝聚结构演化判断其开发推进的水平，尤其是体现产业关联的绿洲城镇一体化关系的推进情况。

其中最具典型示范意义的案例当属环准噶尔旅游产业带的多年持续性开发，尤其是阿勒泰地区的旅游资源及其经典产品开发效果十分显著，较具代表性的就是喀纳斯湖旅游区的开发。从20世纪90年代中后期开发以来，喀纳斯湖旅游区已成为新疆旅游的关键核心品牌之一，十几年间就上升为新疆旅游发展的新龙头和新标杆，产生了广泛的绿洲旅游开发辐射效能，不仅显著带动了周边地州的旅游景区资源开发，而且在整个新疆来看都具有非常明显的旅游开发带动效应。为此，课题组针对新疆“十二五”规划的环准噶尔旅游产业带的开发情况，以其中已开发出的国家A级景区作为观察样本，分析了该区域内三个地州（市）所辖的起关键核心作用的A级景区（喀纳斯湖和可可托海两个5A级景区与乌尔禾魔鬼城在建5A级景区，作为产业带旅游景群系统构造演进的DLA三大凝聚中心）形成的景群空间聚集分维结构特征。

通过模型测度可以看出，环准噶尔旅游产业带A级景群开发的空间聚集分维达到了较高的质量，产业带上所开发出的几个主要景区群之间的一体化结构关系与演进趋势已十分明显。因此也印证了以喀纳斯湖旅游景区为龙头的环准噶尔旅游产业带，确实正在形成一种较好的旅游业一体化产业趋势，已在空间构造上有一定的基础，因而客观上着实较好地发挥了综合带动效能，促进了整个产业带区域内绿洲城镇群的产业关联和旅游城镇群的体系化建设开发。对位于我国最西北边缘且传统工业型城镇发展一直极为困难的阿勒泰地区而言，喀纳斯湖旅游已成长为地区旅游业发展的核心引擎，无疑对当地县域城镇建设带来了相当大的动力，客观上强化了周边各个县乡镇旅游产业的内在关联与整体性功能结构关系，因此有效地促进了阿勒泰地区绿洲城镇孤岛效应的缓解。更有价值的地方是，这种效应又继续从阿勒泰地区向周边地州（市）广泛区域产生了很强的辐射延伸性影响（这在聚集分维模型测度中得到了客观性的反映，详见第 7 章的专题论证）。关于这个分析判断，还可以从多年来喀纳斯湖旅游经济和阿勒泰地区的旅游经济数据表现中得到印证。

就新疆阿勒泰地区来看，作为环准噶尔旅游产业带的龙头核心区域，旅游业的发展速度自进入 21 世纪后便逐渐超越新疆其他地州，率先在 12 个地州中（不含乌鲁木齐市和克拉玛依市 2 个地州市）成功地培育发展起了旅游战略性支柱产业（仅以旅游收入占地区 GDP 比重这项指标作观察），其成长态势与成效在“十一五”以来的近 10 年间得到了持续稳定的推进，如表 1－1 所示。课题组根据阿勒泰地区各年度国民经济和社会发展统计公报数据进行核算，“十一五”以来旅游收入占地区 GDP 的比重年均达到了 16.45%（“十一五”期间均为 13.79%、“十二五”期间均为 19.48%），而“十二五”比“十一五”增长了 5.69%。毫无疑问，阿勒泰地区之所以能够把旅游业打造成本地州绿洲经济发展的战略性支柱产业，仅从旅游产品开发角度看，关键是喀纳斯湖这一重要的核心产品获得了成功开发。由此说明，课题组通过对环准噶尔旅游产业带景区群的中心景区空间聚集分维的实证分析，较好地定量解析表达了喀纳斯湖核心旅游区开发所产生的区域性绿洲经济社会发展的综合效应。

表 1－1 “十一五”以来阿勒泰地区旅游收入占 GDP 比重情况

年份	全地区 GDP（亿元）	全地区旅游收入（亿元）	旅游收入占 GDP 的比重（%）	全地区人均旅游收入（元）
2007	99.28	12.89	12.98	1927.04
2008	117.65	12.30	10.45	1838.84
2009	117.39	11.50	9.80	1719.24
2010	134.86	23.50	17.43	3513.23
2011	162.94	29.82	18.30	4458.07
2012	185.87	35.85	19.29	5403.90
2013	208.08	41.60	20.00	6204.41
2014	226.82	38.44	16.95	5687.32
2015	231.81	53.00	22.86	7934.27

数据来源：新疆阿勒泰地区国民经济和社会发展统计公报。

在对环准噶尔旅游产业带的空间聚集维数分析中，能够从测量数据中显著看到喀纳斯湖旅游景区作为整个产业带景群聚集中心的分形特征表现，而这也可以从喀纳斯湖旅游区的旅游收入表现中得到佐证，如表 1－2 所示。设喀纳斯湖旅游景区旅游收入为 S_1、阿勒泰地区旅游收入为 S_2，前者与后者之比为 $\alpha = S_1/S_2$；设喀纳斯湖旅游景区旅游人数为 R_1，阿勒泰地区旅游人数为 R_2，前者与后者之比为 $\beta = R_1/R_2$，"—" 表示未获得统计数据。

表 1－2　2007～2015 年喀纳斯湖旅游收入情况

年份	S_1（亿元）	S_2（亿元）	α（%）	R_1（万人）	R_2（万人）	β（%）
2007	8.13	12.89	63.07	65.70	151.51	43.36
2008	3.90	12.30	31.71	37.60	148.56	25.31
2009	3.68	11.50	32.00	34.10	—	—
2010	8.90	23.50	37.87	66.20	301.00	21.99
2011	7.60	29.82	25.49	52.69	397.33	13.26
2012	8.90	35.85	24.83	63.29	475.00	13.32
2013	8.90	41.60	21.39	63.30	530.12	11.94
2014	8.20	38.44	21.33	46.10	489.00	9.43
2015	9.50	53.00	17.92	66.70	700.00	9.53

数据来源：新疆阿勒泰地区国民经济和社会发展统计公报。

分析表 1－2 中的数据可以发现几个较明显的特点。一是"十二五"（2011～2015 年）期间，无论是年度旅游收入还是游客数量，都明显高于"十一五"（2001～2010 年）期间的数据值；二是喀纳斯湖景区的年度旅游收入和游客数量变化在每个 5 年期中的情况相对较为稳定，期间略有波动但变化幅度较小（相对于整个阿勒泰地区的值），例如"十二五"期间年度最低收入是 2011 年的 7.60 亿元，年度最高收入是 2015 年的 9.50 亿元，各年度平均收入是 8.62 亿元；三是阿勒泰地区年度旅游收入和年度游客数量的增幅则明显较大（相对于喀纳斯湖景区的值），例如"十二五"期间年度最低收入是 2011 年的 29.82 亿元，年度最高收入是 2015 年的 53.00 亿元，在环比增长的几个年份中增幅最小的是（2013 年比 2012 年增长了）5.75 亿元，增幅最大的是（2015 年比 2014 年增长了）14.56 亿元；四是从表 1－2 中 9 年的数据看，喀纳斯湖的旅游收入占整个阿勒泰地区的比重 α 明显较高，最低为 2015 年的 17.92%，最高为 2007 年的 63.07%，α 的平均值（2007～2015 年）为 30.62%，另外就是 α 的值随年度增加而递减（原因主要是阿勒泰地区的年度旅游收入 S_2 的增幅几乎总是远高于 S_1

的增幅)；五是与以上旅游收入相关联，表1－2中的游客数量值R_1、R_2以及$\beta=R_1/R_2$也有类似于上述变化规律。

通过表1－2中的上述五个特点可以看出喀纳斯湖旅游景区作为新疆阿勒泰地区旅游龙头的显著地位和作用。一是从α和β的值可以看出喀纳斯湖旅游景区是整个阿勒泰地区旅游产业的核心支柱；二是同样可以看出喀纳斯湖旅游景区对整个阿勒泰地区旅游开发的巨大辐射带动作用（在喀纳斯湖景区年度旅游收入值小幅稳定增长的情况下，整个地区旅游收入却表现出逐年较大幅增长的趋势）。实际上“十二五”期间，全阿勒泰地区各县与乡镇旅游景区在喀纳斯湖旅游的强劲带动下出现了相对较全面的开发，涌现出以可可托海5A旅游区为代表的一批新旅游景区，呈现出阿尔泰山额尔齐斯河流域绿洲带旅游业的蓬勃发展形势，因此便看到了2011年以来阿勒泰地区非喀纳斯湖景区的旅游收入和游客数量出现较大幅逐年增长的情形。这也恰与本课题对环准噶尔旅游产业带景区群空间聚集维数的测度分析结果形成相互印证。

1.3.3.2.4 位序—规模维数模型与运用机理分析

（1）对位序—规模维数内涵的基本解释与分维数计算问题。

根据分形理论，局部与整体之间的自相似性是分形体最基本的特征，这种自相似性的组织结构演进必然使分形体在其内部构建起一种体系化的自组织等级结构。这种基本特征规律当然不仅存在于自然界的物理系统中，而且也存在于人类社会生活的组织系统中，比如城镇系统、交通系统、通信系统以及旅游产业开发的景区系统和旅游中心地系统等方面的组织结构中。

在经济地理方面，对于城镇系统等级体系结构的分形研究似乎更受重视，得到的关注要更早些，这在中国经济地理学者中也很明显，于是现在可见的成果也比较早并且也要丰富些（以CNKI检索为例）。例如，早在1993年，陈勇和陈嵘在《经济地理》期刊发表了论文“城市规模分布的分形研究”；1998年，刘继生和陈彦光在《地理研究》期刊上发表了论文“城镇体系等级结构的分形维数及其测算方法”；1999年，陈彦光和刘继生在《人文地理》期刊发表了“城市规模分布的分形和分维”；2001年，陈彦光在《华中师范大学学报》（自然科学版）发表了“城镇等级体系的Beckmann模型与三参数Zipf定律的数理关系——Beckmann城镇等级—规模模型的分形与分维”一文；2002年，陈彦光和周一星联合在《北京大学学报》（自然科学版）发表了“城市等级体系的多重Zipf维数及其地理空间意义”。这些研究里，尤其是陈彦光和刘继生于2000年前后对城镇体系等级结构的分维问题探讨是相对较多的，形成了一些重要的基础性成果。客观上，这些经济地理方面的学者在国内对城镇体系结构分维问题的开拓性探讨，为中国区域经济学领域的研究创新提供了重要的启示和一定的学术基础。

相应的问题探讨在中国旅游空间结构研究方面出现得要晚些，在中文学术期刊较早出现研究论文的时间大概在2006年以后（以CNKI检索为例），显然旅游地理空间的等级体系结构分形探讨应被视为城镇体系等级结构分形研究的一种扩展，下面根据CNKI中文核心期刊论文检索做一个扼要的文献梳理。2006年，戴学军等在《地理科学》期刊上发表了“基于分形方法的旅游景区（点）系统等级结构研究——以南京市旅游景区（点）系统为例”；2008年，王英姿等在《山地学报》上发表了名为“武夷山双遗产地旅游景区系统等级结构的分形分析”的论文；2010年，黄泰等在《地理研究》上发表了论文“城市游憩场点系统结构分形与优化——以苏州市区为例”；2011年，贺晓慧等在《干旱区地理》上发表了“西安特殊时段旅游流规模分形结构特征研究——以‘十一’黄金周为例”。以上4篇论文应该是有代表性的，从它们的被引情况可以得到一定的印证。显然这些论文多是基于经济地理学科视角的，自然也就可以考虑从区域经济学的角度加以认识理解或借用。

综上所述，对于位序—规模维数内涵的基本解释与分维数计算问题，不妨先从两方面引述相关的应用实例，来做出相应的阐释。

实例一，引述刘继生和陈彦光的《城镇体系等级结构的分形维数及其测算方法》一文：

城镇规模分布的Zipf定律及其应用方法：

设想一个区域，其中分布若干聚落。由于城镇与乡镇之间并无明确的界限，可以设定一个人口尺度 r 来度量（r 用人口数量表示）。显然，改变人口尺度，区域城镇的数目 $N(r)$ 也会改变，当 r 由大变小时，$N(r)$ 不断增大，当满足关系式

$$N(r) \propto r^{-D} \tag{1-18}$$

即区域城镇累计数与人口尺度呈负幂律分布时，可以认为城镇规模分布为分形。类比于Hausdorff维数公式可知，其中，D 为分维，它在一定时期内为常数。

式（1－18）正是城镇规模分布的Pareto形式，经变换可得Zipf公式

$$P_{(k)} = P_1 K^{-q} \tag{1-19}$$

其中，K 为城镇序号（$K=1, 2, \cdots, N$；N 为系统中城镇总数）；$P_{(k)}$ 是序号为 K 的城镇的人口；P_1 为首位城市（Primate City）的人口（为系数）；q 为Zipf指数。

比较式（1－18）、式（1－19）可知 $q=\frac{1}{D}$，可见它具有分维意义，故有人称之为Zipf维数。

当 $q=1$ 时，$D=1$，此时 $P_1/P_n=K=N$，即首位城市与最小城市的人口规模之比恰为区域内城市总数，Carroll称此种形态为约束型位序—规模分布。

当 $q>1$ 时，$D<1$，这时城镇规模分布比较分散，人口分布差异程度较大，首位城市的垄断性较强。

当 $q<1$ 时，$D>1$，此时城镇规模分布比较集中，人口分布比较均衡，中间位序的城镇较多。

当 $q\to\infty$ 时，$D\to 0$，区域内只有一个城市；当 $q\to 0$ 时，$D\to\infty$，所有城市一样大，系统要素规模无分别。这两种极端情况，实际中并不存在。

涉足城镇体系研究的学者对 Zipf 公式都很熟悉，但许多人仍不知道 Zipf 指数的分维意义，对具体系统的分形结构退化问题亦有争议。本书从式（1-19）的应用方法谈起，说明如何处理系统的分形结构退化问题。

假设在区域 R 中有 N 个城镇，现将其按人口多少依序排列成表，并赋予序号 K（$K=1, 2, \cdots, N$），对式（1-19）取对数得

$$\ln P_{(k)} = \ln P_1 - q\ln K \tag{1-20}$$

运用上式对表中数据进行回归，即将序号 K 及其对应的城市人口数 $P_{(k)}$ 分别取对数，然后进行回归运算，求出指数 q，其倒数便是城镇规模分布的分维值。

实例二，引自戴学军等的《基于分形方法的旅游景区（点）系统等级结构研究——以南京市旅游景区（点）系统为例》一文：

旅游景点系统的 Zipf 维数及其测算方法和地理意义。

把旅游景点单体旅游吸引力评分值按由大到小的顺序排列，并给其序号 K（$K=1, 2, \cdots, N$），用系统等级规模分布的 Pareto 形式，经变换可以得到 Zipf 维数公式：

$$P_{(k)} = P_1 K^{-q} \tag{1-21}$$

其中，K 为景点序号（$K=1, 2, \cdots, N$；N 为系统中景点的个数），$P_{(k)}$ 为序号是 K 的景点旅游吸引力的评价值，P_1 为首位景点的评价值，q 为 Zipf 维数。类比 Hausdorff 维数的定义 $N(r) \propto r^{-D}$ 可知 $q=\frac{1}{D}$，D 就是景点等级规模分布的分维值。对于 q 的计算，对式 $P_{(k)} = P_1 K^{-q}$ 取对数得：$\ln P_{(k)} = \ln P_1 - q\ln K$。运用上式求得一系列数据对($\ln P_k$，$\ln K$)，对其进行回归计算，求出 q，然后可得 D。

Zipf 维数 q 和分维 D 也反映出区域内旅游景点的旅游吸引力等级结构的规模分布模式，表现为各旅游景点对旅游流的分配模式和在整体效应上是增大还是减少，但不能判别整体的旅游流总量的大小，同时还反映首位景点的中心性作用的强弱。

一般而言，当 $D>1$ 时，说明区域内各景点的旅游吸引力规模分布比较集中，旅游流分配比较均衡，区域整体性增强的效应已经开始降低，但是，当 $D\leqslant 3.33$ 时，区域的整体性还是增强的，此时分布模式为对数分布模式，中心性景点的中心性作用非常明显。

Zipf 维数可以用来分析区域内旅游景点旅游吸引力等级结构的规模分布，反映系统要素规模分布的均衡性及系统的紧致性特点，表现旅游流的分配特性和整体性效应的增强程度。

对比上述两个实例，可以明白无误地看到它们对位序—规模维数内涵的基本解释与分维数计算是完全一致的，实际上实例二也是引用了实例一中的定义。本课题参照以上实例应用中的解释，对位序—规模维数的内涵进行以下概括阐述。

1）关于首位律的阐述。

解释位序—规模维数应该从首位律说起，那么何谓首位律？从起源上完整地应该称为“城市首位律”（Law of the Primate City），它是马克·杰斐逊（M. Jefferson）于 1939 年提出的，是针对国家城市体系规模分布规律的一个理论刻画，其中定义了首位城市（Primate City）、首位度、首位分布和两城市指数等基本概念。对于一个国家的城市体系而言，马克·杰斐逊把吸引全国很大一部分城市人口，并且在政治、经济、社会与文化生活方面具有显著优势，尤其是人口规模远超第二位城市的大城市称作首位城市；而把首位城市与第二位城市人口规模的比值 $S_2=P_1/P_2$ 称为首位度，亦称 2 城市指数（已是衡量城市规模分布状况的一种常用指标），首位度大的城市规模分布就叫首位分布。

在学术界一般都认为首位度一定程度地反映了城市体系发展要素在首位城市的集中水平。不过，后来人们发现仅凭 2 城市指数来表达区域城市体系发展要素在首位城市的集中不够全面，于是又提出了 4 城市指数和 11 城市指数。

4 城市指数就是首位城市人口规模与后 3 位城市人口规模之和的比值，其计算公式即为 $S_4=P_1/(P_2+P_3+P_4)$；11 城市指数就是 2 倍首位城市人口规模与后 10 位城市人口规模之和的比值，计算公式即为 $S_{11}=2P_1/(P_2+P_3+\cdots+P_{11})$。

2）关于位序—规模法则的阐述。

1949 年，齐夫（G. K. Zipf）经过案例实证，提出了城市体系的位序—规模法则。齐夫认为，城市规模与其规模在所有城市区域中的排序的乘积为一个常数，也就是说，城市人口规模对数对城市位序对数的回归系数等于 1。这就是如今所称的城市体系齐夫（Zipf）位序—规模法则（Rank - Size Rule）。

按照 Zipf 位序—规模法则，一般认为正常情况下 4 城市指数 S_4 和 11 城市指数 S_{11} 都应为 1（即 $S_4=S_{11}=1$），而 2 城市指数应该为 $S_2=2$。现在很多学者在城市体系问题的研究中常常把 S_2、S_4、S_{11} 统称为首位度指数。

在对城市体系进行 Zipf 位序—规模法则的实证检验时，位序与规模之间的关系常假设为 $P=\frac{C}{S^{\beta}}$（或 $P=CS^{-\beta}$）。其中，P 表示城市的规模，S 表示城市的位序，C 则是一个常量值。

若$\beta=1$，则称该城市体系符合Zipf位序—规模法则，即对该城市体系的假设检验成立，此时最大城市与最小城市的人口数量之比恰好等于该城市体系的城市数目。否则（即$\beta\neq1$），即称该城市体系不符合Zipf位序—规模法则，于是对该城市体系的假设检验不成立。在此情况下，若是$\beta>1$，则表示城市规模分布比较集中，即高位城市很突出而中低位城市发展不足，特别是当$\beta\to\infty$时，表明就仅有一个城市。若$\beta<1$，则表示高位不突出而中低位城市发展较好，特别是当$\beta\to0$时，表明所有城市规模一样大。

马克·杰斐逊首位律提出之初是针对一国城市体系而言的，然而随着实际应用的不断扩大已被逐渐扩展到更为广泛的领域，比如针对一个区域而言的应用已相当普遍，像省域城市体系的位序—规模探讨在中文学术期刊中就能见到不少。实际上从系统角度看，首位律和位序—规模法则应该不仅仅只是存在于城市体系中，在其他广泛的各类系统中应具有普遍的存在性。就从瓦尔特·克里斯泰勒的中心地理论来说，既可以从城市体系角度论，也可以从产品体系角度论，实际上中心地体系应该涵盖十分广泛的系统，因而也可以指经济系统。若从经济系统的角度看中心地理论的内涵，那么位序—规模法则就不仅反映于城市体系的人口这一项参数中，还应该在其他经济参数中得到反映，例如GDP这样的经济规模参数等。从分形理论的DLA原理来看，经典的中心地模型又仅算分形的一个特例情况。在一个分形系统中，对于其局部与整体之间按无标度自相似法则不断迭代而构造的中心体系，显然也脱不了位序—规模法则的一般规律性。因此便可看到不少关于旅游空间结构等方面的位序—规模问题分析探讨。

3）关于位序—规模维数的一般性表述。

设一定区域中的经济社会系统为$X=\{x_1, x_2, \cdots, x_N\}$，其中，$x_K$为$X$的构成元素（比如城镇、物流中心或旅游景区等），$K$为元素$x_K$的序号（$K=1, 2, \cdots, N$，$N$是系统$X$的元素总数）。设定用某变量尺度$r$来进行度量（$r$可选人口数量或经济数量等表示），当改变尺度$r$的取值时，在$r$的每个不同取值状态下所被度量到的（区域经济社会系统）X的元素数目$N(r)$也会随之改变；当r逐渐由大变小时，则$N(r)$不断增大，于是当这种变化趋势为以下比例关系式时

$$N(r)\propto r^{-D} \tag{1-22}$$

其中，逻辑运算符号$\propto$即表示“成比例”，也就是区域系统X的元素x_K的累计数与变量尺度r呈负幂律分布时，便可以认为系统X的规模分布具有分形特征。类比于Hausdorff维数公式可知，式中D为分维，它在一定时期内为常数。

式（1-22）正是系统X规模分布的Pareto形式，经变换可得Zipf公式

$$P_{(k)}=\frac{P_1}{K^{-q}}\ （或\ P_{(k)}=P_1K^{-q}） \tag{1-23}$$

其中，$P_{(k)}$是系统 X 中序号为 K 的元素 x_K 的值（如人口数量或 GDP 等经济数量等）；P_1 为首位元素（Primate Element）的值（为系数）；q 为 Zipf 指数。

比较式（1－22）、式（1－23）可得关系 $q=\frac{1}{D}$，说明它具有分维意义，故称为 Zipf 维数。

当 $q=1$ 时，$D=1$，此时 $P_1/P_n=K=N$，即系统 X 首位元素与最小元素值（人口或是经济等量值）之比（规模之比）恰为系统 X 内元素的总数，Carroll 称此种形态为约束型位序—规模分布。

当 $q>1$ 时，$D<1$，此时系统 X 内各元素值的规模分布比较分散，分布差异程度较大，首位元素的垄断性较强。

当 $q<1$ 时，$D>1$，此时系统 X 内各元素值分布比较集中，分布比较均衡，中间位序的元素较多。

当 $q\to\infty$ 时，$D\to 0$，此时表明区域系统 X 内只有一个元素；当 $q\to 0$ 时，$D\to\infty$，所有的元素值一样大，系统要素规模无分别。这两种极端情况，实际中并不存在。

假设在区域系统 $X=\{x_1, x_2, \cdots, x_N\}$ 中有 N 个元素，现将其按 x_K 值的大小依序排列成表，并赋予序号 K（$K=1, 2, \cdots, N$），然后对式（1－23）两边同时取对数得到

$$\ln P_{(k)}=\ln P_1-q\ln K \qquad (1-24)$$

再用式（1－24）对以上所排表中数据进行回归计算。即将序号 K 及其对应的元素 x_K 的值 $P_{(k)}$分别取对数，然后进行回归运算，求出式（1－23）中指数 q，那么 q 的倒数值便是系统 $X=\{x_1, x_2, \cdots, x_N\}$ 规模分布的分维值，即 $D=\frac{1}{q}$。

（2）本课题运用位序—规模维数模型分析解决问题的概况。

在本课题的研究分析中，主要探讨新疆旅游中心地体系结构和天山北坡绿洲城市群点—轴结构空间分形特征这两个问题，运用位序—规模维数模型，结合空间关联维数和空间聚集维数的分析，从三个分维角度共同对新疆绿洲城镇群及其旅游产业空间的分形演化进行解析，判断其中产生的优化成熟程度以及相应的问题与对策选择等。

实证分析表明，位序—规模维数模型的应用对分析解决问题提供了很重要也很必要的信息证据，较好地表达了新疆旅游资源战略性开发实施进程中影响绿洲城镇孤岛效应缓解的一种内在逻辑关系，是科学认识旅游业开发推动新疆绿洲城镇群发展演进的重要实证依据（相应的专题论证详述于第 3 章和第 10 章两个分论证报告中，在此不再赘述）。

1.3.4 数据来源与采集

1.3.4.1 新疆实施旅游资源战略性开发的实时状态追踪与资料收集

（1）通过权威官方网站对新疆旅游信息资料的追踪收集。

掌握新疆旅游资源战略性开发的各种数据资料是保证本课题研究的重要基础，除了要掌握相关的重大政策文件资料外，还需要大量丰富的实时动态资料。权威官方网站是本课题获取这些数据资料的一个重要渠道来源，本课题自2011年立项起就开始持续追踪了新疆维吾尔自治区旅游局官网、天山网（新疆新闻门户网）、中华人民共和国旅游局官网、中国城市发展研究会官网以及新疆各地州门户政务网等近20个政府网站。

在对以上政府官方网站发布的有关新疆旅游的各类新闻报道和统计信息进行收集和摘编过程中，积累了约18万字的基础性文字数据资料，对课题组全面了解掌握新疆旅游资源开发状态和旅游对新疆城乡经济发展的影响发挥了重要的作用。

（2）政府公报与政策文件资料的收集。

政府公报也是本课题研究必需的一个重要数据资料渠道。在本课题的研究过程中，重点收集了各级政府官网公布的"社会经济发展规划和社会经济年度统计公报"等重要的权威性资料，例如国务院发布的关于中国旅游发展或城市发展方面的重大政策文件、国家旅游局发布的关于旅游业发展的各类标准与规划等、新疆维吾尔自治区人民政府发布的旅游发展战略规划、新疆维吾尔自治区旅游局发布的旅游统计报告或发展计划，以及各地州政府发布的年度经济社会发展统计报告等。

课题组充分利用这些权威性政府公报资料，掌握了相应的经济与社会发展基础统计数据，了解了国家、自治区或各地州对旅游业开发发展的战略目标、实施策略与政策举措等重要的数据资料情况。

1.3.4.2 分形研究所需的新疆交通地理数据获取

在进行模型定量分析过程中，课题组还需要一定的一手数据资料，主要涉及空间结构分维测度所需要的城镇之间或景区之间的欧氏距离（乌鸦距离）和基本的交通距离（乳牛距离）数据。对于城镇之间或景区之间的欧氏距离数据，课题组主要通过新疆维吾尔自治区权威发布的交通行政地图为基本依据，再通过尺规测算的方法测得相应的数据值，而交通距离（公路距离）选择了新疆维吾尔自治区公开发布的国道或省道距离值。这些基本数据来源真实可靠，测量数据误差可控，因此有效确保了模型测算的真实准确性。

1.3.4.3 新疆城镇人口与经济数据的获取

在本课题研究过程中还涉及新疆维吾尔自治区及其不同地州的城镇人口与年

份经济数据等，课题组主要利用政府发布的统计年鉴数据（例如《新疆维吾尔自治区统计年鉴》《新疆生产建设兵团统计年鉴》《中华人民共和国旅游统计年鉴》等）、自治区人民政府（或自治区旅游局、地州人民政府）发布的年度国民经济和社会发展统计公报等。

这些数据来源权威可靠，同时也具有口径的一致性和使用的普遍性，对课题的论证分析和结论推断的科学可信是十分重要的基础保证。

1.3.4.4 学术文献资料数据的获取与利用

在本课题的分析论证过程中，还一定程度地引用了学术期刊中的数据资料，主要用于研究方法或研究问题陈述性的综述分析或对比分析等。这些数据资料主要选自中国权威中文核心期刊中的论文，并且在使用过程中进行了一定的求证辨识。

1.4 研究结果

针对项目研究确定的任务，课题组以“十一五”和“十二五”规划期作为主要分析时段，通过9个专题的重点研究，总体上已取得基本结果与相应结论，大体可将“旅游资源战略性开发缓解绿洲城镇孤岛效应的作用机理”归纳为自然空间机理、战略可行机理、战略成效机理、空间经济机理四个方面。

把自然空间机理简要概括为绿洲孤岛效应是新疆城镇体系结构碎片化的主要空间因素。把战略可行机理简要概括为旅游资源战略性开发对缓解绿洲城镇孤岛效应的高战略可行机制。把战略成效机理简要归纳为新疆旅游资源战略性开发对缓解绿洲城镇孤岛效应产生的具有持续力的成效反应。把空间经济机理简要概括为旅游资源战略性开发对缓解绿洲城镇孤岛效应的三大作用机理。

1.4.1 关于自然空间机理的概要性阐述

自然地理方面的文献资料显示干旱区是较广泛的一类自然生态区域，约占地球陆地的30%、在中国约25%。绿洲是干旱区人口与城镇等社会经济活动的基本空间载体，“湿岛”一词形象地描述了绿洲沿荒漠与盆地边缘呈碎片式串珠岛链分布的绿色生态空间特征。

依据分形理论，课题组研究认为，干旱区绿洲与平原地区相比，明显为一种极度碎片化的绿色生态空间，表现有极为突出的生态系统孤岛效应，并导致绿洲城镇空间的碎片化与经济孤岛效应。综观世界各大洲可以发现，干旱区多是城镇

分布的稀薄地带，各个绿洲所承载的人口、工业与城镇一般都数量少、体量小、分布散，显示绿洲城镇体系结构的碎片化缺陷极为突出。课题组从文献资料梳理中注意到，无论是从世界城镇化历程还是从城镇化经典理论来看，干旱区绿洲总体上都不属于大规模工业建设与城市化的适宜区域。

有关新疆绿洲情况的研究资料和统计数据显示，新疆作为中国面积最大的省区，绿洲城镇体系结构碎片化特征极为显著。绿洲自然地理与生态结构“封闭、分散和局限”的基本特点使新疆城镇体系结构长期存在着突出的孤岛效应现象，表现为全疆各地州城镇体系职能分工与层次关系模糊，绿洲城镇中心性功能空间分布的梯度不明晰，城镇之间的产业关联与依存度较低。也就是说，绿洲城镇之间经济活动的物质与能量循环协调性不强，相对封闭状态明显。从城镇体系位序—规模结构来看，首府乌鲁木齐市首位度严重偏高；全疆二级中心城市功能相对缺位；各地州城镇由于绿洲空间限制而多为小型绿洲城镇，经济的中心性能力普遍不强。因而各个绿洲城镇在经济上的相对封闭性就比较突出。

可见，由于受绿洲孤岛效应的空间屏蔽作用，传统工业型城镇模式面对新疆绿洲的自然孤岛地理空间而明显缺乏效力。从区域经济的空间角度看，一定意义上新疆绿洲新型城镇化的推进关键就在于有效突破绿洲孤岛效应制约，重点解决好两方面问题，一是大力提升起基础支撑作用的新疆绿洲交通能力，二是积极争取适宜绿洲孤岛生态环境的新型产业分工与发展机遇。

1.4.2 关于战略可行机理的概要性阐述

对于产业选择与发展机遇问题，课题组研究发现，旅游业是十分适合新疆绿洲城镇发展并能有效促进城镇孤岛效应缓解的一个战略性产业，其主要发生机制表现在以下五个方面。

一是适应性机制。在新疆地州层面上，更加适宜于绿洲自然地理特点的城镇体系应该是中小城镇群模式，其经济特点是有显著的长尾市场结构特征，产业选择则应该积极突出中小城镇群长尾经济效应的产业特点。

二是普适性机制。新疆各地州均有旅游资源开发的丰裕条件，适宜培育中小城镇群长尾效应特点的特色产业体系。

三是战略产业机制。旅游业正在成为全球性的战略性支柱产业，是后工业化时期西部欠发达区域推动新型城镇化的重要动力之一，目前对我国城市向现代服务业升级转型和西部农牧业地区推进县域就近城镇化已产生日益重要的作用。

四是旅游市场需求机制。中国已进入世界旅游大国行列，旅游经济时代特征正不断凸显，旅游业发展已成为国家重大战略。

五是产业开发机制。新疆维吾尔自治区经过 40 年改革开放的积累，为旅游业打下了良好的发展基础，近10年间正快速进入以战略性支柱产业、大旅游产业带和旅游城镇化为标志的旅游资源战略性开发的新疆大旅游发展时期。

1.4.3 关于战略成效机理的概要性阐述

对新疆“十一五”以来积极培育特别是“十二五”规划中基本形成的比较清晰的旅游资源战略性开发的重大决策，可以简要概括为旅游业战略性支柱产业战略、旅游产业带开发战略和旅游城镇化战略三个主要方面，构成产业定位、空间优化和城镇协同的立体式开发举措。这些战略性开发举措的持续推进已逐步使新疆旅游经济发展能力得到全面提升，对绿洲中小城镇群发展产生了非常积极的战略成效，促进了城镇孤岛效应的缓解，主要成效反应可归纳为以下五方面。

一是产品体系开发效应——新疆绿洲旅游景区产品体系全面开发所产生的积极作用为新疆全域旅游发展提供了较为有利的产品载体和基础支撑。全疆14个地州（市）开发创建出由近300个国家A级景区构成的旅游景群体系，特别是截止到2015年已建成国家5A级景区达到9个（位列西北地区首位、全国各省区前列）。以2014年为标志，南北疆5A级景区分布严重失衡的格局终于被打破并较快向均衡态势发展，显示出南北疆旅游经济一体化和规模化发展进入一个新的历史阶段。

二是产业空间整合效应——旅游产业带战略有效促进了新疆“三山夹两盆”旅游地理空间结构的优化整合，从而带动了各地州中小城镇之间的旅游联动发展。“十二五”规划确立的新疆三大旅游产业带开发战略取得实质性成效，提升了南北疆各地州旅游资源开发、产品共享、道路连通等多层面的协同发展水平，使新疆旅游空间结构关系有了战略性的优化改善，从而有效地增强了全疆优质旅游线路的开发与新疆旅游竞争力，对破解长期制约新疆旅游发展的“旅长游短”困局具有根本性作用。使各地州中小城镇之间旅游联动发展关系逐渐增强，整体性的规模化效益有较明显的提升。

三是城乡协同发展效应——旅游业有效激发了新疆沿边地州经济发展的活力与开放，促进了沿边城乡一体化建设。旅游资源战略性开发的持续推进非常积极地促进了新疆沿边地州的交通设施改善，尤其对县域农牧区乡村道路的改善发挥了明显的促进作用，较大程度地提升了地州、县、乡之间的交通联系，促进了绿洲地域封闭经济的开放，同样也带动和促进了沿边农牧乡镇水、电、暖和通信基础设施的改善，有效促进了绿洲区域城乡一体化建设。

四是特色产业发展效应——新疆旅游业战略性支柱产业培育取得积极成效，增强了绿洲中小城镇特色产业发展的能力。自治区“十二五”提出旅游战略性支柱产业发展目标以来，在全疆13个地州（市）获得积极响应，成为各地州经

济发展的重要战略思路，确立了旅游经济发展新理念；产生了非常积极的政策支撑、旅游投资、市场开发、交通基础设施建设以及旅游产品开发等综合性效应，较大程度地提升了旅游业对新疆经济增长的贡献度与战略价值；特别是广泛激发了各地州旅游资源开发的活力，形成了地州经济新的增长点和新发展方式；尤其是在自治区20多个旅游强县中，旅游经济不仅成为县域发展的主要支柱，而且成为引领县域经济的新主导产业，在农牧民脱贫致富等民生发展方面发挥了积极而重要的作用。

五是特色城镇体系发展效应——新疆绿洲旅游城镇体系构建取得较大进展，对促进各地州绿洲中小城镇群建设发挥了积极有效的支撑作用。“十五”和“十一五”期间的优秀旅游城市创建活动不仅构建起新疆旅游城市体系的雏形框架，而且在“十二五”期间取得持续深入的发展，不断增强壮大了优秀旅游城市的旅游中心地功能，带动了绿洲城镇群旅游强县和旅游特色村镇的系统性开发，从而使新疆各绿洲地区逐步显现出旅游城镇体系化发展的显著特征。新疆绿洲旅游城镇的体系化成长有效促进了绿洲城镇群特色产业开发的分工合作机制，增强了绿洲城镇之间纵向和横向产业结构关系。因此，比较全面地推进了绿洲中小城镇群的成长发展，较明显地促进了绿洲城镇孤岛效应的缓解。

总体而言，新疆旅游资源战略性开发的形成与推进，在交通、产业和城镇化建设等多个方面不断强化了绿洲城镇之间的交流联系，增强了绿洲城镇之间的整体性一体化发展，旅游产业的综合带动功能已经比较明显地成为推动新疆各绿洲中小城镇群成长的新引擎。这些方面的发展从交通、产业和信息等多个层面弥补了绿洲自然空间碎片化结构对新疆城镇体系造成的缺陷，因此对缓解绿洲城镇孤岛效应发挥了积极而有力的作用。

当然，由于新疆地域十分辽阔，对于导致绿洲城镇体系碎片化结构的自然空间状态本身，在短期内依然是难以发生实质性改变的。旅游资源战略性开发已推动新疆旅游产业的全面发展，由此积极促进了绿洲城镇之间的交通、通信特别是特色经济的一体化关系。这种发展关系的取得对地域辽阔、绿洲空间极为散碎的新疆经济地理情况又是极为不易的。相对于目前已经取得的缓解城镇孤岛效应的成效来说，今后依然有巨大的提升空间。

因此仍然需要大力推进新疆旅游经济更高质量更高水平的发展，更广泛、更深入地创新新疆旅游特色经济模式，通过提供更加丰富高端的旅游产品与服务做精做强新疆旅游业，使旅游业推进新疆绿洲城镇群成长的引擎功能更加强劲，更为深入有效地提升绿洲城镇孤岛效应缓解的效能。

以上成效的取得，课题组研究认为，旅游资源战略性开发对缓解新疆绿洲城镇孤岛效应的重要作用机理主要有三个层面。第一是发展机遇，主要体现于我国改革开放事业的推进和经济成长所带来的旅游业重大发展机遇。历史性的重大发展机遇不断提升了我国旅游资源开发的消费需求、消费能力与市场开发动力，于是构造了新疆旅游资源战略性开发的一个大格局，因而培育了推进绿洲新型城镇化的有效动力引擎。第二是旅游产业开发推进绿洲中小城镇群成长的机制与模式，主要表现在旅游产业带与旅游业战略性支柱产业发展对绿洲中小城镇群成长所产生的有效动力机制。第三是旅游城镇化建设对绿洲城镇群成长所产生的战略性引导、推动以及基础性支撑作用。正是具备以上三个层面的有效条件，不断产生和释放了促进绿洲中小城镇群一体化规模化成长的积极动力，从而逐渐弱化和削减了绿洲城镇孤岛效应的程度。在后两个层面上，对缓解绿洲城镇孤岛效应的作用则表现出一定的空间结构机理，其中蕴含地理空间联系、经济产业关联以及产业发展政策等经济地理因素与作用机理。

课题组以分形理论作为解构上述机理的基本工具，重点运用空间关联维数、空间聚集维数和位序—规模维数等计量分析工具，着重对旅游产业带景群空间演化分形和旅游中心地体系结构分形进行解析，从中观察探析了旅游产业带、旅游业战略性支柱产业和旅游城镇化战略与绿洲城镇群发展之间的协同机制、效率机制与空间特征表现等，从而归纳出旅游资源战略性开发缓解绿洲城镇孤岛效应的空间经济三大机理，即旅游产业带空间作用机理、旅游中心地空间作用机理和旅游城镇化空间作用机理。

1.4.4 关于空间经济（三大作用）机理的概要性阐述

1.4.4.1 概述

首先，关于旅游产业带空间作用机理。课题组依据分形理论方法和工具，解构以旅游带景群为空间载体的新疆绿洲旅游业如何与区域城镇体系实现空间及产业的有效契合，即发生和推进产城互动的空间结构关系与机制。旅游产业带作用机理也是课题研究的关键性机理问题。

其次，关于旅游中心地空间作用机理。课题组运用分形理论方法与工具，解构区域旅游景区产品（吸引物）中心与旅游城镇集散中心之间的关系，分析两者实现有效的空间结合而促进绿洲城镇孤岛效应缓解的重要作用及其发展对策。

最后，关于旅游城镇化空间作用机理。课题组从构建新疆绿洲旅游城镇体系和发挥旅游城镇体系长尾效应优势的角度，分析旅游城镇的体系化发展机制及其推进新疆绿洲中小城镇群一体化的有效功能与作用。以下是关于这三方面作用机理的具体阐述。

1.4.4.2 关于旅游产业带空间作用机理

对该机理的研究主要在于解析新疆三大旅游产业带与绿洲城镇群协同发展的

分形机理，探讨旅游产业带开发促进绿洲中小城镇群产业空间聚集的分形生长、形态结构、效率机制与模式等。课题组推证了相应的理论机理和实证结论。

1.4.4.3 旅游产业带空间经济理论机理

所谓的空间经济理论机理，在此主要概述为旅游产业带与绿洲城镇群协同发展的分形原理。新疆作为干旱区绿洲的典型区域，推进绿洲中小城镇群产城协同发展是缓解绿洲城镇孤岛效应的关键，难点是立足绿洲碎片化生态地理空间来克服孤岛效应，培育促进绿洲城镇群发展的特色支柱产业。

课题组以分形扩散受限凝聚（DLA）原理作为关键分析工具，通过聚集维数、关联维数等分形参数模型测算，探究了绿洲岛链式旅游带A级景群成长与城镇群的空间协同动力、结构及效率模式，做出了相应的理论解释与概括。在对A级景群DLA空间分析的基础上，解构了绿洲岛链生态旅游带开发与城镇群空间协同的分形机制，可以概括为以下三点：①市场驱动下的旅游带生态景群开发遵循DLA非平衡生长分形效率法则，依托城镇交通网无标度自仿射形成点—轴树空间凝聚结构。②分形效率机制下的旅游带A级景群DLA生长以多级多梯次迭代演进，逐步提升城镇群旅游产业一体化资源空间配置效能。③实证案例显示，积极的生态旅游开发战略使新疆准噶尔盆地北缘阿勒泰绿洲旅游带成功培育了A级景群DLA优化空间与旅游支柱产业，创新发展了中小城镇群产城协同的绿洲形态。以下作较为详细的阐释：

第一，DLA非平衡生长分形效率法则下的景群开发与城镇协同动力机制。由市场驱动且政府推进的旅游带A级景群成长遵循分形效率法则，即DLA过程选择较为经济的时空路径对交通网资源加以利用，与区域城镇群形成协同而获取空间分形效率，达到资源配置的经济性。其中，景群DLA生长的动力系统主要由地理定位因子、需求诱发因子、供给推动因子与可进入通达因子构成。其中，通达因子是关键性基础纽带，也就是说城镇群的发展水平所能提供的区域交通网是其他三个因子有效结合的基础，这便深刻蕴含了景群DLA生长对城镇群的依存性。

第二，基于分形效率法则的景群DLA非平衡生长与城镇的空间协同。上述动力因子相互作用而产生的屏蔽效应驱使高级精品景区、城镇交通枢纽部位等成为景点增长的高概率区位凸起点，由景点趋附和交通趋附两种类型为主而迭代生成景群点—轴树。特别是景点趋附型生长可以带动高级精品景区周边城镇基础设施和旅游产业发展，引领该区域城镇形成旅游业增长区。于是景群DLA成长与区域城镇群之间便产生了内在的空间协同结构关系。

第三，景群DLA分维值中所蕴含的协同性质量意义。一般以5A级景区为核心的旅游带景群成长DLA分维值小于2时，表明景群点—轴树以5A级景区为核心凝聚，利用交通与城镇资源的开发效率较高，同时表明区域城镇交通网为景群生长提供了较优的资源支持，于是城镇群旅游产业经济发展也相应获得较好效益，从而形成景群开发与城镇群发展的协同式结构与模式；反之，当 DLA 分维值大于（含等于）2 时，表明旅游带 A 级景群缺乏 DLA 空间效率，即核心景区开发及其与城镇群缺乏协同效率。一般区域 A 级旅游景群体系 DLA 大体以 6 级 4 梯次模式无标度自相似迭代凝聚演进，最终趋向于优化的旅游带景群空间结构。

第四，旅游带廊道结构的形成特征与现实意义。旅游带实际是景区资源开发与城镇经济带相协同的基本空间形态，使景群 DLA 生长的点—轴树形成廊道型空间结构。干旱区绿洲岛链城镇群恰恰多呈现为碎片化突出的条带形空间结构，经济孤岛效应与旅长游短的问题非常显著。实现旅游带景群的 DLA 较优空间并不容易，交通基础建设显得尤为关键。同时也恰恰说明推进绿洲旅游带景群 DLA 空间优化，意味着对绿洲城镇群经济碎片化孤岛效应的弥合。

第五，实证检验的结论。对于上述理论机理，通过对新疆阿勒泰地区千里生态旅游画廊景群的 DLA 模型实证，测算得到喀纳斯湖和可可托海的景群点—轴树聚集维数值分别为 0.896 和 0.689，显示了较好的 DLA 空间形态，是有一定经济效益的双核廊道型空间结构。由此判定，准噶尔盆地北缘半干旱绿洲生态区的阿勒泰经过近 20 年的积极生态旅游开发，逐步获得了千里旅游画廊旅游带战略开发的空间布局效率，以及与城镇群的协同发展。这种协同关系已明显地反映在阿勒泰绿洲生态城镇群经济社会效益中。

1.4.4.4 实证结果

针对上述理论机理，课题组对新疆维吾尔自治区“十二五”旅游发展规划确定的新疆三大旅游产业带即“环准噶尔旅游产业带、丝路中道旅游产业带和天山北坡旅游产业带”培育开发促进绿洲城镇孤岛效应缓解的问题与对策进行了实证研究。

（1）对环准噶尔旅游产业带的实证。

1）研究重点。

环准噶尔旅游产业带是新疆三大旅游产业带规划建设的北翼，相较于南翼的丝路中道旅游产业带发展相对成熟，特别是处于龙头地位的阿勒泰绿洲旅游带景区产品开发已达到优良水平，对“旅长游短”和绿洲城镇孤岛效应的缓解作用有明显成效，故对该产业带的实证侧重于探讨进一步的优化问题。

2）研究设计。

根据旅游产业带与绿洲城镇群协同发展的分形原理和新疆“十二五”对环准噶尔旅游产业带的规划，课题组把所涉及的阿勒泰地区、塔城地区和克拉玛依市这三地州（市）作为一个区域性的整体旅游区块来研究分析，把三地州（市）

（截至2013年年末）所有50个国家A级旅游景区视为统一的旅游景群系统。对该景群进行分形空间结构解析，一是测度景群的空间关联分维度，二是测度景群的DLA空间聚集分维度，前者评价景群的空间分布均衡特征，后者评价景群的聚集效应，模型实证结果如下：

首先是空间关联分维的实证。模型所测旅游带景群总体的空间关联维数值 $D=1.048$，此值表明环准噶尔旅游产业带A级景群分布总体为条带形空间形态且结构较为紧凑，空间分形结构的特征明显，说明该绿洲旅游产业带经济要素的绿洲分布有相对的集中性。环准噶尔旅游产业带景群的空间关联分形总体上是较好的，空间结构自组织已表现出良好的发展状态和内在的协同性。

其次是DLA空间聚集分维的实证。从景区知名度、市场吸引力、未来成长性和空间区位等指标值确定喀纳斯湖（5A）、可可托海（5A）、乌尔禾魔鬼城（4A）作为构成环准噶尔旅游带三角形空间结构的三大核心聚集中心（中心凸起点），用DLA模型分别测算围绕三个聚集中心形成的点—轴树聚集空间结构分维数。结果显示，目前环准噶尔旅游产业带景群已基本呈现三大聚集中心互补的空间分形结构关系。

3）实证结论。

由以上模型测算可以推断，环准噶尔旅游产业带景群产品体系在中国旅游经济高速发展的有力推动下，在历经较长时期的旅游带战略开发后，如今已在空间结构上形成有利于一体化、规模化发展的良好形态，较有效地促进了旅游带景群与绿洲城镇群的协同发展，使“旅长游短”和绿洲城镇孤岛效应在区域性绿洲中小城镇群范围内获得了一定程度的缓解改善，并且具有较明显的优化发展潜力与成长趋势。

（2）对丝路中道旅游产业带的实证。

1）研究重点。

相较于天山北部地州，南疆地区的绿洲城镇孤岛效应及“旅长游短”问题则更突出，制约因素也更复杂。因此丝路中道旅游产业带的培育对于缓解南疆绿洲城镇孤岛效应的意义重大。

南疆丝路中道旅游产业带是新疆民族文化资源荟萃的重点区域，但是目前（2013年）国家A级景区数仅占全疆约30%，而且2013年年末才初次获得5A级资质的旅游景区，显然南疆旅游带景群成长滞后是“旅长游短”空间结构问题的关键。根据旅游产业带与绿洲城镇群协同发展的分形原理和新疆“十二五”对丝路中道旅游产业带的规划，课题组着眼于旅游空间结构优化与支柱产业培育问题。

2）研究设计。

通过对产业带A级景群DLA聚集与空间分布结构的分维数解析，模拟识别影响丝路中道旅游产业带景群点—轴树框架结构的核心凸起点，探寻拟创建5A景区的关键选位点。基于对南疆5地州资源、经济以及交通区位的综合评价分析，课题组提出，先假设喀什、巴州和阿克苏三地州为培育南疆旅游景群点—轴树核心凸起点的三个关键性区域，然后测算这三个假设凸起点构成的景群体系在丝路中道产业带的分形特征，并论证推进产业带一体化成长的资源空间配置优化策略。

首先是空间关联分维的实证分析。将丝路中道旅游产业带上的5个地州归并成大喀什（含克州与和田两地州）、巴州和阿克苏地区三个板块，分别对这三个板块中的A级景区分布情况做关联维数测评。

其次是DLA空间聚集分维的实证分析。通过DLA模型工具模拟识别适合创建5A景区的选位点。基本的思路是分别从喀什、巴州和阿克苏各选取一个成长性较佳且区域辐射力较强的4A级景区，模拟作为景群DLA聚集的种粒子，假设为区域核心旅游景区。

3）实证结论。

由模型测算推断，一是巴州板块的景群分布是最集中的。实际上尽管巴州地区行政区划面积很大，但A级景区大都集中在巴州北部库尔勒市周边区域，由于北部地区经济、交通、文化等各方面都发展得较好，从而促使这一带的旅游资源聚集发展。二是阿克苏板块景群呈现聚集双分形退化情形，主要是由于选取的中心景区库车天山神秘大峡谷与该板块旅游集散中心阿克苏市偏离很大，目前库车天山神秘大峡谷中心凝聚力显然还较弱，并未成为该板块明显的旅游增长区域。三是大喀什板块与阿克苏板块有类似的聚集双分形退化情形，但艾提尕尔民族文化旅游景区是喀什市中心的重点景区，它的中心凝聚力应明显高于库车天山神秘大峡谷。与库车天山神秘大峡谷不同的是，环艾提尕尔民族文化旅游景区且处在喀什市内的A级景区几乎分布在距艾提尕尔民族文化旅游景区约20公里的环形带上，因此出现D为3.906的异常情况。

总体而言，对大喀什、巴州和阿克苏三个旅游板块进行的模拟核心景群点—轴树分形均具有DLA向心凝聚结构特征，同时显示出不同程度的结构缺陷。这说明南疆丝路中道旅游产业带旅游景群开发与城镇群发展具有一定的协同结构和产业关联关系。

1.4.4.5 关于旅游中心地空间作用机理

1.4.4.5.1 研究重点

旅游中心地是提供核心旅游产品的产业聚集地，是优化区域旅游产业空间布局的关键和重点。因此旅游中心地体系的成长与结构优化对于缓解新疆绿洲城镇孤岛效应和改变旅游业发展中的“旅长游短”困扰具有重要意义。

本课题需要结合新疆旅游产品的供给特点（旅游产品类型特点、地理空间分布特点、绿洲城镇特点和旅游模式特点等），分析鉴别旅游景区与绿洲城镇在旅游中心地发展中的相应角色与互动关系等，进而提出相对应的新疆绿洲旅游中心地体系识别方式，对目前（2015 年）新疆绿洲旅游中心地体系的发展情况及其对绿洲城镇孤岛效应的缓解作用做出解析。

1.4.4.5.2 研究设计与实证结果

（1）旅游中心地空间经济理论。

对旅游中心地基本内涵与功能的界定问题。我国当代关于旅游发展研究的学者，有的将旅游中心地界定为“旅游中心地是中心吸引物职能的供给地。中心吸引物是在少数地点（中心地）生产、供给，而由多数客源市场前来消费的商品；中心吸引物的供应者，如风景区、度假村、娱乐中心等”（代表性学者如吴必虎先生），强调中心吸引物（如风景区等）是识别划分旅游中心地的核心内涵。但也有学者提出“旅游中心地就是指旅游中心性达到某一强度的城镇中心，具有一定强度的对外旅游服务功能的城镇中心，即能够面向城镇外区域内的旅游吸引物或城镇外旅游者提供一定强度的旅游交通、接待、信息、管理等旅游服务功能的城镇中心”（代表性学者如柴彦威先生）。强调城镇中心是识别划分旅游中心地的核心内涵。

显然，旅游中心地应该是与一个区域内城镇系统以及旅游吸引物均密切相关的空间系统，既离不开旅游中心吸引物也离不开城镇服务功能，两者应该存在相互依存相互促进的发展关系。按照新疆绿洲地理空间以及旅游产品与绿洲城镇的特点，其旅游中心地该如何识别界定呢？课题组通过对旅游中心地理论概念学术分歧的比较与综合分析，结合新疆的实际情况提出了相应的观点和界定方式。

本课题研究认为，吴必虎先生和柴彦威先生所给予的概念界定均存在一定局限性。吴必虎所讲的“中心吸引物职能的供给地”具有一般性意义和高度的理论概括性，但认为旅游中心地是风景区、度假村或娱乐中心则又有狭隘之嫌，实际上城镇的旅游集散中心职能同样是旅游中心地的构成要素之一。而柴彦威偏重强调城镇职能则弱化了旅游吸引物产品地的中心作用。

（2）中心吸引物职能的供给地边界的识别界定。

需要进一步探讨如何确定“中心吸引物职能的供给地”边界问题，即“中心性较强的相对完整独立的旅游产业结构空间单元”的地域范围界定问题。本课题归纳研究认为，供给中心吸引物职能的边界范围取决于中心吸引物的聚集能力，但聚集能力随着空间距离的扩大而衰减直至消失。那么可以先从旅游空间范围涉及的相关概念梳理，这些概念包括旅游景点、旅游景区、旅游区、旅游圈、旅游带和旅游产业带等。

一般来说，旅游景点和景区也就是旅游吸引物；旅游区则是由较多数量的、相对集中的景区及设施构成的较大的旅游地域，其中包括有一定的城镇区域；旅游圈一般被认为是由多个相邻的旅游区构成的跨地域性的圈层地域，旅游区之间应有相对便利的交通网络；旅游带则是一种点—轴结构布局的旅游地域。对于旅游带与旅游圈的关系，两者之间并不必有明确的包含之意，大的旅游圈可能包含有小的旅游带，而较大的旅游带也往往含有若干旅游圈。旅游产业带则是产业集中度很高的旅游经济空间结构，呈点—轴布局模式，能够聚集密集的旅游资源、城镇服务设施与交通资源等。在旅游产业带地域内，旅游业属于战略性的支柱产业或主导产业，旅游产业区位商应达到很高水平。旅游产业带必然是旅游带，一般应包含有若干旅游圈，每个旅游圈都围绕某中心吸引物呈相对完整的空间聚集结构，旅游圈之间则具有相对独立关系。这些旅游圈往往构成旅游产业带的若干旅游中心地，而其中具备交通集散枢纽地位并拥有最丰富城镇经济资源的旅游圈一般居于一级旅游中心地位置。

由此可见，区域旅游中心地体系结构应该是一个有层级性关系的结构体。站在旅游产业带角度看，这种层级性结构可能是跨行政区域构成的，也可能仅存在于某个独立的行政区域内部。比如，我国多省区间共同构造的旅游产业带就比较常见，同时也存在某单一省区内的小规模旅游产业带，这两种情形的旅游中心地体系在构成规模与影响力上应该存在差别。由于受制于行政区划，一般单省区旅游产业带及其中心地体系的构建相对而言更具有基础性意义，事实上从单省区探讨旅游中心地体系结构的研究案例也是比较常见的。当然，这些研究案例可能并不是基于旅游产业带空间形态来考察省域旅游中心地体系结构的，不过若纳入旅游产业带空间形态分析，本课题认为应该会有助于对旅游产业空间结构优化的认识。

（3）新疆“非中心城镇型旅游中心地”特征的确认。

综上所述，依据本课题组提出的对旅游中心地识别划分的理论观点，课题组从旅游资源、旅游经济、新疆绿洲地理空间、新疆区域经济环境依据以及新疆以地州为主体（而非城市）的行政区划依据等方面，提出了判断新疆旅游中心地识别分析的基本方式，即认为“非中心城镇型旅游中心地”是新疆旅游中心地构造的显著特征。也就是说，新疆旅游业以地州单元为主体而非以城市为主体的特征十分显著，新疆绝大多数旅游吸引物对自然景观资源的依赖性显得尤为突出。

（4）确定以地州（市）行政区划为基础的新疆旅游中心地体系识别方式。

因此，课题组确立了“以地州（市）行政区划为基础的新疆旅游中心地体系识别划分”的基本认识。按照这一研究思路，课题组设计了新疆旅游中心地体系的分析框架，然后运用位序—规模分维、空间关联分维和空间聚集分维工具对全疆目前旅游中心地体系一体化发展的状态进行评价分析，主要从上述三个分维角度观察各个旅游中心地在地理空间上的相互关联水平、高水平旅游中心地形成的空间聚集结构质量等。

课题组通过这些分析来判断新疆绿洲旅游中心地体系化发展的状态、存在的问题，从而推断旅游资源战略性开发对缓解绿洲城镇孤岛效应产生的效能，实际上也就是观察“是否积极促进各地州旅游产业一体化发展”，从这个角度推断全疆旅游城镇化的一体化发展的空间与职能分工结构状态。

由以上理论分析，并结合新疆“十二五”规划相关内容以及其他学者（如新疆大学李晓东教授）的相关研究，课题组提出了从11个大小不同的旅游圈域观察和分析新疆绿洲旅游中心地体系构造的思路。课题组提出的11个旅游圈域，即乌昌吐石城市群旅游圈（含乌鲁木齐市、昌吉州、吐鲁番地区和石河子市）、伊犁州直旅游圈、阿勒泰地区旅游圈、巴州旅游圈、喀什地区旅游圈（含克州）、阿克苏地区旅游圈、哈密地区旅游圈、克拉玛依市旅游圈、塔城地区旅游圈、和田地区旅游圈和博州地区旅游圈。

1.4.4.5.3　实证结论

（1）位序—规模分维角度的实证分析。

课题组按旅游人数规模进行了新疆绿洲型旅游中心地体系位序—规模实证分析，对11个旅游圈域进行初步的等级划分推断。

首先，从位序—规模分维结构分析来看，大体可以把新疆绿洲旅游中心地体系划分出三个等级层次。一级旅游中心地即首位旅游中心地为乌昌吐石城市群旅游圈；处于二级的旅游中心地位置的大体有4个，即伊犁州直旅游圈、阿勒泰地区旅游圈、巴州旅游圈和喀什地区旅游圈；处于三级的旅游中心地位置的大体有6个，即阿克苏地区旅游圈、哈密地区旅游圈、克拉玛依市旅游圈、塔城地区旅游圈、和田地区旅游圈和博州地区旅游圈。分析结果显示，4个二级的旅游中心地与首位旅游中心地之间的差距确实较大，成为目前新疆旅游中心地体系位序—规模梯度结构失衡的关键问题。其次，从位序—规模分维结构分析结果看，新疆旅游业发展“十二五”规划打造“一个中心”（乌昌旅游集散中心）具有显著效果。

由此可以推断，新疆“十二五”旅游业发展规划提出的“三条核心产业带、六个重点旅游区、四个特色旅游区、二十个精品景区、三条旅游环线”的旅游发展总体格局对于优化新疆旅游中心地体系的位序—规模结构起到了积极的发展作用，但是对于二级旅游中心地的培育依然是优化新疆绿洲旅游中心地体系结构的难点和关键所在。

（2）空间聚集分维角度的实证分析。

课题组从地域空间聚集上进行旅游中心地体系空间聚集实证分析，对 11 个旅游圈域中的主要中心区域进行识别。

从聚集分维结果来看，11 个样本构成的新疆旅游中心地体系的空间分形结构总体上是从首位旅游中心地向周围腹地密度衰减的，但是空间上的连续性仍显得较弱，局部紧致性较好而整体紧致性偏弱，反映了新疆干旱与半干旱地理空间上的绿洲碎片化导致的绿洲城镇孤岛效应，致使旅游景区吸引物与集散地的空间聚集效能还是偏低。

综合来讲，以上问题的关键还是新疆绿洲型旅游中心地之间（各地州间）的空间距离较远，旅游资源分布差异也较大。如果空间上的大跨度距离导致上一级旅游中心地不能很好地带动下一级的旅游中心地的发展，两个绿洲旅游中心地之间的连通性就会较弱。为了克服地理空间上的缺陷，一方面要积极开发新的旅游资源丰富绿洲旅游中心地层级，使各级旅游中心地之间连接趋向紧密；另一方面要持续推进旅游交通基础设施建设。

（3）空间关联分维角度的实证分析。

课题组从旅游中心地的空间分布上进行旅游中心地体系空间关联性的实证分析，对 11 个旅游圈域相互间的空间关联水平进行评价。

从实证结果可以看出，11 个旅游中心地构建体系在地理分布上的确有显著的空间不均匀性，彼此之间的关联性明显较弱，也意味着高水平的交通优化建设是十分关键的。在“一带一路”新经济地理大背景下，更需要积极构建新疆的旅游高铁网系统。

（4）结论归纳。

1）基本结论。

首先，在位序—规模分维方面。由上述 11 个旅游圈构成的旅游中心地体系在位序—规模结构上的失衡状态十分显著。其现实问题就是实际承担着二级中心地角色的喀什、伊犁和阿勒泰这三个地区的旅游接待规模水平还远未达到“十二五”规划的定位目标，目前尚未充分承载起新疆二级旅游中心地功能。这三个假设二级旅游中心地的旅游集散辐射能力与其他 7 个地区（假设为三级中心地）相比并未能脱颖而出。因而缓解“旅长游短”问题反映在位序—规模结构上，就是需要进一步重点加大上述三个二级中心地的开发建设力度。

其次，在聚集分维方面。对于课题组所构建的由 11 个旅游中心地构成的体系，其中 10 个次级中心地在聚集分维上以乌昌吐石城市群旅游圈为核心形成了相对良好的凝聚态分形结构，总体上属于有利于缓解“旅长游短”的结构形态，尤其是乌昌吐石城市群旅游圈的首位主导作用非常显著。相应的现实情况就是乌昌吐石城市群旅游圈在新疆地理空间的交通优势地位突出，以乌鲁木齐市为中心的公路交通辐射网达到了优良水平，统领着全疆旅游中心地体系结构的空间伸展。

最后，在关联分维方面。11个中心地的空间地理结构表现为较均匀的分布关系，说明对整个新疆自然地理空间的利用效率应是相对较好的；然而从新疆公路交通联络角度来看，各旅游中心地之间有较突出的弱相关性问题。

这意味着11个旅游中心地的空间分布若要实现连通效率较优的点—轴式线性结构，在新疆全域性的地理条件上具有很大的困难性（新疆绿洲、交通和城镇分布的点—轴线性结构十分突出）。从这一点看，其优化方向仍然是大力提升二级旅游中心地水平、完善中心地体系梯度结构并大力增强多级旅游交通建设，着力发展网络式旅游中心地体系空间结构。

2）对“旅长游短”暨绿洲城镇孤岛效应缓解问题的推断。

归纳以上基本结论，可见实证假设（即新疆“十二五”规划确立的旅游中心地体系结构布局）的首位中心地具有强中心性、强垄断性的凝聚结构形态；而作为重点规划建设的三个二级中心地的中心效能依然偏低；新疆旅游中心地体系的交通网建设依然是结构优化的基础问题，对完善新疆绿洲旅游中心地体系和破解“旅长游短”问题的作用尤为关键。总体来看，虽然新疆旅游中心地体系结构发育已具备有利的分形结构特征，并且在某些方面达到了优良状态，但是仍存在比较突出的结构失衡问题。

1.4.4.6　关于旅游城镇化空间作用机理

1.4.4.6.1　研究重点

城镇是旅游发展的重要组成部分，在现代旅游业的发展中，旅游与城镇之间有着极为密切的相辅相成关系。无论是旅游城镇化还是城镇旅游化，都反映了旅游业发展与城镇建设之间相互依赖、彼此渗透的内在经济关联。对于新疆绿洲城镇孤岛效应缓解问题而言，更需要通过旅游城镇化和城镇旅游化的协同发展来促进和增强绿洲城镇体系的内在经济分工协作关联。

因此，作为前述旅游产业带作用机理和旅游中心地作用机理的进一步研究思考，本课题进而从旅游城镇化作用机理角度探讨旅游资源战略性开发对缓解绿洲城镇孤岛效应的作用机理。其中研究的重点，一是观察分析旅游资源战略性开发对新疆绿洲城镇体系建设带来的直接促进作用，二是分析推断新疆优秀旅游城市空间分布特征及其成因，从而归纳总结出旅游资源的战略性开发促进旅游城镇化进而优化新疆绿洲城镇化发展的作用机理，即旅游城镇化缓解绿洲城镇孤岛效应的相应作用机理。

1.4.4.6.2 研究设计与实证结果

(1) 新疆城镇旅游化与旅游城镇化协同发展战略及其成效。

这一部分主要梳理归纳“十一五”至“十二五”，新疆维吾尔自治区在逐步形成和实施旅游资源战略性开发的过程中对新疆城镇旅游化与旅游城镇化进行系统性发展的重视和推进情况。课题组主要通过对新疆维吾尔自治区中长期发展规划的分析和政府工作报告等重要文件资料的研究，进行相关内容的梳理来作推断。另外，课题组对南北疆各地州城镇旅游的实际情况进行了较广泛的实地观察调研，形成了必要的直观性认识判断；同时运用相关的论文等文献二手资料来辅助分析。

从十余年来自治区政府以及各地州政府的规划与报告等重要资料来看，促进城镇旅游化与旅游城镇化协同发展是新疆维吾尔自治区旅游资源战略性开发的一个十分重要的方面。资料显示，经过十多年持续增强的战略推进，目前已在全疆初步形成一个涵盖14个地州（市）的旅游城镇体系，包括13个国家（级）优秀旅游城市、1个国家级旅游强县、23个自治区级旅游强县以及众多的特色旅游城镇等（数据截至2015年）。总体来看，这些旅游城镇较好地为整个新疆旅游承担了旅游集散、旅游住宿、旅游购物、旅游观光、旅游休闲以及特色旅游产品生产等各类各级旅游服务，各个绿洲城镇之间确实以旅游产业为纽带增强了人流、物流、车流、信息流等经济分工联系，成为新疆绿洲城镇体系化成长的重要而有效的一个动力引擎。

(2) 旅游产业带开发与绿洲城镇群协同发展的分形机理。

这一部分是从旅游空间分形结构角度，剖析新疆绿洲旅游产业带开发与城镇群实现协同发展的形成机理。课题组主要以分形理论的DLA理论模型为基本原理，提出了在旅游产业带构造形成过程中其核心产品（旅游吸引物）载体即旅游景区群开发构造的DLA模型假设，再以新疆阿勒泰地区为典型实证案例进行验证分析。

该部分进行的研究认为，区域旅游景区群的开发构造过程（旅游产业带形成）遵循分形DLA模型原理。也就是说，受市场效率规律的约束，区域旅游景区群在开发构造的过程中，对于各个所开发景区的时空选择顺序与结构关系呈现一定的规律，即DLA分形结构规律。这一规律在空间结构形态上遵循分形效率的规律，表现为对所开发景区的时空选择顺序与结构关系趋向最有利于区域空间利用效率的结构安排（旅游产业带经济空间结构）。

把这种结构安排放到区域旅游经济环境中分析，就是所开发景区的时空选择顺序与结构关系需要同区域内的城镇群（以及城镇交通系统）之间必须有较紧密的关联（反映了旅游活动的经济效率要求）。也就是说，具有良好DLA分形结

构的区域旅游景区群的开发构造（区域旅游产业带经济空间结构的形成）必须是与区域城镇系统产生良好协同发展的开发演进过程。

按此理论逻辑关系，通过实证分析一个区域的旅游景区群的DLA结构特征，便可推断评估区域旅游开发是否与城镇系统之间已形成较好的协同发展成效，也能够反映出旅游资源的战略性开发对促进城镇化发展的情况。就新疆典型碎片化绿洲空间的旅游资源开发情况，本课题组将上述DLA理论机理称为旅游产业带开发与绿洲城镇群协同发展的分形机理，也可称为新疆旅游资源战略性开发缓解绿洲城镇孤岛效应的分形机理。

实际上，本课题是将这一机理作为课题研究的一个基本理论依据，并用于对前述旅游产业带作用机理和旅游中心地作用机理的实证分析工具，推证了相应的研究结论。

（3）新疆优秀旅游城市体系化建设对缓解绿洲城镇孤岛效应的作用机理。

优秀旅游城市是新疆旅游城镇体系构造的主干，主要是针对新疆14个地州（市）中心城市的旅游化建设来讲的，其主体包括（2015年前的）2个地级市（乌鲁木齐市和克拉玛依市）与12个地州的首府所在地城市（县级市）。从市场经济发展的角度来看，优秀旅游城市建设是其长期旅游发展的一个演变积累过程，与城市所在地的旅游资源构成和旅游业的开发有直接的关系，同时政府层面的政策推动和规制也至关重要。新疆优秀旅游城市的发展首先是在中国和新疆旅游经济发展的市场推动下不断成长的，然而不可忽视的是，对于新疆这样一个深处欧亚内陆的中国边疆地区，如果没有国家政府在开发政策和基础设施建设投入方面的大力支持，那么优秀旅游城市的建设发展则会面临巨大的困难，几十年来的发展事实已充分了证明这一点。因此，本课题在这里所探讨的新疆优秀旅游城市体系的形成问题，便较狭义地界定于自“九五”时期启动的中国优秀旅游城市创建计划这一背景（常被简称为国家优秀旅游城市创建），这可以归为新疆旅游资源战略性开发的历史过程。其大体情况可简述如下。

自1995年国家旅游局开展创建“中国优秀旅游城市”活动以来，新疆21个城市积极参与了创建活动，截至2006年获得“中国优秀旅游城市”称号的有吐鲁番市、库尔勒市、乌鲁木齐市、喀什市、克拉玛依市、哈密市、阿克苏市、伊宁市、阿勒泰市、石河子市、博乐市、昌吉市和阜康市。

这13个优秀旅游城市占全疆城市总数的近2/3（2012年统计数据），其中除阜康市外，其余各城市均是所在地州的首府城市，全疆12个地州的首府城市中仅塔城市、和田市、阿图什市尚未获得中国优秀旅游城市称号（截至2012年）。事实上到2014年，随着“十二五”新疆旅游资源战略性开发的进一步推进，塔城市、和田市、阿图什市以及五家渠市、阿拉尔市、乌苏市与北屯市旅游业都获得了较快的发展，成为新疆较有影响力的一批新旅游城市。若再纳入这些城市的旅游发展情况，那么优秀旅游城市体系的构成应远远超过13个。但是考虑到需要对优秀旅游城市评价有一个较清晰权威的标准，本课题仍然以获得中国优秀旅游城市称号的13个城市作为分析样本。

2006年12月，国务院办公厅下发了《关于清理评比达标表彰活动的意见》，致使2008年后国家旅游局暂停了优秀旅游城市的评选活动，之后新疆未再增加“中国优秀旅游城市”头衔的新城市。尽管如此，获得中国优秀旅游城市称号的13个城市却已成为新疆各地州开发旅游资源和支撑旅游经济的主要集散中心。1995年以来优秀旅游城市创建与发展，有效培育了支撑新疆旅游发展的城市主干系统，也有效促进了全疆绿洲城镇旅游经济的一体化和规模化成长，构造了缓解绿洲城镇孤岛效应的重要功能。

1.5 理论与实践价值

（1）本课题研究成果的学术价值。

本课题研究成果对深入认识新疆绿洲城镇化的地理空间规律和推进新疆绿洲中小城镇群发展理论应有十分积极的学术意义。①提出了认识新疆绿洲中小城镇群空间特征规律的新理论视角。着眼于干旱区绿洲空间经济地理特征提出新疆绿洲城镇孤岛效应理论概念，概括了新疆绿洲城镇体系空间结构碎片化的特征。②提出了新疆绿洲中小城镇群成长发展的旅游特色经济动力引擎理论思路。从新疆绿洲空间结构碎片化的基本现实出发，推证旅游经济作为新疆绿洲中小城镇群发展动力引擎的机理。③将城镇化与旅游开发两个发展问题相结合，一定程度上拓展了新疆绿洲经济地理空间结构的分形理论应用研究。④所提出的理论观点与研究方法对于我国西北地区干旱区域城镇化理论研究具有积极的参考意义。

（2）本课题研究成果的应用价值。

积极发展绿洲中小城镇群和大力推进新疆旅游特色经济，是新疆“十二五”以来十分清晰明确的重大战略，并将在“十三五”乃至更长时期具有战略意义。

本课题研究正是针对这一客观现实背景和发展需要，从理论和实践多个方面进行归纳总结与理论梳理，因此所取得成果对进一步推进新疆各地州（特别是县域城镇）旅游经济与绿洲城镇化协同发展、对于新疆的绿色发展和可持续发展等，都具有理论上的启发性和对策上的借鉴性，因此对新疆“十三五”全域旅游背景下的绿洲中小城镇群协同发展同样具有积极的理论与对策意义。

1.6　问题与不足

本课题的设计侧重于新疆绿洲空间（包括城镇体系空间、旅游产业带空间等）的分析，而对于新疆绿洲城镇旅游经济产业内部的功能结构关系直接涉及的较少，这可能是本课题研究中一个明显的缺失。另外，在实证研究中将公路交通距离作为旅游空间与城镇体系分形研究的基本参数，虽然能一定程度地反映出实际情况，但总体属于静态的状态分析，对于交通工具差异的影响则没有反映，这或许会导致对实际情况认识的一定误差。

因此，进一步的研究可以考虑再从绿洲城镇旅游产业内部功能结构角度以及加入多种旅游交通工具差异性影响的分析，还可以更深入地考虑农牧区旅游就业在绿洲城镇成长中的影响等。

参考文献

[1] 朱自安，张小雷，杜宏茹．绿洲特色的新疆小城镇投资研究［J］．干旱区资源与环境，2006（3）．

[2] 林紫荣，张小雷，朱自安，王慧琴．干旱区绿洲生态环境与新疆城市化研究［J］．干旱区资源与环境，2007（12）．

[3] 马玉香．新疆绿洲城市化与区域协调发展战略研究［J］．兵团教育学院学报，2007（1）．

[4] 李广舜．对新疆城镇化发展问题的思考［J］．新疆大学学报（哲学·人文社会科学版），2008（5）：18－22.

[5] 胡晓霞．关于新疆绿洲经济发展的一些思考［J］．中共乌鲁木齐市委党校学报，2008（1）：31－33.

[6] 刘清娟．绿洲经济与新疆经济发展初探［J］．经济纵横，2008（5）：1－3.

[7] 阿不都克依木·阿布力孜，瓦哈甫·哈力克，阿布都沙塔尔·买买提明，米日姑·买买提．天山北坡绿洲城镇类型划分及定位［J］．新疆农业科学，2008（3）．

[8] 郭宁等．我国内地城镇化模式对新疆城镇化的启示［J］．改革与战略，2009（7）．

[9] 刘永萍，卢涛，支小军．新疆绿洲生态承载力分析［J］．生态经济，2009（11）．

[10] 刘雅轩，张小雷，雷军，朱磊，王涛．新疆绿洲城市扩展空间形态变化分析［J］．水土保持学报，2009（12）．

[11] 刘林，龚新蜀，张杰．新疆城镇化道路的特殊性和边疆特色［J］．农业现代化研究，2010（7）：402－406.

[12] 强海洋，张小雷，雷军．基于分形理论的新疆干旱区绿洲城镇体系研究［J］．干

旱区地理，2010（9）：802－807.

［13］买买提江，李素梅，蒲春玲，王玉龙．基于分形理论的新疆伊犁河谷地区城镇体系研究［J］．国土与自然资源研究，2010（1）：29－31.

［14］龚新蜀等．新疆城镇化道路的特殊性和边疆特色［J］．农业现代化研究，2010（7）．

［15］阿布都克热木江·杂依提，吕光辉，西尔艾力·艾买提，阿迪力江·阿布莱提．塔里木盆地绿洲城镇类型划分及发展定位研究［J］．安徽农学通报，2010（7）．

［16］杨宇，董雯，刘毅，张小雷，雷军．基于交通视角的新疆城市等级体系演变研究［J］．经济地理，2011（4）：591－598.

［17］刘雅轩，张小雷，雷军，朱磊．新疆绿洲城市空间扩展特征及其驱动力分析［J］．中国沙漠，2011（7）．

［18］刘永萍，王超．新疆产业结构变迁与生态环境系统协调性测度分析［J］．石河子大学学报（哲学社会科学版），2012（2）．

［19］司正家．沿边开放和新疆边境民族地区开放型经济发展研究［M］．北京：中国经济出版社，2011.

［20］马海霞等．新疆主体功能区划与建设研究［M］．北京：中国经济出版社，2012.

［21］闫海龙．新疆新型城镇化发展的探索与实践［M］．北京：经济管理出版社，2014.

［22］程厚思，邱文达，赵德文．孤岛效应与云南民族贫困地区农村经济的发展［J］．创造，1999（12）：7－10.

［23］饶光明．成渝筑邕城市经济走廊共建面临的六大难题［J］．重庆工商大学学报（西部论坛），2005（6）：47－51.

［24］王旭科，宋健．城市景区的孤岛现象及其治理［J］．城市问题，2010（3）：34－37.

［25］解学梅．都市圈城际技术创新“孤岛效应”机理研究［J］．科学学与科学技术管理，2010（10）：78－83.

［26］陆大道．区域发展及其空间结构［M］．北京：科学出版社，1998.

［27］李再兴．区域经济理论与方法［M］．北京：中国物价出版社，1996.

［28］陆大道．中国区域发展的理论与实践［M］．北京：科学出版社，2003.

［29］聂华林，鲁地，李泉．现代区域经济学通论［M］．北京：中国社会科学出版社，2008.

［30］国务院关于加快发展旅游业的意见（国发〔2009〕41号）．

［31］新疆维吾尔自治区人民政府．新疆维吾尔自治区旅游业发展第十一个五年规划，2006.

［32］新疆维吾尔自治区人民政府．新疆维吾尔自治区旅游业发展第十二个五年规划，2011.

［33］新疆维吾尔自治区人民政府．关于推进旅游业跨越式发展的意见（新党发〔2011〕10号）．

［34］新疆维吾尔自治区旅游局．新疆旅游业发展三年行动计划，2013.

［35］新疆维吾尔自治区人民政府．新疆城镇体系规划（2012～2030年），2012.

［36］中科院新疆生地所，新疆旅游局，自治区发改委．新疆维吾尔自治区旅游发展规划（2003～2020年），2003.

［37］钟秀明，武雪萍．城市化之动力［M］．北京：中国经济出版社，2006.

［38］冯云廷，王雅莉，苗丽静．城市经济学［M］．大连：东北财经大学出版社，2005.

［39］董利民等．城市经济学［M］．北京：清华大学出版社，2011.

［40］易善策．产业结构演进与城镇化［M］．北京：社会科学文献出版社，2013.

［41］石培基，李国柱．点—轴系统理论在我国西北地区旅游开发中的运用［J］．地理与地理信息科学，2003，19（5）：91－95.

［42］陆大道．关于点—轴空间结构系统的形成机理分析［J］．地理科学，2002，22（1）：1－6.

［43］Falconer K. 分形几何——数学基础及其应用［M］．沈阳：东北工学院出版社，1991.

［44］张济忠．分形［M］．北京：清华大学出版社，1995.

［45］陈彦光．中心地体系中的分形和分维［J］．人文地理，1998，13（3）：19－24.

［46］陈彦光．城市体系KOCH雪花模型的实证研究——中心地K3体系的分形与分维［J］．经济地理，1998，18（4）：33－37.

［47］陈彦光．中心地体系空间结构的标度定律与分形模型——对Christarller中心地模型的数学抽象与理论推广［J］．北京大学学报（自然科学版），2004，40（4）：626－634.

［48］陈彦光，刘继生．中心地体系与水系分形结构的相似性分析——关于人—地对称关系的一个理论探讨［J］．地理科学进展，2001，20（1）：81－88.

［49］陈彦光．城镇等级体系的Beckmann模型与三参数Zipf定律的数理关系——Beckmann城镇等级—规模模型的分形与分维［J］．华中师范大学学报（自然科学版），2001，35（2）：229－233.

［50］陈彦光．论分形与旅游景观［J］．人文地理，1997，12（1）：62－66.

［51］刘继生，陈彦光．城镇体系空间结构的分形维数及其测算方法［J］．地理研究，1999，18（2）：171－178.

［52］陈彦光，刘继生．城市规模分布的分形和分维［J］．人文地理，1999，14（2）：43－48.

［53］刘继生，陈彦光．城镇体系等级结构的分形维数及其测算方法［J］．地理研究，1998，17（1）：82－89.

［54］戴学军，丁登山，林岚．长三角地区旅游圈吸引物体系空间结构聚集分形特征［J］．地理研究，2010，29（12）：2189－2200.

［55］戴学军等．基于分形方法的旅游景区（点）系统等级结构研究——以南京市旅游景区（点）系统为例［J］．地理科学，2006，26（2）：244－250.

［56］戴学军．基于分形的城市型区域旅游系统空间组织研究［D］．南京大学博士学位论文，2007.

［57］王英姿等．武夷山双遗产地旅游景区系统等级结构的分形分析［J］．山地学报，

2008，26（1）：103－112.

［58］高元衡，王艳．基于聚集分形的旅游景区空间结构演化研究——以桂林市为例［J］．旅游学刊，2009（2）：52－58.

［59］李凤华等．吐鲁番葡萄沟风景区旅游发展的SWOT分析和开发对策研究［J］．资源与产业，2007，9（1）：59－63.

［60］林鸿溢，李映雪．分形论——奇异性探索［M］．北京：北京理工大学出版社，1992：45－46.

［61］张竞竟，杨德刚，张豫芳，陈正江．基于GIS与分形理论的天山北坡城乡空间演变综合研究［J］．资源科学，2007（11）：83－89.

［62］买买提江，李素梅，蒲春玲，王玉龙．基于分形理论的新疆伊犁河谷地区城镇体系研究［J］．国土与自然资源研究，2010（1）：29－31.

［63］储海林，吕小宁，李哲．分形与统计学［J］．统计研究，2004（2）.

［64］储海林，刘秀英，李哲．点随机与轨迹随机——关于两种随机性的分析［J］．统计研究，2005，4：58－60.

［65］赵旭．关于分形统计学研究的若干问题［J］．统计与决策，2006，7：19－20.

［66］朱晓华，毛建明．经济混沌研究的非线性科学方法［J］．经济地理，2000，20（2）：6－9.

［67］戴学军，丁登山．旅游景区（点）系统空间结构关联维数分形研究［J］．资源科学，2006，1：180－185.

［68］马建华等．河南省洛宁县森林覆被及其变化的分形分析［J］．资源科学，2003，25（2）：14－19.

［69］朱华，姬翠翠．分形理论及其应用［M］．北京：科学出版社，2011.

［70］张济忠．分形［M］．北京：清华大学出版社，1995.

［71］戴学军，丁登山，许志晖，林岚．旅游景区（点）系统空间结构随机聚集分形研究——以南京市旅游景区（点）系统为例［J］．自然资源学报，2005，9：706－712.

［72］陈涛．城镇体系随机聚集的分形研究［J］．科技通报，1995，11（2）：98－101.

［73］邓昭镜．超微粒与分形［M］．重庆：西南师范大学出版社，1993.

［74］陈勇等．城市规模分布的分形研究［J］．经济地理，1993，13（3）：48－53.

［75］陈彦光，周一星．城市等级体系的多重Zipf维数及其地理空间意义［J］．北京大学学报（自然科学版），2002，11：823－830.

［76］黄泰，宝继刚，刘艳艳，王行风．城市游憩场点系统结构分形与优化——以苏州市区为例［J］．地理研究，2010，1：79－90.

［77］贺晓慧，白凯，卫海燕，路春燕．西安特殊时段旅游流规模分形结构特征研究——以“十一”黄金周为例［J］．干旱区地理，2011，9：858－865.

［78］Carroll G R. National City－size Distribution［J］. Progress in Human Geography，1982，6（1）：1－43.

［79］李雪，董锁成，李善同．旅游地域系统演化研究综论［J］．旅游学刊，2012，27（9）：46－55.

［80］林峰．旅游引导的新型城镇化［M］．北京：中国旅游出版社，2013.

［81］宋子千．旅游与城市的融合发展：以成都为例［M］．北京：中国旅游出版社，2013.

［82］翁瑾，杨开忠．旅游空间结构的理论与应用［M］．北京：新华出版社，2005.

［83］李瑞．旅游学［M］．北京：北京大学出版社，2013.

［84］吴必虎．区域旅游规划原理［M］．北京：中国旅游出版社，2001，322－363.

［85］陆大道．区域发展及其空间结构［M］．北京：科学出版社，1995.

［86］阿勒泰地区统计局．阿勒泰地区2007年国民经济和社会发展统计公报.

［87］阿勒泰地区统计局．阿勒泰地区2008年国民经济和社会发展统计公报.

［88］阿勒泰地区统计局．阿勒泰地区2009年国民经济和社会发展统计公报.

［89］阿勒泰地区统计局．阿勒泰地区2010年国民经济和社会发展统计公报.

［90］阿勒泰地区统计局．阿勒泰地区2011年国民经济和社会发展统计公报.

［91］阿勒泰地区统计局．阿勒泰地区2012年国民经济和社会发展统计公报.

［92］阿勒泰地区统计局．阿勒泰地区2013年国民经济和社会发展统计公报.

［93］阿勒泰地区统计局．阿勒泰地区2014年国民经济和社会发展统计公报.

［94］阿勒泰地区统计局．阿勒泰地区2015年国民经济和社会发展统计公报.

［95］新疆维吾尔自治区人民政府．新疆城镇体系规划（2012～2030年），2012.

［96］阿勒泰地区旅游局．阿勒泰千里旅游画廊旅游区概念规划（2012～2030）.

［97］新疆维吾尔自治区旅游局．新疆A级景区名录，2011.

［98］中华人民共和国国家旅游局．中国旅游强县标准，2007.

［99］北京市旅游局．旅游产业作为世界第一大产业发展状况研究［EB/OL］．中国网，http：//www.china.com.cn/，2010－05－28.

［100］中华人民共和国旅游局．旅游景区质量等级的划分与评定（修订）（GB/T 17775－2003）.

［101］中华人民共和国旅游局．旅游休闲示范城市行业标准（LB/T 047－2015）.

［102］陈彦光．分形城市系统：标度·对称·空间复杂性［M］．北京：科学出版社，2008.

第2章　论证报告一：制约新疆绿洲城镇体系发展的孤岛效应问题

2.1　引言

新型城镇化是新疆实现长治久安与跨越式发展的长期战略目标，但是相对封闭的自然地理环境使新疆绿洲城镇体系发展受到极大制约，虽然与平原或沿海较发达地区相比具有独特性，但是孤岛效应就是城镇化进程长期问题。

城镇体系一般是在相对完整的经济区域中有不同职能分工和不同等级规模，空间分布有序、彼此联系密切并相互依存的城镇群体。所谓新疆绿洲城镇体系，是指新疆区域内基于绿洲地理及生态环境的城镇系统，强调绿洲的自然地理背景及其经济特性。孤岛效应源自生态学研究，指生态系统内的子系统与该系统其他组成部分之间缺乏应有的物质交换与能量循环而不相协调发展的封闭现象。不仅如此，人们发现孤岛效应在经济、文化与社会众多领域广泛存在。沿用到城镇系统，就是指在一个城镇体系内城镇间职能分工和等级规模不够成熟，空间分布有序性不足，城镇之间的联系和依存度较低。换言之，就是城镇之间（经济活动）缺乏应有的物质与能量循环而不相协调发展的封闭现象。

新疆绿洲城镇体系的这种封闭现象至今仍非常突出，表现为城镇体系结构失衡、城市首位度极高、首府乌鲁木齐之下的次级中心城市缺失，各地州经济相对封闭独立；全区范围的城市产业分工水平较低，因此区域整体性的城市经济竞争力不强。

2.2 理论基础

2.2.1 城镇孤岛效应研究的经典理论

事实上，在现代城镇发展中，孤岛效应并非城镇体系研究的显性问题，早期的城镇联系是松散的，缺乏体系关系，孤岛效应普遍存在。作为相应的理论思考，德国人杜能于1826年提出的农业用地圈层模型是经典性的，他的“孤立国”假设显然是对前工业化阶段城镇孤岛经济的描绘，即自给自足的封闭式农业经济。工业化使城镇从孤岛时代进入体系化阶段。1933年，德国著名地理学家克里斯泰勒提出中心地理论，建立了城镇从孤岛向六边形蜂窝结构体系演变的经典模型，描绘了城镇从初始的孤岛状态逐渐趋向六边形蜂窝结构的理想模式。然而全球化和信息化的今天城镇孤岛效应并未消失，比如弗里德曼提出“核心—边缘”理论仍然以“离散型”概念反映了城镇孤岛效应。分形理论则为城镇孤岛效应研究提供了全新的视角和计量工具，已广泛应用于解析城镇体系结构问题，阐释非线性特征。根据分形理论，中心地模型仅是城镇体系分形的一个特例。总之，经典理论告诉我们，城镇孤岛效应是城镇体系发展的历史现象，城镇体系研究正是以孤立态城镇为起点的。值得注意的是，这些理论的抽象过程把均质平原地理环境作为模型假设条件导致脱离实际的偏差，比如山地和沙漠戈壁阻隔就使新疆绿洲城镇孤岛效应长期难破。因此，课题组不得不修正以平原为条件的假设，依据实际地理条件重构理论模型，研究解决区域性的城镇孤岛效应问题。

显然，城镇孤岛效应的本质在于城镇体系内的经济联系，即相应的产业分工和市场交换关系。对于城镇孤岛效应的经济本质，亚当·斯密在300年前就深刻指出：“交换能力引起分工，而分工的范围必然总是受到交换能力的限制，即市场范围的限制。各类产业的最初改进自然是这种便利使全世界开放，成为每一种劳动产品市场的地方，而这种改进要推广到各国的内地总要晚得多。一国的内陆，除了位于它的四周，并将它与海岸和巨大通航河流隔开来的那个邻国以外，在长期内不可能为自己的大部分货物找到其他市场。因此它的市场范围必然与邻国的富裕程度和人口的多少成比例，它们的改进也必然要落后于邻国的改进。”斯密的理论被冠以“亚当·斯密困境”，它揭示了城镇孤岛效应的历史阶段性和市场空间规律，是分析城镇孤岛效应的重要理论基础。

2.2.2 我国学者对城镇孤岛效应的实证研究

改革开放使我国城镇化和经济一体化不断加强，同时西部欠发达地区城镇化困境也凸显出来，此时城镇孤岛效应受到一些学者的重视。例如，程厚思、邱文达和赵德文在研究云南民族地区反贫困问题时提出了反贫困的“孤岛”理论，认为“一个民族之所以区别于其他民族，在于它有着自身独立的语言、风俗、文化价值观念和社会制度构架等”，并指出“一个民族要在漫长的历史岁月里使这些构成其民族基质的因素完整地保存下来，唯一能起的作用只有和其他民族相隔绝，即生存于一种相对封闭的环境之中”，然后从经济学角度提出“这个民族同外部区域进行经济、技术、文化等方面的交往成本是如此之高，以至于在很大程度上禁绝了这种交往，而使其成为一个经济、技术、文化等独立发展的‘孤岛’”。那么导致这种封闭隔绝的原因是什么呢？依据美国经济学家朱利安·林肯·西蒙的观点：“如果说经济发展的关键因素只有一个，那么它不是文化，也不是制度和心理特征，而是交通运输和通信系统。”程厚思分析认为：“云南少数民族地区农村经济发展的落后，主要是其地域空间的封闭性导致经济、技术的封闭及文化价值观念的封闭，从而使其跌入了一个社会经济封闭发展的‘孤岛’陷阱。”饶光明在研究“成渝筑邕城市经济走廊”战略面临的难题时发现，该区域 54.5621 万平方公里区域内布局的 71 座大、中、小城市存在孤岛效应。饶光明计算得出该区域“平均每 7578 平方公里有 1 座城市，城市间隔距离平均为 87 公里”，然后比较发现，“如果是像东部地区那样地势平坦，这 87 公里作为城市的辐射半径并不太大，但实际上，这些城市往往是依据自然地理环境，围绕地方各级政府所在地而建立起来的，中间常有崇山峻岭和滔滔江河阻隔，而且在特大城市和大城市之间的中等城市和小城镇数量少且分布不均，对大城市的辐射传递能力不够，因而降低甚至阻断了城市对周边区域的辐射能力，于是产生了城市化在区域格局上的‘孤岛’效应，使城市之间的边界区域发展滞后，城市中心则成为相对富裕的‘孤岛’”。除此而外，也有学者研究了旅游景区和都市圈中的孤岛效应现象。

综观这些研究，对城镇孤岛效应既有微观思考也有宏观分析：微观上，关注企业范畴的孤岛现象，如研究“飞地经济”和旅游景区经济时，发现外来落地企业或开发的旅游景区与当地城市经济系统缺乏有效的互融性，对当地经济辐射影响力较小，存在不相协调的自我封闭现象。宏观层面，首先，研究某区域内存在的自我封闭经济现象，一方面，欠发达地区在整个区域中未能有效参与区域分工，表现为较封闭的自我循环经济特点；另一方面，相对发达的城市区域对周边城镇的辐射带动影响不足，呈一枝独秀现象。其次，研究城镇体系结构失衡问

题，即当一个区域在城镇化水平较低的阶段时未形成有序的城镇体系结构，各城镇之间缺乏清晰的功能、规模定位和分工，产业结构有较高的雷同性，区域内缺乏规模经济、聚集经济和较强的外部经济效应，各城镇或多或少都呈现相对封闭的经济特点，中心城镇的辐射带动能力较弱等。总之，这些研究重点反映了西部欠发达地区城镇化瓶颈的空间现象和关键所在。

2.3 新疆绿洲城镇孤岛效应产生的原因及特征

新疆由于相对封闭的干旱半干旱地理环境以及位居全国第一的省域面积，被沙漠戈壁和山地分隔包围的绿洲城镇化难度极大，城镇体系结构不够成熟，具有突出的体系结构性城镇孤岛效应，表现于地理交通、城镇经济和城镇体系结构等多个层面。

首先是自然地理方面的绿洲生态孤岛效应。不少学者对新疆绿洲生态孤岛效应有深入的观察。例如，刘斌夫在《中国城市走向》（2007）中形象地称之为“疏可走马”。李广舜总结新疆城镇特点时描述道：根据新疆的自然地理状况，城镇主要分布在准噶尔盆地和塔里木盆地周缘的平原绿洲地带。这与水资源集中在阿尔泰山、天山和昆仑山三大“湿岛”有关。这些绿洲散布在地势较平、距水源较近的两个盆地边缘和流域、呈点状，大小不等的500多块绿洲又被戈壁荒漠所分割。绿洲约占全疆面积的5%。胡晓霞分析新疆绿洲经济时同样讲道：新疆166万平方公里，地广人稀，地形呈“三山夹两盆”态势，山地、荒漠与绿洲比例为4∶5∶1，平原绿洲被山地和荒漠分割包围，绿洲之间近者相距几公里、几十公里，远者数百公里。由于地域广袤，大片土地被沙漠、戈壁和高山覆盖，绿洲分布散乱，经济区域彼此分隔、大小不一，发展极不均衡。最为突出的特点是封闭、分散、局限。杨宇等指出，新疆绿洲城镇的分散性和相对封闭性使得多数城市发展尚处在以单体城市发展为主的阶段。这些阐述指出了新疆城镇赖以存在的绿洲地理系统的自然生态孤岛现象，表达了城镇孤岛效应的自然地理特征。

其次是绿洲城镇经济的孤岛效应。根据相关文献归纳，新疆绿洲经济具有显著的封闭性、分散性和单一性三个特点，这正是绿洲城镇经济孤岛效应的表现。第一是封闭性。从总体上看，新疆是一个内陆封闭型地区，区域内的经济活动是以绿洲为单元，形成相对独立的经济小区。这些小区由于有荒漠、戈壁漫布外围，其生产、交换、分配和消费活动大都在各自绿洲内部进行。在交通与通信发展较为不利的情况下，这种封闭的环境是制约新疆经济的主要因素之一，使自然经济处于一个不易跨越的栅栏里。第二是分散性。如此大小不一分散着的块块的绿洲导致生产规模的差距悬殊。大的绿洲往往是地（州）县所在地，为地区行政中心和经济中心；而一些小绿洲可能仅是一个自然村或小生产点。绿洲的经济活动受绿洲范围大小的制约，受绿洲内部及其周围地上地下资源丰度的影响。地域上的分散造成生产力布局的分散。第三是单一性。绿洲经济的封闭性和分散性使其产业往往表现为单一性，形成多元经济结构较为困难。这些定性分析概括出新疆绿洲城镇孤岛效应的产业和市场封闭现象，并强调了交通与通信对改变孤岛效应的关键作用，如表 2－1 所示。

表 2－1　全疆各地州城镇发展分布情况统计表

新疆主要城市	距乌鲁木齐市公路里程(公里)	市辖户籍人口（万人）	2010 年市 GDP（万元）	2010 年市三次产业结构	所属地州	地理分布	所属地州面积（万平方公里）	地州管辖县市数
乌鲁木齐市	0	243.03	13385172	1.5∶44.9∶53.6	自治区首府城市	北疆	1.42	7 区 1 县
克拉玛依市	313	37.50	7113532	0.5∶89.7∶9.8	地州级市	北疆	0.77	4 区
伊宁市	702	47.15	950356	4.8∶28.7∶66.5	伊犁哈萨克自治州	北疆	5.65	2 市 8 县
昌吉市	35	38.69	1786301	14.0∶43.9∶42.1	昌吉回族自治州	北疆	7.30	2 市 5 县 1 区
塔城市	637	16.87	421951	23.4∶28.2∶48.4	塔城地区	北疆	10.45	2 市 5 县
阿勒泰市	666	19.66	348547	17.8∶19.6∶62.6	阿勒泰地区	北疆	11.80	1 市 6 县
博乐市	524	26.40	852107	29.0∶22.3∶48.7	博尔塔拉蒙古自治州	北疆	2.49	1 市 2 县
库尔勒市	471	52.62	4392402	6.7∶78.3∶14.9	巴音郭楞蒙古自治州	南疆	48.27	1 市 8 县
阿克苏市	1010	48.55	1114162	20.8∶29.4∶49.8	阿克苏地区	南疆	13.13	1 市 8 县
喀什市	1473	50.66	774733	5.0∶25.4∶69.6	喀什地区	南疆	16.2	1 市 11 县
阿图什市	1430	24.45	174289	19.7∶17.1∶63.2	克孜勒苏柯尔克孜自治州	南疆	7.09	1 市 3 县
和田市	1513	31.80	264788	10.9∶30.1∶59.0	和田地区	南疆	24.89	1 市 7 县

续表

新疆主要城市	距乌鲁木齐市公路里程(公里)	市辖户籍人口(万人)	2010 年市 GDP(万元)	2010 年市三次产业结构	所属地州	地理分布	所属地州面积(万平方公里)	地州管辖县市数
哈密市	595	44.68	1345594	11.2∶44.9∶43.9	哈密地区	东疆	15.3	1 市 2 县
吐鲁番市	182	27.85	518412	18.9∶38.7∶42.4	吐鲁番地区	东疆	7.00	1 市 2 县
石河子市	150	34.70	1349995	6.8∶50.8∶42.4	建设兵团农 8 师	北疆	—	—
五家渠市	32	9.66	510500	12.3∶50.8∶36.9	建设兵团农 6 师	北疆	—	—
阿拉尔市	1130	17.00	578330	62.8∶21.2∶16.0	建设兵团农 1 师	南疆	—	—
图木苏克市	1200	15.55	149915	74.2∶7.0∶18.8	建设兵团农 3 师	南疆	—	—

数据来源：《新疆统计年鉴》(2011)、《新疆年鉴》(2011)、《兵团统计年鉴》(2011)。

总之，这方面的定性分析是较为常见的，它们是构成研究新疆绿洲城镇孤岛效应的基础和依据，但目前尚缺少关于新疆绿洲城镇孤岛效应的清晰概念和系统研究。

2.4　有关新疆绿洲城镇孤岛效应的定量解析

除了对新疆绿洲城镇系统在地理及经济关系上的封闭性做定性分析之外，还必须有数量关系的定量研究。比如计量城镇的分散程度，更深入的是研究城镇体系结构失衡的分形特征。

2.4.1　关于新疆绿洲城镇体系的分散性计量

测度新疆绿洲城镇的孤岛效应需要计算城镇的分散程度。根据龚新蜀等的计量，在 166 万平方公里范围内新疆每 1 万平方公里只有 0.11 个城市，低于全国每 1 平方公里的 0.69 个城市的平均水平，更低于浙江、江苏等东部发达省份。在空间上新疆城市分布分散，城市间的平均距离达到了 1000 公里，几乎相当于内地两省跨省距离。首府乌鲁木齐到地区内城市的最近距离为 18 公里，最远则达 1509 公里，平均为 540 公里。本课题根据新疆交通地图数据，计算了各地州首府城市（含乌鲁木齐市）之间的公路交通距离。结果除乌昌都市圈外，各城市间最短距离为 112 公里（石河子与奎屯之间）；在城镇密度相对比较大的北疆地区，8 个主要节点城市（阿勒泰、塔城、伊宁、博乐、奎屯、克拉玛依、石河子及乌昌都市圈）之间平均距离为386公里；在12个地州中有9个地州首府所在地距乌鲁木齐市达到500公里以上。

由此可见，新疆绿洲城镇孤岛效应在地理交通上的表现比“成渝筑邕城市经济走廊”更为严重，“由于城市之间距离过大，城市密度非常小，导致城市之间相互的引力极小，不能形成城市群，聚集度极低。因此，无法获得规模效益，中心城市无法发挥辐射带动作用，城市间缺乏互动效应，无法形成完善的市场机制，资源得不到共享和有效分配。”

2.4.2 关于新疆绿洲城镇孤岛效应的分形证明

分形理论作为解释非线性混沌现象的工具可以更有效地揭示新疆绿洲城镇孤岛效应的特征。在运用分形理论研究新疆城镇体系结构问题方面，张小雷等学者是主要的尝试者。以下引用其计量数据作为定量解析新疆绿洲城镇孤岛效应的依据。张小雷等根据新疆维吾尔自治区2007年统计年鉴数据对新疆19个主要大、中、小城市做了一个位序—规模排序分析：“2城市指数 $S_2=3.02$，4城市指数 $S_4=1.37$，11城市指数 $S_{11}=1.12$”，验证了新疆城镇首位度极度偏高的结论：“按照城市位序—规模的原理，正常的4城市指数和11位指数都为1，而2城市指数为2。新疆城市规模的首位指数明显大于这个标准，属于典型的首位分布。”

然后再进一步用分形模型

$$D=\lim_{r\to 0}\frac{\ln C(r)}{\ln r}$$

模拟计算新疆城镇体系的关联维数 D。根据分形理论，城镇体系的空间关联维数 $D=\alpha$ 表示的是以任意一个城镇为中心，其周围城镇分布密度变化的平均情况。D 一般在 0 ~ 2 之间变动：当 $D\to 0$ 时，表明区域城镇分布集中；当 $D\to 1$ 时，城镇体系各要素集中到一条地理线（如河流、铁路、海岸等）上了；当 $D\to 2$ 时表明城镇分布非常均匀，以至于任一个城镇为中心，城镇的分布密度都是均匀变化的。

计算关联维数 $D=2.5295$，表明“新疆城镇体系在空间分布上较为均匀，究其原因在于新疆地域面积广大，而城市数量稀少……绿洲城镇多依托所处绿洲发展而来，从而表现出绿洲分散性与城镇分散性的直接特征”。分形是大自然的优化结果，因此可以推断：新疆绿洲城镇空间结构不佳。原因在于新疆地域面积广大，城镇分布格局受制于绿洲分布格局，自然地形和交通可达性对于区域经济影响进一步加大城镇发育的地域差异；绿洲斑块的分散性为不同区域城镇的自相似发展提供空间。由于局部各子系统发育的自相似演化不够和谐，缺乏综合协调机制，没有形成一个有机整体，以致分形性质在局部独立的存在，在新疆区域尺度上呈现局部分形特征；新疆绿洲受荒漠与高山的阻隔，进一步加深区域内城镇体

系的单核扩散形态，尽管交通条件、政治经济的改善缓解了这一严峻态势（2007年米泉市并入乌鲁木齐市），但整体而言，系统扩展过程之中，多数疏散区域自相似特征仍不能均匀分布。这就印证了新疆绿洲城镇孤岛效应的定性结论。

可以作为局部分形例证的是买买提江等的研究。他们发现，伊犁河谷地区城镇体系具有分形特征，城镇规模结构分布较为集中，中等位序的城市较多，人口分布低水平均衡。同时城镇空间结构由于受到山地河谷地形和社会经济条件的影响，城镇沿河谷呈条带状分布，城镇间联系不紧密，空间相互作用强度较弱。

2.5　结论与启示

综上所述，新疆绿洲城镇体系空间分布结构只存在局部的分形特征，没有达到自然地理空间的优化结果。这表明，新疆绿洲城镇的孤岛效应是体系结构性的，主要原因是自然地形、绿洲分布格局和交通可达性三个因素，而三个因素中可以有效改变的是交通可达性和现代通信条件。

毫无疑问，分形计量对证明新疆绿洲城镇在地理、交通和空间结构上的孤岛效应是有力而充分的，但以上探讨对城镇产业分工方面的分析尚未涉及。或许对产业分工问题做分形研究需要更为复杂的数据关系分析。绿洲城镇体系的产业选择与分工是缓解孤岛效应的本质所在。

提出新疆绿洲城镇孤岛效应的理论观点是从系统观角度对新疆城镇体系建设的思考，目的在于深化对新疆城镇体系特征的认识，促进新型城镇化决策更加契合新疆绿洲地理生态系统的客观条件，做到系统性地综合考虑新疆自然地理与生态基础，不断优化现代交通设施和通信条件建设，科学引导城市产业的合理选择和提升区域产业分工水平，通过交通和产业的协调综合发展来缓解绿洲城镇孤岛效应、优化城镇体系结构、提升城市经济规模和竞争力。

由于篇幅所限，本章内容对新疆绿洲城镇孤岛效应核心概念和基本特征作概括性分析，理论的深入性和论证的充分性将在后续的篇章中加以体现。

参考文献

［1］程厚思，邱文达，赵德文．孤岛效应与云南民族贫困地区农村经济的发展［J］．创造，1999（12）：7－10.

［2］饶光明．成渝筑邕城市经济走廊共建面临的六大难题［J］．重庆工商大学学报（西部论坛），2005（6）：47－51.

［3］王旭科，宋健．城市景区的孤岛现象及其治理［J］．城市问题，2010（3）：34－37.

[4] 解学梅．都市圈城际技术创新“孤岛效应”机理研究［J］．科学学与科学技术管理，2010（10）：78－83.

[5] 李广舜．对新疆城镇化发展问题的思考［J］．新疆大学学报（哲学·人文社会科学版），2008（5）：18－22.

[6] 胡晓霞．关于新疆绿洲经济发展的一些思考［J］．中共乌鲁木齐市委党校学报，2008（1）：31－33.

[7] 杨宇，董雯，刘毅，张小雷，雷军．基于交通视角的新疆城市等级体系演变研究［J］．经济地理，2011（4）：591－598.

[8] 刘清娟．绿洲经济与新疆经济发展初探［J］．经济纵横，2008（5）：1－3.

[9] 刘林，龚新蜀，张杰．新疆城镇化道路的特殊性和边疆特色［J］．农业现代化研究，2010（7）：402－406.

[10] 强海洋，张小雷，雷军．基于分形理论的新疆干旱区绿洲城镇体系研究［J］．干旱区地理，2010（9）：802－807.

[11] 买买提江，李素梅，蒲春玲，王玉龙．基于分形理论的新疆伊犁河谷地区城镇体系研究［J］．国土与自然资源研究，2010（1）：29－31.

第3章　论证报告二：点—轴结构分形与干旱区绿洲城市群的发展特征

——以天山北坡城市群为例

3.1　引言

干旱区城市群发展与绿洲空间结构的关系十分密切。我国西部干旱绿洲多是高山冰雪融化后冲击而成的自然河谷或开荒屯垦区形成的荒漠湿岛，如若岛链状散布于荒漠盆地边缘，成为碎片化不规则的绿色生态区块。极为分散的湿岛空间形成了绿洲城市经济的碎片化与孤岛效应，决定了绿洲城市群发展的独特样式。

新疆作为我国面积最大的干旱半干旱省区，是典型的绿洲经济区域。这种显著以绿洲为单元的区域性中小城市群格局显示了绿洲城市群的基本空间特征。从形态构造来看，沿山沿河谷流域形成的绿洲岛链区域往往呈点—轴带聚集结构。点—轴式聚集结构无论在自然生态地理空间还是城市经济空间上，都是绿洲城市群空间结构的典型特征。

绿洲城市群点—轴式结构首先表现为以绿洲为单元的区域性中小城镇组群式分布结构，它们往往又是相对独立的行政区划，比如新疆的14个地州（市）均为相对独立的中小城镇组群式结构系统。若干个区域性中小城市群可形成更大区域的城市群点—轴结构系统，比如新疆天山北坡城市群，便是若干个地州（市）中小城市群沿天山北坡绿洲带构成的联合体。

天山北坡经济带具有典型的点—轴式空间经济结构，其城市群也同样呈点—轴扩散式发展规律，显著地表现于地州（市）层面的区域性中小城市群和天山北坡整体城市群多个层面。13个建制市就是天山北坡城市群重要的聚集点，沿天山北坡绿洲相伴而行的G30连霍高速公路与欧亚铁路线就是聚集轴（交通里程跨度约为1600公里）。所以13个建制城市是构造天山北坡城市群点—轴空间结构的关键节点，它们是不同层次的中心城市，在不同范围内承担了区域中心的职能。比如乌鲁木齐市是城市群一级中心城市，哈密市、吐鲁番市、伊宁市、昌吉市和博乐市是相应5地州城市群的中心城市，特别是伊宁与石河子等相对较大城市一定程度地还具有跨地州区域的中心职能，而哈密市、奎屯市、石河子市和克拉玛依市等还承担着城市群点—轴系统枢纽的重要职能。因此，13个建制市也构成了研究天山北坡城市群点—轴结构的主要样本。

3.2 研究方法与数据来源

3.2.1 文献回顾

点—轴系统理论作为我国改革开放中具有重要影响的区域发展理论，针对改革开放的现实情况为区域城镇体系规划与发展提供了重要的理论指导。40年来，点—轴系统理论对推进我国区域发展发挥了巨大作用，成为产业带、经济带和城市带发展战略的重要理论基础。比如陆玉麒教授表示，点—轴系统理论在我国西部大开发中已产生了不可替代的作用。点—轴系统理论在我国改革开放以来的区域城市空间结构规划中起到举足轻重的作用。

1985年，阿林豪斯（S. Arlinghaus）发现了中心地等级体系的分形集（Fractal Set）性质。根据阿林豪斯的研究，我国学者陈彦光等分析了城乡聚落体系和城市—交通网络的两种分形模型（1998年）；开展了将确定型中心地模型发展为随机型分形模型的研究（2004年）；同时刘继生和陈彦光等对社会经济点—轴系统空间结构的分形演化及其复杂性规律进行了初步探讨，分析了一般点—轴系统从低度有序的空间结构向高度有序分形结构演化的一般规律（1999年）。这些研究成果得到了国内同行的关注，他们进一步展开了城镇体系点—轴结构的分形研究。目前有关城镇体系空间聚集分维和空间关联分维等模型工具已在城镇体系空间发展理论方面得到较广泛的应用，把点—轴系统理论推进到了分形研究领域。分形理论的应用为我国城市群发展的空间结构研究提供了新的分析工具。

有关新疆天山北坡城市群点—轴发展的分形研究，比较新的成果是中国科学院新疆生态与地理研究所地力木拉提·吾守尔和杨德刚等（2012）构建的城镇相互作用强度判断模型，提出了天山北坡绿洲城镇“组团”点—轴发展的对策建议。但该研究把建制市和县视为同等的城镇单元进行分析，未将克拉玛依市、吐鲁番地区和哈密地区列入研究范围。在我国最新的区域发展规划中，吐鲁番和哈密两地州已划为天山北坡经济带范畴，克拉玛依市在天山北坡经济带的重要影响力也是不应被忽视的。

因此本章着眼于新战略规划更大范围的天山北坡区域，以13个建制市为核心点，从人口聚集、中心城市聚集和轴空间关联三个分维度设计绿洲城市群点—轴系统的应用分析模型，进一步分析天山北坡城市群点—轴系统的分形结构发展特征与规律。

3.2.2 分析模型

（1）城市体系位序—规模等级分维模型。

模型公式。马克·杰斐逊城市指数虽然可以确定城市群的首位律，但它仅局限于模糊描述和简单排序，对城市群的变迁轨迹和动力学机制的表达不够明确，因此对决策系统进行优化则依然有困难。城市群的位序—规模等级结构具有分形规律，存在自相似性等基本特征，所以可以通过分形理论进行研究。

将城市群各城市人口规模从大到小排序，给定人口尺度 r 与人口规模大于 r 的城市数目 $N(r)$ 满足如下关系：

$$N(r) \propto r^{-D_1} \quad (3-1)$$

式（3-1）可称为城镇体系位序—规模等级分维模型，其中 D_1 就是位序—规模分维数，它反映城市群的人口位序—规模等级分布的分形特征。再将式（3-1）两边取对数，于是转化为对数表达式：

$$\ln N(r) = A - D_1 \ln r \quad (3-2)$$

其中，A、D_1 为待估参数，D_1 即上述位序—规模分维数。

（2）位序—规模等级分维特征解释。

根据位序—规模等级分维原理，对位序—规模分维数 D_1 的解释包括以下三类状态：若 $D_1<1$，表明该城市群人口位序—规模等级结构较松散，人口分布不均匀，城市群整体发育存在成熟问题；若 $D_1=1$，表明该城市群中的首位城市人口数目与其最小城市人口数比值等于该城市群中城市数目；若 $D_1>1$，表明城市群规模分布较集中，中间位序的城市数目较多，人口分布也较均衡，整个城市群发育较成熟，D_1 值越大时城市群人口位序—规模等级越具有集中性，则发育的成熟度越高。

（3）城市体系点—轴结构空间关联分维模型。

1）模型公式。根据点—轴系统原理，在城市体系点—轴结构中，“轴”线上各城市之间存在空间相互作用关系，使得空间分布的特征具有明显的无标度性，在一定的范围内具有随机的分形结构，也就是分形特征。对于绿洲城市群点—轴结构的城市关联分形特征，便可通过空间关联维数来标度，关联维数可以很好地模拟城市之间的空间联系和相互作用关系。根据关联分维的原理，城市群点—轴系统的城市关联维数便可解析为以下关系式：

$$C(r) = \frac{1}{N^2}\sum_{i}^{N}\sum_{j}^{N}\theta(r - d_{ij}) \tag{3-3}$$

其中，r 为尺码（Yardstick）；d_{ij}为 i、j 两个城市之间的欧氏距离，也称乌鸦距离；$C(r)$ 称为城市群点—轴系统空间结构相关函数；$\theta(r-d_{ij})$ 为跃阶函数，具有如下性质：

$$\theta(r-d_{ij}) = \begin{cases} 1, & 当\ d_{ij} \leqslant r\ 时 \\ 0, & 当\ d_{ij} > r\ 时 \end{cases} \tag{3-4}$$

跃阶函数表示的是以城市 i 的中心为圆心、半径为 r 的范围内出现城市 j 的概率。由于城市群点—轴系统空间分布具有分形特征，因此具有标度不变性，即

$$C(\lambda r) \propto \lambda^{\alpha} C(r) \tag{3-5}$$

因为幂指函数满足上述泛函方程，于是有

$$C(r) \propto r^{\alpha} \tag{3-6}$$

其中，λ 为尺度比，α 为标度因子，空间关联维数 $D_2 = \alpha$。空间关联维数在地理意义上反映了城市群点—轴空间布局的均衡性特征。

2）城市体系点—轴结构空间关联分维特征解释。即当城市体系在半径为 r 尺度范围内的空间分布具有分形特征时，其均衡性特征一般表现在以下三种不同的关联维数值状态：

关联维数 D_2 的数值变化在 0 ~2 之间，若 $D_2 \to 0$，表明城市体系在该空间范围的分布高度集中在一个地方；若 $D_2 \to 1$，表明城市体系的各要素在该空间范围的分布集中于一条地理线上，如绿洲带或交通线等，应属于典型的点—轴系统分布结构；若 $D_2 \to 2$，表明城市体系在该空间范围的分布很均匀，以至于以任何一个城市为中心时，区域内的城市分布密度都是均匀的。

总之，D_2 值越小，该区域内的城市分布越集中、空间联系越紧密；反之，D_2 值越大，表明城市之间的空间作用关系会越小，城市布局越分散甚至均匀。这也就意味着 D_2 值越小，各城市之间的市场经济联系越大，即产生较深市场竞争、市场合作和产业分工关系的可能性越大。

3）空间关联分维数的牛鸦分维比。在上述函数关系式中，若将 d_{ij} 改为实际交通中的乳牛距离，再继续利用公式计算便可得到关于城市体系的交通网络空间关联分维数 D'_2，于是得到牛鸦分维数比，即为

$$\rho = \frac{D'_2}{D_2} \tag{3-7}$$

该比例系数 ρ 表示城市之间的连通程度，即城市体系之间的可达性水平。由

于 $D'_2 < D_2$，一般情况下 $0 < \rho < 1$。对于空间可达性的判断可以分为以下三种情况：若 $\rho < 0.5$ 时，表明城市体系之间的空间可达性较差；若 $0.5 < \rho < 1$，表明城市体系之间的空间可达性较好；若 $\rho > 1$，表明城市体系之间的连通趋近于直线式，空间可达性达到理想状态。

（4）城市体系点—轴结构中心聚集分维模型。

1）模型公式。刘继生和陈彦光等对城市体系空间结构分形特征的研究表明，聚集分形维数反映的是区域城市体系随机分布的向心性空间特征。可采用回旋半径法对城市体系空间聚集维数进行测度。通过这种方法可以在空间距离的尺度上，定量化地推断城市体系点—轴结构的“点”聚集特征，即各城市的空间结构聚集特征，能够分析比较出各城市在空间上的中心性聚集范围与结构优劣差异。多数情况下主要针对城市体系的核心城市来测度评估。

根据聚集维数的回转半径法原理，可推知此时所言的回转半径是指中心城市在其中心功能扩散受限凝聚，向周边城市辐射凝聚城市群过程中所能达到的最大半径，随着凝聚城市范围的增大回转半径也逐渐增大，相当于逐渐增长的同心圆半径。城市群聚集的回转半径法计算即以中心城市（处在城市体系几何重心的最大城市）或首位城市（有可能不在区域的地理重心位置）为圆心，给定测度尺码 r 为回转半径，那么落在统计圆内的城市数目记为 $N(r)$。当尺码 r 改变时，$N(r)$ 也随着改变，$N(r)$ 与 r^{D_3} 之间存在正比例关系，即：

$$N(r) \propto r^{D_3} \tag{3-8}$$

为避免不同单位 r 计算 D_3 值时的不稳定性，可以用平均半径 R_S 代替半径 r，即

$$R_S \equiv \left[\left(\frac{1}{S}\sum_{i=1}^{S} r_i^2\right)^{\frac{1}{2}}\right] \tag{3-9}$$

其中，r_i 为城市体系中各个城市到重心城市（或首位城市）的距离，S 为每次计算的城市个数，[…] 表示平均，于是得到分维关系为：

$$R_S \propto S^{-D_3} \tag{3-10}$$

两边取对数得双对数模型，即

$$\ln S = D_3 \ln R_S + R_0 \tag{3-11}$$

其中，R_0 为常数。

2）中心城市聚集分维特征解释。通过上述模型公式获取的中心城市聚集分维数存在以下三个状态值：在以该中心城市为圆心的城市群扩散受限凝聚无标度分形区间范围内，若 $D_3 < 2$，表明中心城市吸引力很强，使该区域空间内各城市的分布向中心城市构成聚集态势，且从中心城市向周边腹地的分布密度呈现递减状态；若 $D_3 = 2$，表明城市体系中各城市在回转半径方向均匀变化，城市群的空

间结构呈均匀分布，未形成凝聚态结构体系，因此体系结构是平庸的；若$D_3>2$，表明所设中心城市不具有中心性作用，城市群空间分布从所设中心城市向周边腹地的分布密度呈递增的分散状态，这种情况较少见。

在$D_3>2$区间上D_3值越小，说明城市群体系空间分布的聚集程度越高，整个城市群从中心城市向外围空间衰减程度则愈加显著。

3.2.3 数据来源

本课题的模型分析所需要的基础数据主要有两方面：一是13个建制市的人口规模数据，用以城市体系位序—规模分维测算；二是13个建制市彼此间的直线公路里程（乌鸦距离）和主干交通公路里程（乳牛距离），用以城市体系点—轴结构空间关联分维和中心聚集分维的测算。

（1）13个建制市人口规模数据来源与首位律。

城市规模等级结构是指一定区域内城镇体系所具有的规模层次分布关系，揭示一个区域内城镇体系的规模分布特征，反映城镇体系由小到大的序列分布与规模等级的关系。以下依据新疆维吾尔自治区2013年统计年鉴数据对天山北坡城市群13座城市做位序—规模排序。

根据市区非农业人口的数量，城市人口规模分为5个等级：市区非农业人口大于200万的超大城市，大于100万小于200万的特大城市，大于50万小于100万的大城市，大于20万小于50万的中等城市与小于20万的小城市。那么在天山北坡城市群中，依据上述城市人口等级标准来划分，有特大城市1个、大城市2个、中等城市8个、小城市2个，规模等级现状如表3－1所示。

表3－1 天山北坡2013年城市体系规模等级现状

级别	城市数量	城市名称与城市非农业人口数量（万人）
特大城市	1	乌鲁木齐市（256.68）
大城市	2	石河子市（62.26），伊宁市（53.57）
中等城市	8	哈密市（48.02），昌吉市（36.76），奎屯市（30.15），克拉玛依市（29.02），吐鲁番市（28.40），博乐市（27.13），乌苏市（23.14），阜康市（16.92）
小城市	2	五家渠市（9.10），霍尔果斯市（8.50）

数据来源：新建霍尔果斯市的人口数据来源于网易新闻，其余数据来源于《新疆统计年鉴》（2013）。

根据马克·杰斐逊（M. Jefferson）提出的城市首位律，一般可认为城市首位指数对应为2的城市指数为S_2、4城市指数为S_4和11城市指数为S_{11}。由表3－1所示数据计算天山北坡城市首位律为（其中P_i表示人口规模排在第i位的城市非农业人口数目）：

$$S_2 = \frac{P_1}{P_2} = \frac{256.68}{62.26} = 4.12 \quad (3-12)$$

$$S_4 = \frac{P_1}{P_2 + P_3 + P_4} = \frac{256.68}{62.26 + 553.57 + 48.02} = 1.57 \quad (3-13)$$

$$S_{11} = \frac{P_1}{P_2 + P_3 + \cdots + P_{11}} = \frac{256.68}{62.26 + 53.57 + 48.02 + \cdots + 16.92} = 0.72 \quad (3-14)$$

根据位序—规模等级分布原理，理想的两城市指数应是2，4 城市指数和11 城市指数都应为1。显然，乌鲁木齐市作为天山北坡城市群首位城市，所显示的2 城市指数严重超高、4 城市指数依然超高、11 城市指数则略偏低。说明天山北坡城市群人口位序—规模等级分布结构失衡问题很突出。首先是从 S_2 和 S_4 的值反映出处于二级结构的大城市不强，人口承载规模偏低；其次是从 S_{11} 的值反映出从13 个城市整体看，特大型的首位城市乌鲁木齐市规模又是相对偏小的。这说明天山北坡城市群点—轴结构中，一级中心城市的人口聚集水平仍偏弱，而二级中心城市的人口聚集水平则过于偏弱。

（2）13 个建制市之间的乌鸦距离数据。

本课题主要借助最新版的新疆交通地图数据测算所得，设天山北坡城市群各城市之间的直线距离为 d_{ij}，用字母 A、B、C、D、E、F、G、H、I、J、K、L、M 分别代表乌鲁木齐市、石河子市、伊宁市、哈密市、克拉玛依市、奎屯市、昌吉市、博乐市、阜康市、五家渠市、霍尔果斯市、吐鲁番市和乌苏市，测算数据构成一个 13×13 矩阵如表 3－2 所示。

表 3－2　天山北坡城市群各城市之间欧氏距离矩阵——乌鸦距离阵

单位：公里

城市	A	B	C	D	E	F	G	H	I	J	K	L	M
A	0	133.8	508.1	489.9	290.4	226.2	34.0	456.3	46.9	38.1	577.9	161.2	240.2
B		0	385.6	621.0	169.5	94.0	100.7	324.2	153.1	117.6	451.6	293.3	108.8
C			0	995.3	340.1	294.7	480.0	121.3	537.1	501.4	77.6	647.9	279.8
D				0	753.2	715.5	520.8	945.5	469.2	504.0	1067.5	353.4	729.8
E					0	128.8	256.7	235.6	291.5	261.3	383.6	451.9	130.5
F						0	193.8	230.5	247.1	211.6	358.5	382.3	15.1
G							0	425.2	59.5	28.0	548.9	195.5	208.3
H								0	477.1	441.9	148.6	609.3	215.9

续表

城市	A	B	C	D	E	F	G	H	I	J	K	L	M
I									0	35.9	604.6	166.4	261.9
J										0	568.7	191.1	226.4
K											0	721.0	343.2
L												0	395.2
M													0

注：表中数据是两城市之间的直线距离（乌鸦距离），根据新疆交通地图（中国地图出版社2013版）测算。

3.3 天山北坡城市群典型案例实证

3.3.1 城市体系位序—规模分维特征

（1）位序—规模维数计算。

由表3-1数据，运用公式（3-1）~式（3-2），以 $\ln N(r)$ 为纵坐标、$\ln r$ 为横坐标做散点图，并用线性回归进行模拟，得拟合方程为 $\ln N(r) = 4.6023 - 0.8307x$，拟合优度为 $R^2 = 0.8960$，如图3-1所示。

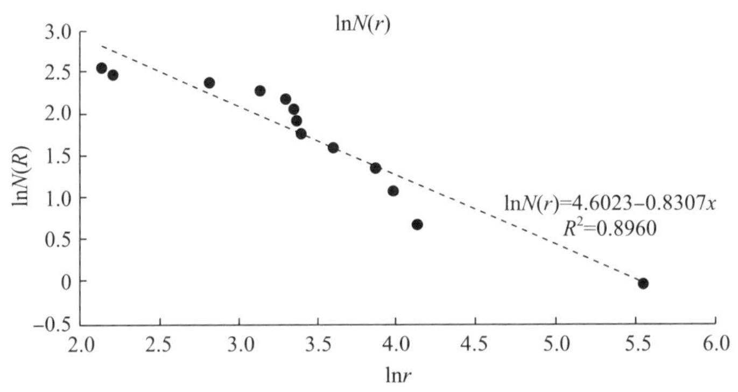

图3-1 天山北坡城市群位序—规模等级分维

（2）位序—规模分维特征。

从以上计算的位序—规模等级分维值可以看出，天山北坡13个主要城市构成的城市群人口位序—规模等级结构较松散，人口分布不均匀，城市群整体发育存在较明显的发展不够成熟问题。

从上述城市群人口位序—规模等级分维特征分析可以看出，显然天山北坡城市群点—轴系统的主要聚集点城市所承载人口的总体水平仍属于较低状态，其中受制于绿洲碎片化空间的影响需要高度重视。促进人口位序—规模结构优化的重点，一是进一步增强乌鲁木齐市首位城市的聚集能力，二是有效提升二级大城市石河子市和伊宁市等城市的聚集效能。

3.3.2 城市体系点—轴结构关联分维特征

（1）关联维数计算。

表3－2中的数据实际上是一个对称矩阵，计算时要考虑满阵数据。为计算方便，运用式（3－3）～式（3－6）。

取步长。来取距离标度 r，距离在 r 内的城镇个数随着 r 的变化发生变化，这样就可以得到一系列直角坐标系中的点对数，如表3－3所示。

表3－3 间距为 r 时对应的城市个数

序号	1	2	3	4	5	6	7	8	9	10
R	1100	1050	1000	950	900	850	800	750	700	650
$N(r)$	169	167	167	165	163	163	163	161	155	155
序号	11	12	13	14	15	16	17	18	19	20
R	600	550	500	450	400	350	300	250	200	150
$N(r)$	147	143	131	117	113	101	95	79	61	47

在双对数坐标图上标绘出上述点列，可以发现图形存在明显的无标度区，如图3－2所示。应用以上两个公式，将无标度区内的点拟合线性回归模型，得到回归方程，判定系数，相关性显著。

（2）城市体系点—轴结构关联分维特征。

关联维数在0～2范围内，表明天山北坡城市群的城市分布具有空间分形特征。同时接近于1，表明天山北坡城市体系的各要素在该空间范围的分布集中于一条地理线上，实际就是沿天山北坡准噶尔盆地南缘绿洲带以及G30公路和欧亚铁路线为主轴的带状地理空域。

若将值改用乳牛距离（自治区交通部门公布的各城市间公路干道里程）再进行关联维数的测算，便得其回归方程的判定系数，相关性良好。于是运用式（3－7）可算得牛鸦维数比，该值几乎近似于1。这表明天山北坡城市群点—轴结构的城市间交通线路多数已与理想的直线距离（乌鸦距离）比较接近，由此可推断该“轴”线交通的整体通达水平相对较优。

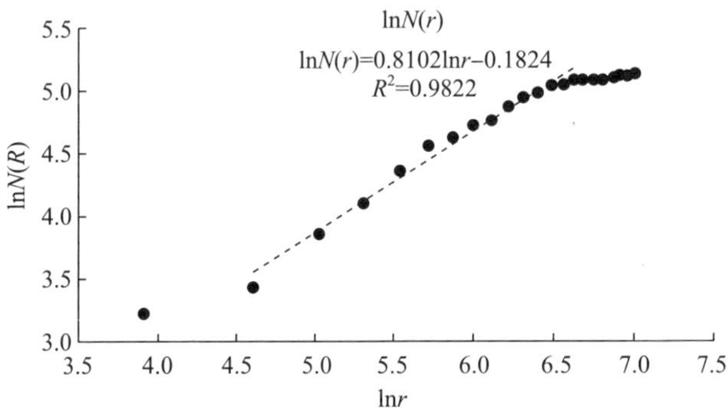

图 3-2　天山北坡城市群空间分布关联分维

因此该区域内各城市沿交通“轴”线的分布结构具有空间上的集中性，城市之间的空间联系达到了较好的紧密性。显然仅从点—轴系统空间关联分维来看，天山北坡 13 个主要城市之间基本实现了良好的通达性结构，为城市群形成紧密的市场经济关系提供了较好的基础，这也就表明整个城市群形成深入的市场竞争合作和产业分工关系的空间结构是相对较优的。

3.3.3　城市体系中心聚集分维特征

（1）城市群首位中心空间聚集分维特征。

1）首位中心聚集维数计算。

对于天山北坡城市群，乌鲁木齐市既是地理重心，又是首位城市，因此是整个城市群无可争辩的一级聚集中心。下面以乌鲁木齐市为中心城市（圆心）来测评天山北坡城市群的空间聚集分形，其中的平均半径与城市个数 S 数据如表 3-4所示，对天山北坡城市群点—轴系统的空间聚集维数进行测度。运用式（3-8）~式（3-11）进行计算。

表 3-4　以乌鲁木齐市为凝聚中心的平均半径取值及对应的城市个数　　单位：个

城市	乌鲁木齐	昌吉	五家渠	阜康	石河子	吐鲁番	奎屯	乌苏	克拉玛依	博乐	哈密	伊宁	霍尔果斯
S	1	2	3	4	5	6	7	8	9	10	11	12	13
R_s	0	24.04	29.48	34.67	67.39	90.09	119.44	140.34	163.94	212.16	250.47	281.11	314.06

2）首位中心聚集分维特征。

经模型公式计算得到以乌鲁木齐市为中心的空间聚集维数，从该分维数来判断，显然在天山北坡城市群点—轴结构中，乌鲁木齐市这个核心“点”的空间凝聚性很高，即其余12个城市在以乌鲁木齐市为凝聚中心的上述（见表3－4）各平均半径取值逐步增大的过程中而呈密度衰减的明显态势。

（2）城市群次位中心空间聚集分维特征。

1）次位中心聚集维数计算。

在天山北坡城市群点—轴结构中，石河子市和伊宁市是位序—规模等级排在次位的两个较大城市，克拉玛依市则是13个城市中唯一的石油工业城。在这三个城市中，石河子市是距离乌鲁木齐市最近的城市，也是国家规划培育的“乌昌石”城市群的核心城市之一；伊宁市则是整个城市群最西端的中心城市；而克拉玛依市是该城市群最北端的城市，并且是石油工业重镇。因此将这三个城市选作次级中心的代表，进一步分析天山北坡城市群的空间聚集分维特征。

按照上述模型公式代入相应数据，分别计算得到对应的聚集分维数值如表3－5所示，模型计算均通过相关性判定检验。

表3－5 3个中心城市的城市群聚集维数列表

中心城市	聚集维数
伊宁市	0.8906
石河子市	1.1946
克拉玛依市	1.4799

2）次位中心聚集分维特征。

由表3－5中的数据推断，这三个聚集分维数均小于2，显然在天山北坡城市群点—轴系统中，上述三个具有代表性的次级中心城市同样具有相对较强的城市群中心聚集性，具备形成较大范围绿洲城市群凝聚结构的空间区位优势条件。

3.4 结论与启示

3.4.1 基本结论

综合上述人口位序—规模等级分维、空间关联分维和空间聚集分维三方面的实证结果，可以得出关于天山北坡城市群点—轴结构分形与发展特征的以下两方面判断。

一方面，由于受到绿洲自然地理空间碎片化结构和孤岛效应的制约，大部分绿洲城市的人口与经济承载规模很有限，导致城市群体系位序—规模等级结构的失衡，主要问题是发展较大型城市的绿洲空间狭小。由于位序—规模等级结构失衡和较大型城市的缺位，很大程度地制约了绿洲城市群点—轴系统的人口与经济聚集效能。

另一方面，从城市群空间关联维数和空间聚集维数分析，天山北坡城市群点—轴结构则显示了相对优良的空间结构关系特征，一是各绿洲城市较为均衡地分布于1600公里的带形空间上，二是主要中心城市表现了良好的绿洲聚集分形区位条件。空间分形结构上的这种优良表现则为天山北坡绿洲城市群创建良好的产业经济体系提供了有利的基础条件。比如城市群的空间聚集结构关系中实际上就蕴含了对人口与产业的聚集性内涵，是对中心职能城市经济辐射空间效力的一个重要反映。

3.4.2 对策启示

（1）推进多中心组群式发展的对策。

根据以上两方面的判断，显然选择多中心组群式发展对于推进天山北坡城市群的成长是有利的。首先，要继续推进首位城市乌鲁木齐市北扩副中心的规划建设，壮大点—轴系统一级中心城市的聚集能力；其次，要以地州区域性中小城市群组团方式来提升多个次级中心城市石河子市、伊宁市、克拉玛依市等城市的聚集规模水平，一方面要弥补较大城市缺位的问题，另一方面要规避单体绿洲城市空间不足问题。也就是说，通过地州区域性中小城镇组群成长方式代替单独壮大某个单体中心城市的思路，可以重点考虑推进以石河子市为中心的石河子—玛纳斯—沙湾绿洲城镇组群、伊宁市为中心的伊犁—博州绿洲城镇组群以及哈密市为中心的哈密地区绿洲城镇组群等的优先发展，总体上逐步形成3~4个重点区域性绿洲城镇组群作为次级中心、“乌昌石”核心城市组群作为一级中心的点—轴系统结构，从而规避干旱绿洲空间碎片化孤岛效应对大城市发展规模的制约困局，获得天山北坡城市群整体人口与经济聚集效能的提升。

（2）推进次级中心城市群发展的对策。

对于这3~4个重点区域性绿洲城镇组群的发展，第一，需要适度扩增区域内建制市的数量；第二，着力促进组群城市的协同发展；第三，赋予伊宁市、石河子市和克拉玛依市更高规格的区域中心城市职能定位，比如节点性区域商贸中心、节点性区域物流中心、节点性区域旅游中心、节点性区域能源中心等。应该看到，“一带一路”倡议的逐步形成正在为天山北坡城市群多中心组群发展模式提供历史性的新动力和战略机遇，极大地增强了这种发展策略的可行性。

（3）对策应用的普适性和一般性意义。

由于西部干旱区域绿洲空间结构的共性特征，即绿洲点—轴式结构空间及其孤岛效应问题的普遍存在性，因此上述对策分析对我国西部干旱区域城市群发展具有较普遍的适用性价值。对于新疆各地州（市）中小城市群建设和全疆城镇体系组群布局发展都具有积极的理论和实践意义，同样也是促进新疆绿洲城镇孤岛效应缓解对策的基本理论依据。

参考文献

[1] 杨宏伟．新疆绿洲城镇的孤岛效应研究［J］．城市发展研究，2012（7）：36－40.

[2] Christaller W. Die Zentralen Orte in Sueddeutschland［M］. Gustau Fischer，Jena，1933.

[3] 陆大道．我国区域开发的宏观战略［J］．地理学报，1987，42（2）：97－105.

[4] 陆玉麒．论点轴理论的科学内涵［J］．地理科学，2002，22（2）.

[5] 陆大道．关于点—轴空间结构系统的形成机理分析［J］．地理科学，2002，22（1）：1－6.

[6] 地力木拉提·吾守尔，杨德刚，张仲武，唐宏，张月芹．天山北坡经济带“组团”点轴城镇空间结构研究［J］．中国沙漠，2012，1（1）.

[7] 陈彦光，周一星．豫北地区城镇体系空间结构的多分形研究［J］．北京大学学报（自然科学版），2001，37（6）：810－818.

[8] 岳文泽，徐建华，颉耀文．甘肃省城镇体系结构及其分形模型研究［J］．地域研究与开发，2004，23（1）：16－20.

[9] 刘承良，熊剑平，张红．武汉市都市圈城镇体系空间分形与组织［J］．城市与区域，2007，44（8）：44－51.

[10] 杨晓楠，高晓东．基于分形理论的齐齐哈尔市城镇体系空间结构研究［J］．吉林师范大学学报（自然科学版），2008（1）：93－95.

[11] 李忆春，黄炳康．成渝地区城镇体系结构研究［J］．经济地理，1999，19（2）：55－59.

[12] 强海洋，张小雷，雷军．基于分形理论的新疆干旱区绿洲城镇体系研究［J］．干旱区地理，2010，33（5）.

[13] 许学强，周一星．城市地理学［M］．北京：高等教育出版社，2000.

[14] 顾朝林．中国城镇体系等级规模分布模型及其结构预测［J］．经济地理，1990，10（3）：54－56.

[15] 刘继生，陈彦光．交通网络空间结构的分形维数及其测算方法［J］．地理学报，1999，54（5）.

[16] 徐建华．现代地理学中的数学方法（第二版）［M］．北京：高等教育出版社，2002：404－408.

[17] 许学强，周一星，宁越敏．城市地理学［M］．北京：高等教育出版社，1996：125－131.

[18] 刘继生. 城镇体系空间结构的分形维数及其测算方法 [J]. 地理研究，1999，18 (2)：171－178.

[19] Kaye B H. A Random Walk through Fractal Dimensions [M]. VCH Verlagsgesellshaft, Germany, 1989.

[20] 岳文泽等. 分形理论在人文地理学中的应用研究 [J]. 地理学与国土研究，2001，17 (2)：51－56.

[21] 陈彦光，罗静. 河南省城市交通网络的分形特征 [J]. 信阳师范学院学报（自然科学版），1998，11 (2)：171－177.

[22] 刘继生，陈涛. 东北地区城镇体系空间结构的分形研究 [J]. 地理科学，1995，15 (2)：23－24.

[23] 余建华. 南通市城镇空间结构研究 [J]. 长江流域资源与环境，2004，13 (4)：311－316.

[24] 冯德显. 从中原城市群发展看中原经济隆起 [J]. 人文地理，2004，19 (6)：75－78.

[25] 伍世代，王强. 福建省城镇体系分形研究 [J]. 地理科学，2007，27 (4)：494－495.

[26] Chen Yangguang, Jiang Shiguo. Modeling Fractal Structure of Systems of Cities Using Spatial Correlation Function [J]. International Journal of Artificial Life Research, 2009, 1 (1): 12－34.

[27] 单纬东，陈彦光. 信阳地区城乡聚落体系的分形几何特征 [J]. 地域研究与开发，1998，17 (3)：48－52.

[28] 焦世泰，王世金. 基于分形理论的城市区域空间结构优化研究——以兰州—白银城市区域为例 [J]. 西北师范大学学报，2011，47 (3).

[29] 刘耀彬，陈志，杨益明. 湖北省城镇体系空间结构发展研究 [J]. 华中科技大学学报（城市科学版），2003，23 (3)：53－59.

第 4 章　论证报告三：缓解新疆绿洲城镇孤岛效应的动力机制

4.1　引言

2013 年 6 月 26 日，中华人民共和国国家发展和改革委员会主任徐绍史向全国人大常委会作《国务院关于城镇化建设报告》时论述道："根据世界城市化的一般规律，我国仍处在城镇化率 30% ~70% 的快速发展期，但我国城镇化的外部条件和内在动力也在发生深刻变化。"要"在发挥中心城市辐射带动作用基础上，强化中小城市和小城镇的产业功能、服务功能和居住功能，把有条件的东部地区中心镇、西部地区县城和重要边境口岸逐步发展成中心城市"。

综合来看，新疆的水资源、土地与植被等绿洲生态资源条件总体上不适宜承载超大规模的制造产业与城市发展。也就是说，新型城镇化在新疆必须谨慎、有限甚至可能要一定程度地放弃过大的城市模式。绿洲的面积大小与分散状态使新疆多宜以中小城镇的发展形态而存在，那么缓解城镇孤岛效应则主要取决于提高中小城市群产业的一体化发展程度，即在城镇体系关系上考虑构建组团式的中小城市群模式。事实上中小城市群发展模式也是新疆"十二五"以来新型城镇化的主导思想和重要方向。那么为了进一步更加有效地缓解新疆城镇孤岛效应，应着力解决的关键问题就是继续寻找培育适宜绿洲自然条件和空间特征的相应产业发展的新动力机制。

4.2 理论基础

4.2.1 城镇化发展的动力问题

城镇化动力是人们探索城镇发展机制的根本性理论问题，世界范围的城镇化有一个历史的动力起点，而城镇化发展至今已形成了完整而系统的动力机制理论体系，并继续随着城镇化新的发生而不断演进。

城市化动力学说认为，现代城市发展的基本动力源自18世纪后期的西方工业革命，伴随着工业化的发生和推进，便产生了城镇化现象。城镇化的基本特征就是农业人口与农业经济形态不断向非农业的工业生产、贸易及各类服务经济形态转变的趋势与过程，在这个历史进程中所出现的非农人口与经济的集中地域便是城镇。工业革命的持续推动使得城镇化成为世界性的普遍现象，这一持续近300年并将继续不断深入推进的过程便被人们称为城镇化（或称城市化）。

回顾人们探寻现代城镇化的历程，可以看到，求解城镇化的动力机制长久以来一直是广受关注的经济与社会科学命题，已形成积累了许多重要的经典理论学说，具有代表性的大体可归纳出三大类学说，即推动城镇化的产业动力理论、劳动力流动理论和生态学派理论。

4.2.2 关于城镇化的产业动力理论

（1）三次产业转移动力说与应用发展问题。

极具代表性和深厚影响力的学说是配第—克拉克定理。其基本观点就是：随着人均国民收入水平的提高，劳动力首先由第一产业向第二产业转移；而当人均国民收入水平进一步提高时，劳动力便向第三产业转移。

不可否认，配第—克拉克定理的劳动力三次产业转移理论从劳动力人口迁徙角度概括了推动城镇化的产业动力根源与基本趋势，因此是分析判断城镇化动力因素的基本理论之一。要科学地理解和运用这一重要理论，必须结合具体的发展阶段和区域经济特点，做出辩证的分析判断。比如，从配第—克拉克定理的基本观点看，劳动力转移似乎应该由第一产业先到第二产业再到第三产业。如果放到西方发达国家最初发生三次产业结构演变的经历观察，总体上确实反映了这种三次转移的基本逻辑顺序。但是，在如今西方国家已基本完成三次产业结构的演变且新兴发展中国家也逐渐走向产业高级化的历史阶段，特别是像中国这样的发展

中国家，在国家内部的不同区域中是否必然要严格遵循上述的劳动力三次产业转移顺序呢？

事实上，在共同走向一体化的区域内，局部地区由于地域分工关系确实存在劳动力因人均国民收入提高而出现直接从第一产业向第三产业跨越性转移，即实现了由乡村到城镇的跨越现象。例如，我国西部欠发达县域近些年来较广泛出现的旅游城镇化，有相当数量的农牧业劳动力直接向旅游服务业转移。此现象尽管表现为小城镇小规模的状况，但确实具有一定的普遍性并且体现出长尾效应的优势。所谓长尾效应优势，就是这些小规模的小城镇看似经济规模影响很小且空间分散，然而汇集起来却具有一定的规模效应。这个规模效应体现出因旅游产业自身的综合功能而驱动的区域旅游一体化，使相应区域范围内的旅游景区产品、休闲设施与服务项目等通过旅游区域规划而趋向一体化发展，产生了积小成大集腋成裘式的规模化样式，即长尾效应优势。不仅如此，在中国西部出现的小型旅游城镇发展也往往比较符合当地社会经济与资源环境的客观实际。可见，随着人类城镇化历程的拉长，配第—克拉克定理的内涵会不断丰富。

（2）农业发展推动说与应用发展问题。

根据刘易斯的二元经济论，不少学者认为，当农业现代化不断发展时，所产生的农业剩余劳动力是促进地区城镇化的最主要生产要素，农业发展成为城市化最主要的推动力。该理论认为，农业发展对城镇化推动的贡献主要表现为农业剩余贡献、市场贡献和外汇贡献等方面。

城镇化的农业推动理论基本被世界城市化的普遍事实证明，在社会发展的宏观意义上它无疑是一个较为普遍性的规律。但是在不同区域发展的具体实施中同样必须考虑不同区域的局部特点问题。例如，对于县域层面的城镇化问题，当遇到那些地理与气候等自然客观因素较为恶劣同时人口相对偏少的情况，所谓农业现代化并不一定会形成很有效的农业剩余产品和劳动力，于是来自农业的城镇化动力就是极为有限的。这类情况在我国的西部地区尤其是农牧业区域恰恰是较为普遍的状态，显然针对这种县域的城镇化需要寻求另外的动力因素。

（3）工业化扩张拉动说与应用发展问题。

现代城镇发展是工业革命的结果，因此工业化被认为是城镇化的基本动力，相关的理论学说比如“钱纳里和塞奎因模式”。该研究于 1975 年通过对 101 个国家 1950 ~ 1970 年有关数据的回归，概括了工业化与城镇化的一般模式：随着人均收入水平的上升，工业化的演进导致产业结构的转变，带动了城镇化程度的提高。该理论在现代城镇化动力研究领域仍具有很大影响。

但是后来不少学者也发现工业化与城镇化的变动关系在工业化的不同阶段存在较大差别。即在工业化初期时，工业发展所形成的聚集效应使得工业化对城镇化产生直接和较大的带动作用；而当工业化接近和进入中期后，产业结构和消费结构升级的作用超过聚集效应的作用，城镇化的演进不再表现为工业比重上升的带动，而更多地表现为非农产业比重上升的拉动。

（4）服务业后发动力说与应用发展问题。

20 世纪 60 年代后期，西方发达国家基本完成了工业化进程，工业化在全球范围内显现出向中后期演变的特征，第三产业在国民经济中的地位呈现逐渐上升趋势，同农业、工业构成了三足鼎立的基本格局，于是第三产业成为国民经济的重要支撑。在此背景下，西方发达国家的城镇化出现了服务业化的转型升级。其中旅游业就是一个十分突出的产业角色，许多传统工业城市经过产业转移升级而越来越凸显出现代旅游城市色彩。文化、创意、设计、休闲等新产业要素与旅游业相融合进一步成为城镇化的新动力。

于是"第三产业的吸引力是城镇化的后发动力"成为城镇化动力理论中一个新的重要认识，其中的基本内涵就是：第三产业为城镇提供服务环境与基础条件，第三产业以高就业弹性推动城镇发展，第三产业对区域聚集的依赖性极强。

4.2.3 关于城镇化的劳动力流动理论

（1）影响较大的推拉理论与应用发展问题。

推拉理论起源于 19 世纪，最早由英国的雷文斯坦（E. Ravenstien）于 1880 年发表的论文《人口迁移之规律》中提出七条规律：人口的迁移主要是短距离的，方向是朝工商业发达的城市；流动的人口首先迁居到城镇的周围地带，然后又迁居到城镇里面；全国各地的流动都是相似的，即农村人口向城市集中；每一次大的人口迁移也带来了作为补偿的反向流动；长距离流动基本上是向大城市的流动；城市居民与农村居民相比，流动率要低得多；女性流动率要高于男性。显然雷文斯坦的研究结论有其历史局限性，比如没有看到交通技术与人口迁移距离的关系，没有考虑行政约束对人口迁移的影响，关注了人口迁移的空间表现但尚未考虑迁移的动力因素。

巴格内（D. J. Bagne）则从人口迁移的原因方面提出"推拉理论"。他强调认为，人口流动的目的是改善生活条件，流入地那些有利于改善生活条件的因素就成为拉力，而流出地的不利的生活条件就是推力。20 世纪 60 年代，美国学者 E. S. Lee 提出了更为系统的推拉理论，在巴格内理论的基础上认为流出流入地实际上都存在拉力和推力，并补充了第三因素即中间障碍因素。中间障碍因素包括距离远近、物质障碍、语言文化差异，以及移民本人对于以上这些因素的价值判断。推拉理论有其一定的局限性，主要表现在以静态观看待农村人口迁移，尚未涉及拉力与推力的变动因素。

（2）托达罗模型与应用发展问题。

托达罗假定农业劳动者迁入城市的动力取决于城乡预期的收入差异。差异越大，流入城市的人口则会越多。在任一时期，迁移者在城市现代部门找到工作的概率与现代部门创造的就业机会成正比，与城市失业人数成反比。

依据托达罗模型城乡差异的基础理论观点，通过改善农村条件来缩小城乡差距显然有助于实现就地城镇化发展。因此就应当积极增加农村中的就业机会，鼓励农村的综合开发，增加农村就业机会，提供教育与卫生设施，发展电力、供水和交通，改善农村生活条件，从而缓解农村人口向城市的过度流动。

4.2.4　关于城镇化的生态学派理论

城镇化的生态学派突出“以人为本”的思想，强调人类与自然生态环境的协调发展关系和理念。其代表性的理论有田园城市论和芝加哥古典人类生态学论等。

（1）田园城市论与应用发展问题。

英国学者霍华德于 1898 年出版的《明日的田园城市》对世界许多国家城市规划产生了深远的影响。霍华德认为，应该建设一种兼有城市和乡村优点的理想城市。他认为，田园城市是城市生活与乡村生活之间的第三种选择，把最生动活泼的城市生活的优点与美丽愉快的乡村和谐统一起来，这种生活对人们具有磁铁般的吸引力。人们将霍华德的这一理论观点又称为霍华德第三种引力说，表明田园城市化是现代社会城镇深入发展的基本动力之一。事实上，霍华德的田园城市理论对现代城市规划建设实践已产生深远的影响。

田园城市理论的直接影响是对传统工业化城市的生态化改造，比如在中国推行的园林城市创建活动。其次是对相对偏远农村地区发展特色旅游小城镇提供了积极的理论基础和思路。

（2）芝加哥古典人类生态学论与应用发展问题。

芝加哥学派诞生于 20 世纪二三十年代，帕克（R. Park）等芝加哥大学的学者对美国城市进行了研究。该学派认为，城市是有内部发生机制的，他们依据达尔文进化论为基础建立理论框架，研究人与空间的关系，把生态学的生存竞争和优胜劣汰引入城市研究，从人口与地域空间的互动关系研究城市发展。

其主要理论认为，城市土地价值变化与植物对空间的竞争相似，土地的利用价值说明人们对有价值地点的竞争，土地竞争导致经济的分化。依据土地价值的支付能力，分化为不同阶层。

帕克之后对生态学派有重要影响的是罗德里克·麦肯齐（R. McKenzie），他的主要贡献是进一步提出了生态分布理论。麦肯齐提出社区的动力系统包括流动和流体两部分。流动指居住的变化、职业的变化等社会地位变化；流体指社区中人为设计或指派的运动，仅为人在工作和家庭之间日常形式的移动。移动的程度通过生态距离或旅行的时间与花费来衡量，而不是以物理距离来衡量。因此，流体是社会现有交通工具的功能水平。于是社区结构就是一种生态距离模式，意味着交通工具的革新会极大地推进城市的深化与空间扩展。

麦肯齐认为，有四种相关联的生态因素影响社区组织的动态分布。首先是地理因素（气候、地形与资源等），其次为经济因素（地方工业性质、职业分布与生活标准等），再次是文化与技术（艺术、道德观以及禁忌等），最后是政治和行政手段（关税、税收、移民制度和公共事业管理规则等）。

另外，生态学派中较有影响的还有伯吉斯（E. W. Burgess）的同心圆理论和美国地理学家哈里斯（C. D. Harris）等提出的多中心论。中国生态学家马世骏（1984）等提出了由社会、经济和自然三个亚系统构成的城市复合生态理论。中国著名科学家钱学森先生还提出了“山水城市”的生态城市概念。

4.3 旅游引导的新型城镇化理论学说

综上所述，无论是城镇化产业动力说、劳动力流动理论还是生态学派理论等经典理论学说，它们都指出了包括旅游业在内的第三产业是城镇化进一步深入发展的重要动力。第三产业作为城镇化深入发展的重要驱动力，既具有产业高级化的发展内涵，也具有地域更加广泛化、城乡一体化和生态和谐性的深刻内涵与现代社会规律。

“十二五”以来，随着我国旅游业实现了里程碑式的高速发展，旅游业对城镇化产生的驱动力引起了众多中国学者和政府决策层的高度关注与广泛研究。相关学者如鲁勇（经济学博士、原北京旅游委主任，2013）曾经表述道：“国内外经验证明，现代旅游业已成为工业化城镇化深入发展的新引擎，不仅可以有效地提升城市综合发展能力，而且可以撬动区域产业结构升级换代。据世界旅游组织统计，现代旅游业能够影响、带动和促进的行业多达 110 个。旅游消费对住宿业的贡献率超过 90%、对民航铁路的贡献率超过 80%、对餐饮零售业的贡献率超过 40%。旅游业每收入 1 元，可带动相关产业增加 4.3 元收入。旅游从业者每增加 1 人，可增加相关行业 4.2 个就业机会。现代旅游业既融入到一二三产业中又独立其外，成为促进产业融合与有效益地增长的重要动力。”李瑞（宁波大学旅游学教授，2013）在其所编著的《旅游学》中概述道：“从 1950 年开始，世界

旅游业便以7.1%的速度增长，到1992年全球国际国内旅游收入超过了石油、汽车工业，成为世界第一大产业。旅游活动是当今世界参与人数最多、规模最大的社会活动，旅游业也是世界上最大的产业。”

再比如高舜礼（《中国旅游报》总编辑，2013）认为，“旅游业在县域和乡村发展所表露的特征与释放的功效，对促进中国走新型城镇化道路具有积极而独特的作用”“旅游资源的广泛分布与普遍开发，有助于崛起一批旅游小城市、小城镇，构建规模、结构、布局、个性都较为合理的城镇格局”，可实现就地城镇化，“大力发展旅游业，可实现乡村和小城镇的产业、劳动力、设施、生活等就地城镇化（例如浙江安吉、河南栾川、福建泰宁、江苏常熟）”，可实现产业接续，“旅游业在乡村的发展，相对于传统农业是培育了新兴产业，实现了三产对一产的接续”“可促进集约发展。由旅游发展所带动的城镇化，从开始从事旅游接待起就进行了综合而全面的改善与提升”，有利于绿色环保，“在一定意义上，发展旅游就意味着选择‘绿色城镇化’”，促进普遍就业，“旅游是劳动密集型产业，就业门槛低、层次多、领域广，可全方位吸纳农村富余劳动力”，体现了以人为本的发展，“通过发展旅游而实现的城镇化，具有以人为核心的人性化特征”。

在旅游规划领域如刘锋（中国旅游规划专家，2013），也比较清晰地提出了关于旅游驱动新型城镇化建设的重要论点，认为“以旅游产业的植入全面推进新型城镇化进程将成为近中期发展的热点。旅游业有很强的带动性和融合性，综合效益高，是驱动新型城镇化最适合的产业之一。旅游驱动的新型城镇化是以泛旅游产业为主导，创造休闲、娱乐、度假、养生、运动、教育等品质生活服务供应能力，以休闲地产和商业配套为延伸，形成消费聚集、人口聚集、就业聚集和服务聚集的区域旅游综合开发。旅游驱动的城镇化以旅游产业为中心，以泛旅游产业为主体，在壮大旅游产业的同时促进与其他产业的整合，实现旅游产业集群、消费和就业的聚集，进而推进城镇化进程”。

从国家战略层面来看，可以回溯到2009年的中华人民共和国国务院《关于加快发展旅游业的意见》（以下简称《意见》）（国发〔2009〕41号）。《意见》开篇即明确提出，“旅游业是战略性产业，资源消耗低，带动系数大，就业机会多，综合效益好。改革开放以来，我国旅游业快速发展，产业规模不断扩大，产业体系日趋完善。当前我国正处于工业化、城镇化快速发展时期，日益增长的大众化、多样化消费需求为旅游业发展提供了新的机遇”，要“充分发挥旅游业在保增长、扩内需、调结构等方面的积极作用”。前国家旅游局局长邵琪伟（2012）曾指出：“我国已从旅游资源大国走向世界旅游大国，旅游业全面融入国家战略体系。旅游业的经济拉动作用和相关事业的促进作用更加明显。”

事实上，上述学者的观点和国家战略不仅有着严谨的理论认识与推断，而且具有坚实而丰富的实践基础。因此，本课题组归纳认为，旅游业作为当代经济结构中最具影响力的第三产业之一，是驱动我国21世纪新型城镇化后续动力的重要支柱。第三产业之所以被称为城市化的后续动力，表明它是工业化充分发展的结果，是工业化的高级阶段表现。在这个阶段，世界经济融为一体而深度分工，服务需求和服务产业高度发展，在不同区域推动了服务业聚集和专业化分工为动力的城镇化新景观，出现了传统工业城市的旅游化、专业旅游城市和特色旅游城镇等新城镇化现象。其中的特色旅游城镇发展正是旅游需求动力向乡村方向蔓延的结果，也就是乡村旅游广泛兴起与深入发展的经济动力。21世纪以来，旅游城镇化现象在我国越来越明显，已有相当的普遍性和典型性。因此旅游成为新型城镇化的驱动力是服务业作为现代城市化动力的表现，正是工业化全球性高度发展和深度分工的结果，也是旅游专业化的聚集现象。

对于本课题的上述观点来说，最新的印证就是来自中国“十三五”开局的经济发展报告。在本课题研究即将完成之际也恰是中国“十三五”新开局之时，根据中国国家旅游局的报告，2015年中国国内旅游突破40亿人次，国民人均出游2.98人次，旅游收入超过4万亿元人民币，大众旅游时代在中国已经悄然而至。正是在此背景下，一个全新的旅游发展战略概念“全域旅游”也浮出水面。国家旅游局局长李金早（2016年）在《全域旅游大有可为》（新华网2016年2月9日）一文中指出：“全域旅游是指在一定区域内，以旅游业为优势产业，通过对区域内经济社会资源尤其是旅游资源、相关产业、生态环境、公共服务、体制机制、政策法规、文明素质等进行全方位、系统化的优化提升，实现区域资源有机整合、产业融合发展、社会共建共享，以旅游业带动和促进经济社会协调发展的一种新的区域协调发展理念和模式。”该文受到了媒体的高度关注，2016年2月，当文章刊出以后，国内各大门户网站先后转载。李金早在这篇文章中论述道：“在区域内，通过旅游+新型城镇化，促进发展特色旅游城镇，发挥旅游对新型城镇化的引领作用；通过旅游+新型工业化，促进发展旅游装备制造业、户外用品、特色旅游商品，发展工业旅游，创新企业文化建设和销售方式新形态；通过旅游+农业现代化，促进发展乡村旅游、休闲农业等现代农业新形态；通过旅游+信息化，将旅游业培育为信息化最活跃的前沿产业，用信息化武装旅游；通过推进旅游+生态化，大力发展生态旅游，推进旅游生态化，使旅游发展从‘围景建区、设门收票’向‘区景一体、产业一体’转变，促进旅游与其他产业融合，产业链条全域化，旅游产业全域辐射带动。”中华人民共和国国务院总理李克强在2016年3月24日博鳌亚洲论坛主旨演讲中也强调指出：“旅游业不仅仅是服务业，在新经济的发展过程当中，它已覆盖一二三产业，本身就是综合性产业。旅游业有力地带动了消费，也拉动产生升级。”

4.4　以旅游业为引擎的绿洲城镇化新动力培育与发展

（1）旅游业动力引擎孕育暨新疆旅游城镇建设时期。

关于旅游业对新疆绿洲城镇发展的驱动力问题，其认识是随着旅游发展战略的提升而逐渐深入的，随之也蕴含旅游资源战略性开发缓解绿洲城镇孤岛效应的内涵与机理。在 21 世纪初期，人们主要还是在旅游城镇建设这一层面来认识旅游业对新疆绿洲城镇发展的影响。然而到“十一五”末特别是“十二五”以来，中国猛然间进入了一个旅游业井喷式的高涨期，显著影响到新疆绿洲城镇和乡村的发展景象，在此期间，学术界和政府决策层都觉察和认识到旅游资源开发是促进新疆新型城镇化不可小觑的力量和机遇。

21 世纪以来的较早时期，一些新疆学者主要关注于特色旅游城镇建设（朱磊等，2004；王克念，2007；郭宁等，2009），也是对当时各级政府发展旅游决策的契合，其中已开始思考旅游业与城镇建设的互动关系（王兆峰，2002；彭鹏等，2005；马江等，2006）。这一时期的研究思考以及政策规划显然具有对绿洲旅游城镇化动力引擎孕育的显著特征。比如“十一五”时期，新疆维吾尔自治区旅游发展规划的战略目标已初步明确“把旅游业培育成为国民经济的重要支柱产业”“促进全区旅游协调发展，带动城乡社会经济一体化发展”和“完善十二座优秀旅游城市功能”。

（2）推进绿洲旅游城镇化动力引擎发展的战略规划。

从推进新型城镇化战略定位的决策可以明显观察到，“十二五”是新疆提升培育绿洲新型城镇化旅游动力引擎的重要战略期。《新疆城镇体系规划（2012～2030 年）》（2012 年）就强调指出“‘以人为本、贯彻规划先行、环保优先、生态立区、城乡统筹、布局合理、集约高效、特色突出’的原则，坚持走资源开发可持续、生态环境可持续的发展道路；以现代文化为引领，以新型工业化为动力，以农牧业现代化为基础，以体制创新为先导，走‘内外双驱、量质并重、和谐包容、生态宜居、兵地共融’的新疆特色城镇化道路”的指导思想，确定了“打造城乡协调和可持续发展的‘新型绿洲’”“加快推进产业多元化、促进‘产、城’融合”与“分区分类推进差异化、特色化发展”等发展策略。

在关于打造城乡协调和可持续发展的“新型绿洲”策略方面，提出要“以绿洲为单元，以中心城市为核心，推进工业和人口向市县、重点镇集中，公共交通、基础设施和公共服务设施向乡镇、村庄延伸，建立健全绿洲城镇支农服务体系，推进城乡协调发展。统筹水资源分配，合理调整水资源利用结构，大力推进高效节水农业及节水城镇建设，建设节水城乡，打造一批绿洲生态示范城镇和园区”。

在关于加快推进产业多元化、促进“产、城”融合的策略方面，明确要“积极发展绿色农牧业、农产品加工业、旅游业、少数民族用品制造业等特色优势产业和战略性新兴产业，推进传统产业升级。扶持劳动密集型产业、服务业和中小企业发展，扶持社区经济、特色手工业发展，加快冬季产业发展。统筹产业园区与城镇布局，促进各类产业园区与城镇一体化发展”。

在关于分区分类推进差异化、特色化发展策略方面，更是阐明要“推动天山北坡、天山南坡、南疆三地州、北疆北部地区因地制宜选择各具特色的城镇化路径，制定差异化发展目标和城镇化政策。促进战略资源基地工矿城镇、边境城镇、旅游城镇、农牧业服务城镇、兵团城镇等依托各自优势，发展特色经济，建设特色城镇”。

按照上述战略定位和发展策略，《新疆城镇体系规划（2012～2030年）》明确了全疆22个主要城市职能的定位，从中可以明显看到旅游业在各个地州（市）主要城市发展职能中所承担的平台综合与产业渗透融合角色定位。其中特别强调喀什、伊宁—霍尔果斯、哈密市、和田市、吐鲁番市、塔城市、博乐市、阿勒泰市、莎车建成麦盖提—莎车—泽普—叶城绿洲城镇组群，奇台、北屯市、阿拉尔市和五家渠市等15个重点市县突出发展旅游产业。对这些市县的布局定位更多地体现了使旅游产业平台综合、产业渗透融合功能向沿边绿洲商贸城镇带的一体化推进和延伸。

同样，若转换到《新疆维吾尔自治区旅游业发展第十二个五年规划》角度再去观察，可以看到与《新疆城镇体系规划（2012～2030年）》相契合的战略定位。例如，在《新疆维吾尔自治区旅游业发展第十二个五年规划》中明确提出了促进区域经济一体化和绿洲新型城镇一体化发展的战略指导思想，重点包括将旅游业提升到战略支柱产业的高度，提出全疆三大旅游产业带的空间整体布局以及提出构建多层级旅游城镇体系的战略目标。这种全疆多层级旅游城镇体系已较为系统地规划到多级旅游集散中心、重点旅游城市、旅游强县和特色旅游城镇等城乡一体化的布局，比较充分地表达出将旅游业作为全方位驱动新疆旅游新型城镇化动力引擎的战略思路与谋划。

（3）新疆绿洲旅游城镇化动力引擎的两个作用力。

事实上，“十二五”以来，旅游业发展推动新疆绿洲新型城镇化的作用日益明显和深入，主要表现为平台综合带动力与渗透融合驱动力等若干方面。

首先，旅游业是更具有世界性、国际化和区域一体化特征的现代服务产业，

对边远经济区域和复杂地理环境有更强的超越性，对产业的技术、资本和劳动力结构有更显著的跨越性，因此旅游业发展为新疆绿洲各个区域不同特色的产业开发、城乡建设、农牧民就业增收等提供了一个投入规模可大可小、地域可近可远、人力资源可厚可薄、技术含量可高可低的综合性发展平台，能够更有效地使新疆大小不同的各个绿洲通过旅游发展这一市场平台实现人尽其能、物尽其用的发展效能。

其次，由于旅游需求的特殊性质，旅游业具有更广泛的产业渗透性融合发展的驱动力。事实表明，旅游业的发展广泛地渗透融合于农业、牧业、林业、矿业、水利、教育、科技、文物、餐饮、酒店、文化娱乐、商贸、体育和民俗经济等各种产业中，因此成为有效融合各种绿洲产业实现综合发展的动力引擎。

总之，“十二五”以来，新疆维吾尔自治区通过实施以《关于推进新疆旅游业跨越式发展的意见》（2011 年）、《新疆旅游业发展三年行动计划》（2013 年）为标志的旅游业战略性支柱培育政策，正在不断激发出新疆旅游业对新型城镇化发展的平台综合带动力与产业渗透融合发展的驱动力，十分突出地显示出以旅游业为动力引擎的新型城镇化对缓解新疆绿洲城镇孤岛效应的适宜性、有效性与可持续意义。

参考文献

［1］国务院关于加快发展旅游业的意见（国发〔2009〕41 号）.

［2］新疆维吾尔自治区人民政府．新疆维吾尔自治区旅游业发展第十一个五年规划，2006.

［3］新疆维吾尔自治区人民政府．新疆维吾尔自治区旅游业发展第十二个五年规划，2011.

［4］新疆维吾尔自治区人民政府．关于推进旅游业跨越式发展的意见（新党发〔2011〕10 号）.

［5］新疆维吾尔自治区旅游局．新疆旅游业发展三年行动计划，2013.

［6］新疆维吾尔自治区人民政府．新疆城镇体系规划（2012～2030 年），2012.

［7］钟秀明，武雪萍．城市化之动力［M］．北京：中国经济出版社，2006.

［8］冯云廷，王雅莉，苗丽静．城市经济学［M］．大连：东北财经大学出版社，2005.

［9］董利民等．城市经济学［M］．北京：清华大学出版社，2011.

［10］易善策．产业结构演进与城镇化［M］．北京：社会科学文献出版社，2013.

［11］司正家．沿边开放和新疆边境民族地区开放型经济发展研究［M］．北京：中国经济出版社，2011.

［12］马海霞等．新疆主体功能区划与建设研究［M］．北京：中国经济出版社，2012.

［13］闫海龙．新疆新型城镇化发展的探索与实践［M］．北京：经济管理出版社，2014.

［14］李瑞．旅游学［M］．北京：北京大学出版社，2013.

［15］郭宁等．我国内地城镇化模式对新疆城镇化的启示［J］．改革与战略，2009（7）．

［16］龚新蜀等．新疆城镇化道路的特殊性和边疆特色［J］．农业现代化研究，2010（7）．

第5章 论证报告四：新疆旅游资源的战略性开发综述

5.1 引言

总体上可以认为，新疆旅游资源战略性开发已形成一定规模的旅游产业体系，旅游业战略性支柱产业培育取得较明显的成效，旅游经济广泛地渗透到多产业发展中，对新疆区域产业优化、民生改善和新型城镇化发展正在发挥日益重要的作用。根据新疆维吾尔自治区旅游局的统计报告：“‘十二五’时期全区累计接待国内外游客2.51亿人次，实现旅游总收入达到3056.91亿元，比‘十一五’时期分别增长了120.18%和187.25%；全区旅游从业人员超过125万人。”“十二五”旅游总收入占新疆全区5年GDP总值（37825亿元人民币）的比重达到了8.1%（作为支柱产业的一个评价指标是占GDP的比重达到8%）。截至“十三五”开局的2015年，“当年全区接待国内外游客6097万人次，同比增长23.1%，实现旅游总收入1022亿元，首次突破了千亿元大关”。旅游收入占自治区当年GDP（9324.80亿元人民币）的比重已达到11%。

5.2 新疆培育旅游业战略性支柱产业的战略决策

5.2.1 新疆旅游业战略性支柱产业的孕育历程

确立旅游业为新疆战略性支柱产业的一个重大政策背景是2009年国务院发

布的《关于加快发展旅游业的意见》（国发〔2009〕41号）（以下简称《意见》）。《意见》首次从国家战略高度明确提出要“把旅游业培育成国民经济的战略性支柱产业和人民群众更加满意的现代服务业”。

对新疆旅游业培育发展的历史路径进行考察可以看到，把旅游业提升到战略性支柱产业正是各个发展时期国家的重大发展战略不断推进的历史结果。回溯这个历史轨迹，其中重要的政策表现比如21世纪之初的2001年12月，新疆维吾尔自治区党委经济工作会议提出了“要大力发展旅游业，尽快使之成为新疆国民经济重要的支柱产业”的战略构想，并作为自治区六大支柱产业体系之一被纳入了《新疆维吾尔自治区国民经济和社会发展第十个五年规划纲要》。2006年，时任国家主席胡锦涛视察新疆时对新疆旅游发展战略做出肯定：“要充分利用新疆自然风光、独具特色的民俗风情等优势，做大做强支柱产业，把新疆建设成为中国西部重要的旅游胜地。”于是在《新疆维吾尔自治区国民经济和社会发展第十一个五年规划纲要》中便提出进一步“培育和壮大旅游业，打造精品景区景点，把旅游业培育成为我区重要的支柱产业”。在《新疆维吾尔自治区旅游业发展第十一个五年规划》中明确了实现旅游总收入占自治区GDP6.3%的发展目标（实际达到5.47%），但是与作为支柱产业要求的占GDP比重达到8%的基本标准尚存在较大的差距。

5.2.2 新疆旅游业战略性支柱产业定位的重大决策

《意见》的出台使《新疆维吾尔自治区旅游业发展第十二个五年规划》(2010)（以下简称《规划》）在指导思想上对旅游业的战略升级取得了里程碑式的突破。《规划》确定“推动新疆旅游业跨越式发展，把新疆建设成为我国重要的旅游目的地；充分发挥旅游业在保增长、扩内需、调结构、促就业、惠民生、保稳定、利开放等方面的积极作用，把旅游业培育成自治区国民经济的战略性支柱产业和第三产业的龙头产业、改善民生的重要富民产业和人民群众更加满意的现代服务业。”于是十分明确地确立了新疆旅游业作为战略性支柱产业的重大发展定位。随后全疆12个地州以及克拉玛依市先后制定了本地州（市）旅游业战略性支柱产业规划。

为有效推动和落实《规划》所确定的战略性支柱产业发展目标，2011年5月召开的新疆第一次旅游产业发展大会制定了自治区党委自治区人民政府《关于推进新疆旅游业跨越式发展的意见》。该意见进一步提出“要重新思考、重新认识、重新定位、重新谋划新疆旅游业，把旅游业作为新疆国民经济的战略性支柱产业”，并要求刻不容缓地推进旅游产业的大发展，把旅游工作摆在优先发展的位置，把旅游产业打造成为“调结构、促就业、惠民生”的支柱产业。

5.2.3　新疆推进旅游业战略性支柱产业发展的重要举措

中共中央“十八大”召开之后，新疆社会经济发展迎来新的历史时期。2013 年 7 月，自治区旅游局为深入贯彻落实自治区党委、自治区人民政府《关于推进新疆旅游业跨越式发展的意见》（新党发〔2011〕10 号），结合新要求、新条件和新机遇制定了《新疆旅游业发展三年行动计划》。三年行动计划确定了“十二五”规划后三年的重点发展目标：一是“2013 ~ 2015 年，全区旅游经济总量增长速度高于全国平均水平，可持续发展能力明显增强，服务质量显著提高，市场秩序和发展环境进一步优化，经济效益和社会效益大幅提升”。二是“到 2015 年，旅游经济主要指标在 2012 年的基础上实现翻番，简称为‘1111 旅游倍增计划’，即年旅游总收入达到 1000 亿元，相当于全区 GDP 的比重达到 10%，旅游投资累计达到 1000 亿元，新增国家级旅游目的地品牌 10 个”。三是“到 2015 年，接待国内旅游人数达到 1 亿人次，入境旅游人数达到 200 万人次；旅游新增就业 10 万人”。四是“到 2015 年，国家 5A 级旅游景区达到 10 家（实际达到了 9 家），国家级旅游度假区 2 家，全国生态旅游示范区 3 家；年接待量超过百万人次的景区达到 10 个，年营业额超过 5 亿元的旅游企业 20 个以上，旅游企业上市融资实现突破”。可以明显地看出，三年行动计划是跨越式超常规的，不仅体现了推进战略性支柱产业的积极发展态势，而且体现了对现实可行性与发展前瞻性的兼顾。

5.3　新疆实施旅游产业带区域一体化的开发战略

5.3.1　关于旅游产业带的理论探讨

（1）对产业带概念的探讨。

一般认为，我国学术界对产业带的研究开始于 20 世纪 80 年代，即陆大道院士于 1984 年提出的点—轴空间结构系统理论被看作我国学者研究产业带的开端。针对产业带概念与理论的学术探讨大体主要集中在以下几方面：

1）产业带概念的阐释。

陆大道认为，工业生产无论采掘、原材料和加工工业以及第三产业的众多企业，都是产生和聚集在“点”上并由线状基础设施束（包括各类交通干线、能源供应线、水源供应线等）彼此相互连接在一起，从而便形成了产业聚集带。沈镭和郎一环认为，产业带是具有良好的区位、丰富的资源、产业聚集高于周围邻近地区、具有巨大发展潜力和良好发展前景的经济地带，且这些地带一般沿主要交通轴线延展，强调了产业带的区位及聚集优势。武伟等（1997）提出产业带是经济带范围内部分产业活动发达而密集、分布连续性强、相互间产业和城市关联度大、专业化协作与综合发展特色明显的地段。

2）产业带空间经济结构研究。

相关的理论探讨主要是关于产业带的形成、结构及演化的研究，如孙海刚（2006）、张从果和刘贤腾（2008）、曾昭宁和王忠（2008）。相关的实证研究例如费洪平、傅小锋等分别对胶济沿线产业带、长江经济带、哈大产业带、成渝经济带、沿东陇海线产业带的产业结构和空间结构问题进行了研究。

3）产业带的不同类型研究。

比如，交通经济带的研究（王守恒等，2006；赵晶媛，2007；梁启东和刁秀华，2009；曹明霞，2009），高新技术产业带的研究（黄崇利，2003；王海鹰，2008；周长林，2009），旅游产业带的研究（李志鹏，2004；王敏，2008；卢彦红和唐善茂，2009）。

（2）关于旅游产业带概念的理论内涵。

旅游产业带可以认为是产业带的一种类型，尽管旅游是一个具有悠久历史的概念，但是旅游业在现代社会经济中成为具有重要影响的产业却较晚，基本属于工业化后期或后工业化时代比较典型的经济现象，人们对旅游产业带现象和理论概念的认识也自然是由传统制造业产业带概念的延伸或衍生而来的。然而，旅游产业毕竟有其不同于工业类产业的特殊性，比如在旅游资源的构成中许多重要的自然景观资源和一部分人文历史景观资源常常分散在比较偏僻的地域中，具有显著的分散性和不可移动性，可见不能将旅游产业带现象简单地视同工业类产业带的概念。事实上，迄今为止，对旅游产业带概念内涵的认识仍然处于发展之中，尚未见有比较统一的权威性定义。目前基本认为，旅游产业带（Tourism Industry Belt）是旅游产业空间布局的一种典型形式，在旅游经济活动空间的过程中形成，是进行旅游经济活动的空间组织的重要单元。

近年来，我国的专家学者比较多地关注了不同区域旅游产业带现象的实际问题，开展了不少相关的实证研究。比如关于中国新亚欧大陆桥经济带旅游资源结构及开发布局、西北地区旅游业“点—轴”开发结构、环渤海旅游带建设、长江沿线都市旅游互动发展、“板块旅游”空间结构体系、河西走廊地带旅游资源整合等实证分析。

通过对这些研究结论的分析与归纳可以发现，首先，旅游产业带通常是由运输干线、三大产业和沿线分布的经济中心、大中型城市构成。其次，可以认为旅游产业带具有至少四方面的基本特征：一是空间构成的条带性；二是构成成分的

复杂性；三是经济发展的动态性；四是旅游产业带整体的开放性。

5.3.2 新疆旅游产业带一体化战略的形成与布局

（1）新疆旅游产业带战略形成的历史过程。

新疆旅游产业带概念的提出历经了较长的实践孕育过程，直到“十二五”才明确出现于自治区旅游业发展规划中，其中一个重要背景是国务院 2009 年 41 号文件《关于加快发展旅游业意见》将旅游业提升到了国家战略性支柱产业的崭新地位。

在“十一五”的新疆维吾尔自治区旅游业发展规划中，已开始显露出旅游产业带的概念雏形。当时主要形成了“五区三线”旅游发展空间格局概念，提出打造两个世界级精品旅游区，形成三条丝绸之路旅游环线，即环准噶尔盆地游牧文化神秘之旅、环天山南北民俗风情浪漫之旅、环塔里木盆地特种旅游体验之旅。这就初步显现出以新疆旅游重点区和区域精品景区为节点，以交通主干线为轴线形成旅游经济带的基本轮廓。

到新疆维吾尔自治区旅游业发展“十二五”规划时，便直接产生了三大旅游产业带的理论概念与战略布局。规划明确提出以旅游区为重点，以高速公路、铁路和国道、航空网络为交通纽带，整合沿途辐射景区、节点城镇和旅游要素，构建新疆“一轴、两翼”三大旅游产业带（天山北坡旅游产业带、环准噶尔旅游产业带、丝路中道旅游产业带）。

之所以在此提出三大旅游产业带战略，除了因西部大开发以来的“十五”和“十一五”两个发展期已经积累良好的基础条件之外，更为重要的是“十二五”新疆将迎来一个交通发展立体式推进的新革命。自治区旅游业发展“十二五”规划中所给予的重要阐述是：“‘十二五’期间，中国民用航空局将支持新疆构建东部国内航路、西部国际航路，加密乌鲁木齐至北京、上海、广州等国内主要机场及周边机场的航班，增加疆内机场至 19 个对口援疆省市机场的航线航班，加快喀什枢纽航线建设，鼓励航空公司执飞疆内环线，形成以乌鲁木齐为中心，向东连接内地、向西辐射中亚乃至欧洲的‘一网两扇’的航线网络布局。铁路方面，将完成精伊霍、乌精二线、奎北、乌准等在建 11 条铁路并投入运营，北京—乌鲁木齐、喀什、和田的高速铁路建成通车。到 2015 年，我区 14 个地州市首府城市及 14 个兵团师部所在地与乌鲁木齐全部连通高速公路，形成‘四横两纵’的高速公路骨架和‘五横七纵’的干线公路网格局。新疆作为亚欧大陆桥上的重要旅游通道和集散中心的地位正在形成，四大对外通道、六大口岸的建设和开放政策的实施及逐步推进，将形成国内外游客通过新疆‘西进东出’和‘东进西出’的新格局。新疆旅游业发展迎来了地位凸显、交通巨变、能量聚集、客源广阔的难得历史机遇期。”

新交通革命将极大地突破长期困扰新疆旅游业发展的“旅长游短”瓶颈，为构建旅游产业带经济空间布局打下更为坚实的基础。“十二五”时期，这些交通建设规划项目正在得到切实的落实与积极的推进，并且对新疆旅游业发展的巨大支撑效应已逐渐显现出来。

（2）新疆“一轴两翼”三大旅游产业带空间一体化的规划布局。

首先是天山北坡旅游产业轴心带布局。依据“十二五”规划，天山北坡旅游产业带以乌鲁木齐市、吐鲁番地区、伊犁地区、昌吉州、博州、哈密地区、石河子市、乌苏市、沙湾县、独山子为区划范围。该区域作为三大旅游产业带一体化空间布局的主轴，重点以乌鲁木齐都市圈旅游区为核心，以伊犁博州生态休闲旅游区、哈密休闲度假旅游区为重点，辐射带动以及奎屯、独山子等节点城市旅游发展。该产业带规划将充分利用312国道、星星峡—乌鲁木齐—霍尔果斯高速公路、兰新线等陆路交通，以及乌鲁木齐中心机场，伊宁、吐鲁番、那拉提、博乐、哈密支线机场组成的综合交通体系，合理组织系列精品旅游线路。

其次是环准噶尔旅游产业北翼带布局。作为三大旅游产业带一体化空间布局的北翼，“十二五”规划环准噶尔旅游产业带区域包括阿勒泰地区、塔城地区、克拉玛依市三地区。北翼产业带以阿勒泰生态旅游区为重点，辐射带动克拉玛依工业旅游区、塔城边境绿洲旅游区发展，以及216国道、217国道沿线哈萨克文化部落景区开发。该产业带规划以216国道、217国道，奎北铁路，阿勒泰、克拉玛依、塔城、喀纳斯、富蕴机场为交通纽带，共同构筑环准噶尔旅游产业带。

最后是丝路中道旅游产业南翼带布局。作为三大旅游产业带一体化空间布局的南翼，“十二五”规划丝路中道旅游产业带区域包括南疆喀什地区、克州、阿克苏地区、巴州、和田地区五个地州。南翼产业带以喀什克州民族文化旅游区、阿克苏龟兹文化旅游区为重点，辐射带动巴州大漠生态与特种旅游区、和田玉石文化旅游区发展。该产业带规划以314国道、315国道，沙漠公路，喀什、阿克苏、库尔勒、库车机场为交通纽带，培育丝绸之路中道旅游产业带。

（3）战略推进：三大旅游产业带核心区建设行动计划。

为突出重点抓住关键推进新疆旅游产业带战略布局，2013年7月，自治区党委、人民政府提出《新疆旅游业发展三年行动计划》，确定培育优化三大旅游产业核心带，力争用三年时间全面推进“三带四轴五区七线”产业发展空间布局，进一步加快新疆旅游业健康发展。

三大旅游产业核心带的构成，就是在“一轴两翼”旅游产业带大空间格局中突出核心旅游区域加以重点培育和突破，这三大核心旅游区域具体为天山廊道世界遗产旅游产业带、丝绸之路帕米尔历史民俗文化旅游产业带与阿尔泰山千里

旅游画廊生态旅游产业带。

四轴五区七线空间要素结构体系，四轴是 312 国道、314 国道、217 国道、218 国道。五区为乌—昌—吐中心旅游区、伊犁草原生态旅游区、喀什克州民俗文化旅游区、阿勒泰生态旅游区、巴州特种旅游区。七线包括：①乌鲁木齐—天池—吐鲁番环天山黄金旅游线；②乌鲁木齐—天池—可可托海—喀纳斯—克拉玛依—乌鲁木齐环准噶尔生态旅游线；③乌鲁木齐—赛里木湖—霍尔果斯—伊宁—特克斯—喀拉峻—那拉提草原民俗文化旅游线；④乌鲁木齐—吐鲁番—库车—阿克苏—喀什—塔什库尔干县丝绸之路历史民俗文化经典旅游线；⑤乌鲁木齐—独山子—乔尔玛—那拉提—巴音布鲁克—库车穿越天山精品旅游线；⑥乌鲁木齐—吐鲁番—库尔勒—塔中—民丰—和田沙漠绿洲旅游线；⑦乌鲁木齐—吐鲁番—哈密—敦煌丝路风光旅游线。

三大旅游产业带的规划首次使新疆旅游业开发战略形成了全区统一协调的旅游产业空间结构一体化布局，对推进新疆旅游业战略性支柱产业向规模化、协作化与集约化发展具有重大的规划价值与战略先导作用。三年行动计划则体现了对重点目标和实施操作方案更为明确的优化。

5.4　推进城镇旅游化与旅游城镇化协同发展战略

旅游业发展必须依托城镇化建设来提供基础设施与基础性产业经济的支撑保障。同时旅游经济开发也将带来旅游城镇化的不断发展，为新型城镇化提供特色产业经济的动力引擎和综合平台。因此新疆旅游资源的战略性开发必须与新型城镇化建设协同推进。特别是新疆旅游产业带一体化战略，应着力整合产业带区域内各地州市县城镇资源来协同推进旅游经济发展，积极促进旅游城镇体系的一体化分工协作向深度发展，从而提升产业带的城镇旅游服务经济规模化、集约化、高级化、精品化和全域化能力。在新疆旅游资源战略性开发的历史进程中，“十一五”显然是自治区推动旅游城镇化的一个重要时期，在这一时期中所实施的优秀旅游城市创建和旅游强县创建活动构建起新疆旅游城市体系的基本框架，为“十二五”新疆加强旅游城镇化战略奠定了进一步发展的重要基础。

5.4.1　以创建优秀旅游城市为重点的“十一五”旅游城镇体系雏形

（1）确立总体思路目标。

对于旅游业与城镇化协同发展战略的实施，新疆维吾尔自治区旅游业发展第十一个五年计划确定了以国家优秀旅游城市体系建设为核心的重点目标与策略，提出着力“完善十二座优秀旅游城市功能”，同时在县域层面推动旅游强县建设项目。

规划确定在“十一五”期间形成“以乌鲁木齐市为中心旅游城市，吐鲁番市、喀什市为重点旅游城市，以库尔勒、伊宁、阿勒泰、阿克苏、克拉玛依、石河子、哈密、昌吉、博乐为旅游依托城市的旅游城镇体系。继续深度开发城市周边景点，提升接待能力。同时配合国家城市化进程，积极开展创建‘自治区旅游强县’活动，重点推动旅游县城的设施建设与功能完善”。从以上表述中可以把“十一五”确定的优秀旅游城市体系建设思路概括为“围绕一个中心、抓好两大重点、形成八个依托节点”。

（2）以 12 个优秀旅游城市为主干的绿洲旅游城镇体系架构。

构建一个中亚地区旅游集散中心，即中心旅游城市乌鲁木齐市的发展“依托航空、铁路、公路的枢纽功能，完善商务会展和食宿购娱等接待设施建设；重点建设南山休闲度假旅游区、大巴扎、民街构成的二道桥民俗风情购物区以及南公园改建的民俗风情园。力争 2010 年发展成为中亚地区旅游集散中心”。

突出两个新疆民族特色旅游城市发展，即喀什和吐鲁番两个重点旅游城市的发展目标是“喀什市注重民族特色，保护高台民居，完善旅游接待服务功能；吐鲁番市注重品牌保护，突出民族特色，完善旅游接待服务功能”。

形成 8 个重点地州市花园式旅游城市节点，8 个依托节点城市的发展目标是“伊宁、阿勒泰、哈密、库尔勒、阿克苏、克拉玛依、和田、石河子、昌吉、博乐等旅游依托城市，提高综合接待能力和服务水平，向花园城市、重点旅游城市迈进”。

（3）“十一五”新疆绿洲旅游城镇体系建设的成效与战略意义。

基本可以肯定，新疆“十一五”确定的国家优秀旅游城镇体系创建战略取得了积极的成效。尽管 2008 年后国家已暂停优秀旅游城市的评定活动，但是新疆有 13 个城市达到了国家优秀旅游城市标准，获得了国家优秀旅游城市称号。这 13 个城市总体上较为均衡地涵盖了全疆地州（市）的重点城市，初步形成了南北疆旅游集散中心体系的总体格局。优秀旅游城市的创建不仅大大优化提升了这些城市的旅游集散中心服务功能和品牌形象，而更加重要的是强化了城市旅游经济的基本定位、推进了新疆旅游城镇的体系化建设，为三大旅游产业带战略的确立创造了重要条件。

旅游强县创建活动不仅取得了积极的成效，而且使旅游业与城镇化协同发展战略的实施更为深入和广泛，并使优秀旅游城市体系在县域层面获得支撑和延伸。目前新疆已建成国家级旅游强县 1 个、自治区级旅游强县 23 个，占到全疆

68个县的35.3%。所谓旅游强县，在新疆多数是重要旅游景区、旅游吸引物等资源分布的行政辖区，也就是新疆特色旅游开发的行政主体。因此，旅游强县创建活动带动了县域层面的特色产业开发，吸引当地的农牧业人口直接或间接融入旅游服务业体系中，在获得增收致富的同时逐步转移到特色旅游产品生产或旅游接待服务等非农经济领域，形成了以旅游业为主导的县域就地城镇化经济社会系统演进。从旅游资源条件、人口数量与绿洲碎片化地理环境等多方面要素来看，以旅游业为主导的县域就地城镇化对新疆众多的县域都具有显著的客观现实性和适宜性。新疆"十一五"以来的旅游强县创建成效可充分表明以旅游业为主导的县域城镇化是旅游业与城镇化协同发展的有效抓手，对新疆广大的绿洲县域城镇化发展具有重大的战略价值。

5.4.2　"十二五"新疆绿洲旅游城镇体系的全域化推进

有了"十一五"时期的建设积累与经验，新疆维吾尔自治区旅游业发展第十二个五年规划明确提出了构建新疆"旅游城镇体系"的战略目标，进一步升级和丰富由优秀旅游城市与旅游强县所初步构成的旅游城镇系统。"十二五"确定的新疆旅游城镇体系构建具有全域化、多层次和立体式的新高度，总体由以下5个层级系统组成。

（1）旅游集散中心的体系化构建。

新疆"十二五"规划的第一层级是"建设三个旅游集散中心体系"，包括乌鲁木齐旅游集散中心、喀什旅游集散中心和伊宁旅游集散中心。相比"十一五"关于"一个中亚地区旅游集散中心"的内涵阐述，"十二五"规划显然已将原来把乌鲁木齐市视为中亚地区旅游集散中心的眼光扩展到了新疆全域范围来考虑，战略视野更加宽阔和深入。其中有一个重大的国家政策背景就是2010年第一次新疆工作座谈会制定了新疆实现长治久安和跨越式发展的战略对策，其中确立了喀什国家级经济特区和霍尔果斯边境国际合作中心的特殊发展政策。国家级特区的设立极大地提升了喀什和伊宁的经济发展地位和功能，也被赋予承载新疆重要旅游集散中心的关键作用。

从功能划分上看，"乌鲁木齐作为全疆旅游集散中心的功能，建设集政府的权威性和旅行社的业务性于一体的旅游集散中心服务体系""培育以喀什为基地面向中亚、南亚的国际旅游集散中心，加强南疆旅游集散中心服务功能建设；配合喀什向西出口加工基地和商品中转集散基地的建设，把喀什建设成国际商贸旅游集散中心""充分利用霍尔果斯边境国际合作中心和霍尔果斯口岸欧亚大陆桥的优势，强化旅游集散中心的功能建设和管理，加强与中亚地区旅游合作，推动次区域经济合作，联合开发国际旅游线路"。

（2）地州旅游中心城市体系的完善。

新疆“十二五”规划的第二层级是“完善八座旅游中心城市”，包括库尔勒市、阿克苏市、阿勒泰市、吐鲁番市、哈密市、和田市、克拉玛依市和博乐市，主要“完善旅游接待服务功能，建设旅游集散中心、旅游咨询服务中心，强化旅游信息咨询服务功能，提升综合接待能力和服务水平，突出地域文化特色，打造城市品牌形象，继续深度开发城市周边景点，加强旅游目的地功能建设”。

可以看出，这 8 个城市的确定是在 13 个优秀旅游城市中特别考虑了各地州旅游集散中心功能的问题，强调了这 8 个优秀旅游城市在地州层面中不可替代的集散中心地位和社会经济资源优势。8 个城市之外的另两个重要优秀旅游城市昌吉市和石河子市虽没有被划入这个体系，但并非降低了其地位功能，应该是考虑了这两个城市已融入“乌昌石”城市群的缘故。事实上，也可以认为这 8 个城市承担了新疆二级或三级旅游集散中心的功能，是对第一层级集散中心的补充和完备。

（3）培育旅游节点城镇体系。

新疆“十二五”规划的第三个层级是“培育十个旅游节点城镇”，包括布尔津、富蕴、和布克赛尔、裕民、巴里坤、奎屯、库车、叶城、民丰、若羌等城镇形成一批旅游节点。由于新疆地域十分辽阔，城市之间的交通间隙极大，是“旅长游短”最直接的问题和表现形式。因此，仅靠三大集散中心和 8 个旅游中心城市所构建的旅游城市体系在空间上是十分稀疏的。这就需要选择交通和旅游资源条件比较优越的县级城镇来构成一个旅游节点体系，弥补三大集散中心和 8 大旅游中心城市体系的空隙，积极“加强旅游接待服务体系与旅游基础设施建设，优化旅游线路组织形式，充分发挥旅游节点作用”。

（4）充实旅游强县体系建设。

新疆“十二五”规划的第四层级是充实旅游强县体系，“强化旅游强县的接待功能”，确定“配合国家城市化进程，积极推进中国旅游强县布尔津，重点推动库车、特克斯、新源、鄯善、富蕴、巩留、巴里坤、吉木萨尔、奇台、玛纳斯、和静、温泉、沙湾、裕民等自治区旅游强县的旅游服务设施建设、旅游开发与环境保护，强化旅游服务接待功能，提升旅游产业综合功能和效益，提高旅游经济发展水平”。

显然，旅游强县突出的是旅游经济水平，是新疆优秀旅游景区旅游吸引物的承载区域，是重要旅游物质产品和服务的直接供给地。因此旅游强县体系与旅游节点城镇体系有一定的交叉重叠关系。其实第三和第四层级之间更多的是平行关系，较难以区分上下之间的层级性。

（5）构建特色旅游城镇体系。

“十二五”规划的第五层级是构建特色旅游城镇体系，确定把布尔津县、石

河子市、特克斯县、独山子区、吉木乃县、塔城市、塔什库尔干县、巴音布鲁克镇、那拉提镇、察布察尔县、可可托海镇、阿合齐乡12个城镇打造成新疆各具特色的旅游城镇。具体就是从南北疆不同地方的自然地理、人文风俗等资源配给特点与集中度、知名度等代表性因素考虑，围绕新疆旅游特色的主线进行品牌定位规划，将这些城镇作为新疆优质旅游品牌的城镇载体加以重点建设和营销推介。"十二五"规划关于12个城镇旅游特色的规划定位是对新疆旅游城镇长期建设成就的新概括与再提炼，凝练了它们独具优势的典型旅游特色基因并提出了旅游城镇化建设的重点方向。

从上述关于新疆"十二五"旅游城镇体系的战略性规划可以看出，明显深化了旅游资源开发与城镇化之间的协同契合关系。规划不仅考虑完善新疆旅游城镇体系规划的层级结构关系与地域分布均衡关系，而且比较深入地考虑旅游开发与新疆城镇化经济产业之间的相互促进与相互支撑性关系，是一种产城融合的发展思路与模式。可以肯定，新疆"十二五"对旅游城镇体系化的推进思路是一个更为完整的旅游城镇系统构建设想，不仅让旅游资源战略性开发载体越来越宽厚，而且将有助于促进新疆发展区域特色的新型城镇化模式与路径，尤其对新疆农牧业地州县域、沿边县域就地城镇化体系建设非常具有战略性价值。

5.5 本章小结

改革开放事业的推进和中国旅游业的蓬勃兴起使新疆旅游业获得了巨大的发展动力，并逐渐形成了旅游资源的战略性开发态势。特别是"十一五"以来的新疆旅游业开发，逐渐形成了以战略性支柱产业定位、旅游产业带空间优化战略和旅游城镇化发展为主要标志的高规格、高水平和高目标发展战略。

旅游资源的战略性开发对培育各地州（市）形成绿色生态优势的旅游支柱产业、对改善广大农牧业地区民生与就业、对促进绿洲中小城市群一体化发展产生了十分积极的效应。

旅游资源战略性开发所产生的积极效应本质上正是对新疆城乡一体化发展的促进，是推进新疆实现新型城镇化的一种行之有效的动力和途径，不仅已发挥出对缓解绿洲城镇孤岛效应的影响力，而且将会产生更积极有效的作用。

参考文献

[1] 国务院关于加快发展旅游业的意见（国发〔2009〕41号）.
[2] 新疆维吾尔自治区人民政府．新疆维吾尔自治区旅游业发展第十一个五年规

划，2006.

［3］新疆维吾尔自治区人民政府．新疆维吾尔自治区旅游业发展第十二个五年规划，2011.

［4］新疆维吾尔自治区人民政府．关于推进旅游业跨越式发展的意见（新党发〔2011〕10号）.

［5］新疆维吾尔自治区旅游局．新疆旅游业发展三年行动计划，2013.

［6］新疆维吾尔自治区人民政府．新疆城镇体系规划（2012～2030年），2012.

第6章　论证报告五：旅游产业带开发与绿洲城市群协同发展的分形机理

6.1　理论基础

6.1.1　文献回顾

现代旅游业对我国乡村面貌与城镇化形态影响日益突出，旅游地域在乡村与城镇广泛渗透已使旅游城乡空间经济关系成为重要的区域发展问题。20 世纪 70 年代西方学者率先开启旅游空间结构研究，80 年代中国学者开始相关探讨（张亚林，1989）。21 世纪以来，中国旅游大国地位上升，使旅游与城镇的空间结构关系在区域发展领域日益凸显（李雪等，2012）。旅游城镇化动力学说（林峰，2013）与旅游产业带规划等新理论的探讨和实践，形成了对旅游与城镇协同关系（宋子千，2012）的深入思考，也为新型城镇化模式创新提供了新思路。

在方法论上，旅游空间结构研究主要以中心地、点—轴扩散和增长极等经典理论为基础，但对类似绿洲岛链碎片化空间结构的分析则有局限性。碎片化是旅游空间不规则结构的突出现象，在干旱区旅游产业带开发中直接表现为绿洲城镇孤岛效应和“旅长游短”问题。近年我国学者积极尝试了曼德尔布罗特（Mandelbrot）的分形论来分析这类问题（陈彦光，1997；戴学军等，2005；高元衡等，2009；刘大均等，2013）。产生于 20 世纪 70 年代的分形论正是针对不规则空间结构的新方法论，可揭示碎片化空间结构的标度不变性和自相似性等混沌特征。1981 年，由托马斯·韦廷（Thomas A. Witten）和雷纳德·桑代（Leonard M. Sander）提出的扩散受限凝聚（简称 DLA）模型，揭示了分形体非平衡生长的 DLA 原理，形成了空间聚集分形理论基础。

21 世纪以来，DLA 理论对我国旅游空间结构的研究创新已产生积极影响。如戴学军等提出了旅游景群空间结构存在扩散受限凝聚（DLA）特征。高元衡等在分析桂林旅游景区空间结构分形中也有相关引述："旅游景区空间结构的演化类似于扩散受限凝聚（DLA）模式。在旅游流的作用下，相邻的旅游景区组成旅游景群，随着旅游流的流动和不断地聚集，形成空间范围更大的景观组团，在地理空间上表现为以中心景群为核心，通过旅游流联系的多层次的空间结构。"刘大均等总结了旅游景群体系 DLA 演化模式从点状模式、聚集模式向多中心模式和一体化发展模式演进的四阶段理论。

6.1.2 分形 DLA 生长原理

6.1.2.1 分形体的 DLA 随机生长

（1）分形生长概念。

分形理论对空间聚集规律的表达是分形生长理论，为探知分形体的生成机理建立解析自然界分形生长的模型，DLA 是最重要的模型之一。朱华与姬翠翠编著的《分形理论及其应用》的阐述是：分形生长即指一个分形对象随时间而增大的过程。本课题定义景群 DLA 生长即指景点粒子遵循 DLA 生长规则聚集发展过程的萌发与扩展之动力、路径、形态以及环境因素等的总和。

（2）分形体 DLA 随机生长规则。

参阅张济忠著的《分形》及朱华和姬翠翠编著的《分形理论及其应用》相关阐述，DLA 模型是典型的随机生长分形，其生长规则模型可简述为：设定某尺码半径的二维方形点阵，在阵中央放一颗种粒子作为核；然后从边界（粒子源）随机发射一颗粒子，该粒子随机向种粒子行走，步长对各方向保持恒定，到达种粒子则成为核的一部分；重复发射粒子便形成粒子聚集，核长到一定程度会出现无规分叉，形成树枝状的轴树结构，称为 DLA 颗粒簇或 DLA 粒子群，其形状大小取决于发射的粒子总数，数量越多颗粒簇便越大越复杂。图 6－1 是计算机模拟的 3000 个微粒凝聚成的 DLA 粒子群示意图。

6.1.2.2 分形体 DLA 非平衡生长特征

（1）有别于布朗模型的随机生长动力机制。

在分形体 DLA 随机生长模型中，DLA 粒子的随机运动显然不同于布朗运动随机现象，主要表现就是进入二维方阵的每个粒子的运动位置与先前发射粒子的位置具有相关性。通常在运用 DLA 模型实证时，研究对象的静态特征较多地被关注，实际上该模型更反映 DLA 分形体的动态演化时空规律。

图 6－1　由 3000 个微粒凝聚成的 DLA 粒子群

（2）非平衡生长与 DLA 点—轴树结构。

关于 DLA 轴树结构的生成机理（见图 6－1），参阅朱华和姬翠翠的《分形理论及其应用》及其他相关文献，可归纳为：对于 DLA 树枝状生长形态目前尚缺数学解析模型，屏蔽效应是其一般的定性解释。即随机的统计特性使凝聚体表面形成凹凸部位，而凸起部位比凹坑部位生长快得多，呈现非平衡生长。于是新粒子绝大多数聚集于 DLA 粒子群的尖端（凸起）附近，仅有少量会进到沟槽（凹坑）部，最终形成多分枝的轴树结构体。也就是说，DLA 粒子群周围各点处的生长概率不同，尖端部概率较大。对于理想化的理论模型，DLA 粒子群可达到由多个轴树构成的中心对称结构。

在 DLA 非平衡生长机理中，点—轴扩展是 DLA 粒子群轴树结构生长的基本模式，本课题表述为 DLA 点—轴树。空间分形 DLA 点—轴树结构显然在客观世界是普遍的，如自然界丰富的雪花体、植物体等，对于旅游空间结构、城镇空间结构和交通空间结构的演化等也应符合同样的客观规律。

6.2　构建分析模型

6.2.1　研究假设

基于旅游景群空间结构演化符合 DLA 规律的判断，本课题设立三个假设条件，构建推断旅游产业带景群开发与城市群协同发展的 DLA 分析模型。

H1：旅游景群开发与城市群的协同发展过程遵循 DLA 非平衡生长机制。

对相关概念作如下界定。

（1）景群结构 DLA 演化的二维方阵与构造粒子。

模拟 DLA 二维点阵，假设旅游产业带开发区域均为有内部同质性的旅游系统，区域内城乡交通网即是景群 DLA 的近似二维空域。按照“中国旅游景区 5 级质量标准”（GB/T 17775－2003），1A 级景区由最低标准旅游吸引物景点构成、高 A 级景区是更高质量和更多数量吸引物形成的景点群。界定旅游区是含有若干景区的景区群，景群既可指景点群也可指景区群，即景点是景区的构造粒子，而景区为旅游区的构造粒子。

相较于 DLA 理论模型，此刻 DLA 粒子是域内随机分布的待开发旅游吸引物，当旅游吸引物被选择为开发景区时意味着粒子的随机释放。本课题界定的旅游产业带景群开发便指 A 级景区及其景区群，种粒子就是居中心地位的最高级别景区。

（2）引力域。

在此定义景区引力为吸引游客产生旅游愿望与行为的效能，表现为吸引游客的规模、消费程度及持续强度等。景区规格越高则引力越大，往往成为景群生长凸起点，而种粒子景区作为生长根引力也最强。本研究把景区引力的作用区域表述为引力域。

（3）景群结构扩散受限凝聚效应。

由 DLA 原理，景区引力域有相互作用关系：高规格凸起点的引力域较大，对邻近低规格景区引力域形成叠加效应；低规格景区引力域受高规格凸起点吸引而向其融合，形成引力域叠加扩散联合体（称扩散凝聚效应）；同时景区引力域又相竞争而互斥（称屏蔽效应）。也就是说，景区引力域之间既融合又排斥，尤其规格相当的景区之间引力域排斥倾向会较大，当景区间隔足够远时便形成相对独立的引力域。

上述两种效应使根粒子引力域扩散受限凝聚，呈无标度自相似仿射性迭代过程在产业带二维空域传导蔓延。仿射性迭代使各级凸起点引力域局部凝聚，最终以根粒子景区为核心构成弥漫于产业带二维空域的景群体系。以上生长过程的效率水平取决于城乡交通网质量及其协同发展程度，也就是产业带景群与城市群空间经济是否形成有效的协同关系。

（4）景群结构扩散受限凝聚的经济意义。

依据旅游经济规律，引力域扩散凝聚的本质应是旅游景区经济对旅游品牌效应、旅游交通设施、旅游服务产业、旅游信息资源和游客市场资源等的共享需要，是旅游规模经济和聚集经济的表现。屏蔽效应主要是不同旅游景区经济作为相对独立主体产生的市场竞争与差异化发展；而所谓双效应作用形成引力域扩散受限凝聚，则表达了相应条件二维空域下实现资源配置效用最大化的空间均衡模

式，反映了空间资源配置的分形效率机制。

因此构成二维空域的城乡交通网结构以及城镇化经济水平的不同便导致空间配置结构与效益的差异，表现为DLA分维数差别。比如，绿洲城镇由于碎片化突出以及交通网稀薄，于是景群DLA空间资源利用效率会降低。可见，提高效率的关键就是促进旅游产业带景群开发与绿洲城市群形成有协同效率的结构关系，包括交通网络结构、景群布局结构、城镇集散中心体系结构以及产业结构的协同关系。于是其协同程度便表现于景群DLA分维质量、城镇交通网水平、旅游城市群发展和旅游支柱产业成长等重要方面。

（5）景群点—轴树结构。

参照GB/T 17775－2003，设5级景区构成景群点—轴树谱系，即从1A到5A依次是5个规格的景点群点—轴树序列。产业带景群DLA点—轴树是由多中心景点群点—轴树集成的景群联合体，最高级景区（比如5A）是一级中心，依次可类推各等级中心。那么打造5级全谱系景群系统，应是旅游产业带形成高效益旅游空间结构的必要条件。

景群DLA点—轴树应存在彼此关联的两个结构视图，一是景群空间结构，二是旅游流结构。旅游流是反映旅游景区引力域效能的指标，旅游流的大小、流向与变化趋势等就是引导景区开发布局的市场信息，所以景群空间结构DLA演化以旅游流为市场向导；反之，作为旅游流的实体空间，景群DLA点—轴树构造是对旅游流导向的选择。显然，旅游流的市场效率对景群DLA点—轴树空间结构效率有决定性作用，而后者则反作用于前者。

H2：旅游景群DLA城镇协同模型遵循双动力机制。

上述“中国旅游景区5级质量标准”核心指标包括资源与市场吸引力、交通建设与服务管理等。其中市场因素表明了A级景区开发的市场属性，而公共产品、区域规划与民生建设因素则是政府公共管理属性。因此旅游景群DLA城镇协同模型设计应符合市场驱动和公共产品供给双动力协作机制，即市场机制与政府管理的双重作用。

H3：旅游景群DLA与城市群协同发展可由结构与效益指标评价。

由H1和H2，评价指标可划为两方面：一是结构评价指标，从DLA分维数判断景群是否形成有效率的向心凝聚紧致结构。二是效益评价指标，从旅游业与城镇发展的融合性判断协同效益，包括旅游支柱产业水平、城乡民生改善以及旅游城镇化水平等。结构与效益互为依存，两方面同时达到较优水平便可以推定旅游产业带景群DLA与城市群形成较好的空间经济结构协同关系。

6.2.2 对旅游景群DLA生长区的解释

根据以上假设以及相关研究与实际观察可以发现，中心景区型聚集或城镇交通型聚集是景群开发 DLA 的高概率生长区。比如，苏章全等曾有类似研究结论："一般旅游目的地的中心景区或交通中心具有较强的凝聚力和辐射力，会吸引一些景区（点）在其周边聚集，从而形成一定的聚集效应。"本课题作如下 DLA 解释。

（1）景区优越型生长区。

景区优越型生长区即中心景区型聚集，指有较高引力域的景区具有吸引周边旅游吸引物获得优先开发的综合优势，往往成为 DLA 的关键生长凸点，随旅游流增长形成引力域扩散凝聚效应，促使邻近区域内的城镇交通资源以该景区为中心聚集开发，形成旅游产业增长区。比如，5A 景区等高水平景区就很有代表性。

（2）城镇交通优越型生长区。

城镇交通优越型生长区即城镇交通型聚集，指在交通便利的城镇集散中心地及沿线，优越的通达条件同样使之成为景群成长凸起点，使快速增长的旅游流吸附周边旅游资源开发。这类情况往往在城镇较发达区域很有代表性。

6.2.3 景群 DLA 空间结构的计量评价模型

6.2.3.1 计量方法

若以上假设成立，则说明旅游产业带景群开发的空间结构演化遵循 DLA 随机生长分形规则，分形状态可通过聚集维数测度评价。

由 DLA 基本原理，二维 DLA 模型的分形维数介于一维直线和二维平面之间，DLA 结构体越接近填满二维平面，则其维数值越大，并接近于 2。采用通常的 DLA 分形生长模型的分形维数（聚集维数）计量回转半径法，即假设旅游产业带景群开发空间结构按某种自相似规则围绕中心景点形成凝聚态分布，且回转半径 R 与景区体系总的半径呈线形比例，即分形体是各向均匀变化的，同时不考虑边界效应，且系统不是一个几何上的多重分形，则可确定作为景点粒子数目 $N(R)$ 的函数与回转半径 R 的关系，那么

$$N(R) \propto R^D \tag{6-1}$$

如果假设正确，则测算旅游产业带景群空间聚集分维数。为避免半径 R 的单位取值影响分维数值，一般可用平均半径代之，即

$$R_N \equiv \left[\left(\frac{1}{N} \sum_{i=1}^{N} r_i^2 \right)^{\frac{1}{2}} \right] \tag{6-2}$$

则得旅游景群开发 DAL 空间结构分维关系：

$$R_N \propto N^{-D} \tag{6-3}$$

其中，R_N 为平均半径，r_i 为第 i 个景点到中心景点的欧氏距离（称重心距），N 为景点个数，符号［…］表示平均。

6.2.3.2 景群 DLA 分维数的定性解释

由 DLA 原理，旅游产业带景群开发 DLA 分维数 D 表示旅游景群空间结构从中心景点向周边腹地的分布密度变化特征值，反映景群中心景区的中心性水平与 DLA 结构的紧致性，是判断旅游产业带开发与城市群空间结构协同的定量依据。

（1）有分形效率的景群 DLA 结构。

当 $D<2$ 时，表明旅游景群从中心景点向周边腹地分布呈密度递减变化。此时景群结构向心凝聚，形成 DLA 一体化紧致空间，即中心性功能强、景群体系关联度高且景区开发对空间和景点资源的利用达到较高效率，便称为有效率的 DLA 分形。这就表明景群体系与城市群之间优良的协同关系，进一步需要评估产生的经济效益。

有 DLA 分形效率景群结构的特征表现：①此时分维值 D 越大景群凝聚体越密实，反之景群凝聚体越稀疏；②若 D 值趋近 1，则该向心凝聚景群呈线形带状分布，与轴线型城镇交通网空间契合，景群布局主要沿交通轴线蔓延，称为廊道旅游带；③若 D 值趋近 2，那么该向心凝聚景群呈平面型的宽阔空间分布，契合较完整的二维平面状城镇交通网空间，景群布局有较明显的中心对称特征，较宜构造旅游圈域；④旅游带和旅游圈在一定的无标度空间中有嵌套性，即二者可相互包含。

（2）退化的景群 DLA 结构。

当 $D=2$ 时，表明旅游景群从中心景点向周边腹地分布呈密度均匀变化，无凝聚态结构关系，称为 DLA 分形退化。

（3）非正常的景群 DLA 结构。

若 $D>2$，则表明旅游景群从中心景点向周边腹地分布呈密度递增变化，属非正常结构。

6.3 阿勒泰典型案例实证

本课题选取新疆阿勒泰地区为实证样本，通过结构和效益的评价，对所构建的旅游景群 DLA 城镇协同模型进行案例实证检验分析。

6.3.1 样本特征

6.3.1.1 绿洲与旅游发展特征

阿勒泰是准噶尔盆地北缘半干旱地州，2013 年被列为国家限制开发的生态功能区，在11.78万平方公里内沿阿尔泰山谷地、额尔齐斯河流域与乌伦古河流域分布的若干块绿洲，形成了6县2市54个乡镇和11个农牧团场的绿洲小城镇群落。全区36个民族近75万人口（哈萨克族近50%），城镇户籍人口约56%。旅游资源主要包括阿尔泰山森林草原、地质景象、河流湖泊等生态景观以及牧区历史人文风貌等高品质形态，沿山沿河沿交通干线呈典型条带状空间分布，依托6县2市绿洲团块发展而有明显的空间大分散布特征，“旅长游短”问题突出。

新疆“十二五”确立的环准噶尔旅游产业带等三大旅游产业带战略，特别是《新疆旅游业发展三年行动计划》确定重点培育阿尔泰山千里画廊生态旅游带（以下简称画廊）开发。其中环准噶尔旅游产业带规划包括阿勒泰、塔城和克拉玛依市三个地区。画廊生态旅游带是环准噶尔旅游产业带核心区，东西直线跨度约300公里。下面以画廊作为阿勒泰旅游产业带主要吸引物空间形态进行实证分析。

6.3.1.2　旅游基础交通特征

图6-2为画廊交通示意图（2003年），图中国道与省道及旅游公路形成一定的网状结构，主要分布在阿尔泰山及其冲积扇绿洲带上，216国道和217国道为主轴线，因此以喀纳斯湖或可可托海景区为中心的城镇交通网分布空间均呈狭长形廊道。该图表明，千里画廊已具备较好的通达条件。目前该区域旅游交通网已通客运火车，高速公路直通阿勒泰市，喀纳斯湖和可可托海等高级别景区大多建成了高水平的旅游公路，打通两大核心景区贯通阿勒泰市的千里画廊旅游公路已在建设中。随着2017年新疆高铁的开通，将进一步促进旅游带旅游交通网达到较优水平。

6.3.1.3　旅游带景群结构的直观特征

图6-3为旅游圈域规划图，图中旅游圈域便类似若干凸起点凝聚的局部景群点—轴树。其中，喀纳斯旅游圈域景区粒子密度最高，是画廊旅游的一级中心区；可可托海5A景区也可归为一级中心；3个4A级旅游圈域则视为二级中心。各圈域都有相对独立的引力域，不过都极大地受到喀纳斯旅游区引力域的覆盖叠加影响。若图6-3标出交通线路，全图便类似以各圈域为景区粒子、以喀纳斯为生长根、以216国道和217国道为树轴自西北向东南延伸的点—轴树。由于两个5A景区都不位于阿勒泰地区的地理中心区，因此千里旅游画廊点—轴树除局部外整体不具中心对称性，图式为典型的廊道旅游带形态。

6.3.2　旅游景群DLA与城市群协同发展的空间结构评价

6.3.2.1　DLA分维数测算与分析

截至2014年，阿勒泰千里生态旅游画廊景群的国家A级景区已近50个，在新疆15个地州（市）中位居前列，其中5A级景区喀纳斯湖和可可托海构成了

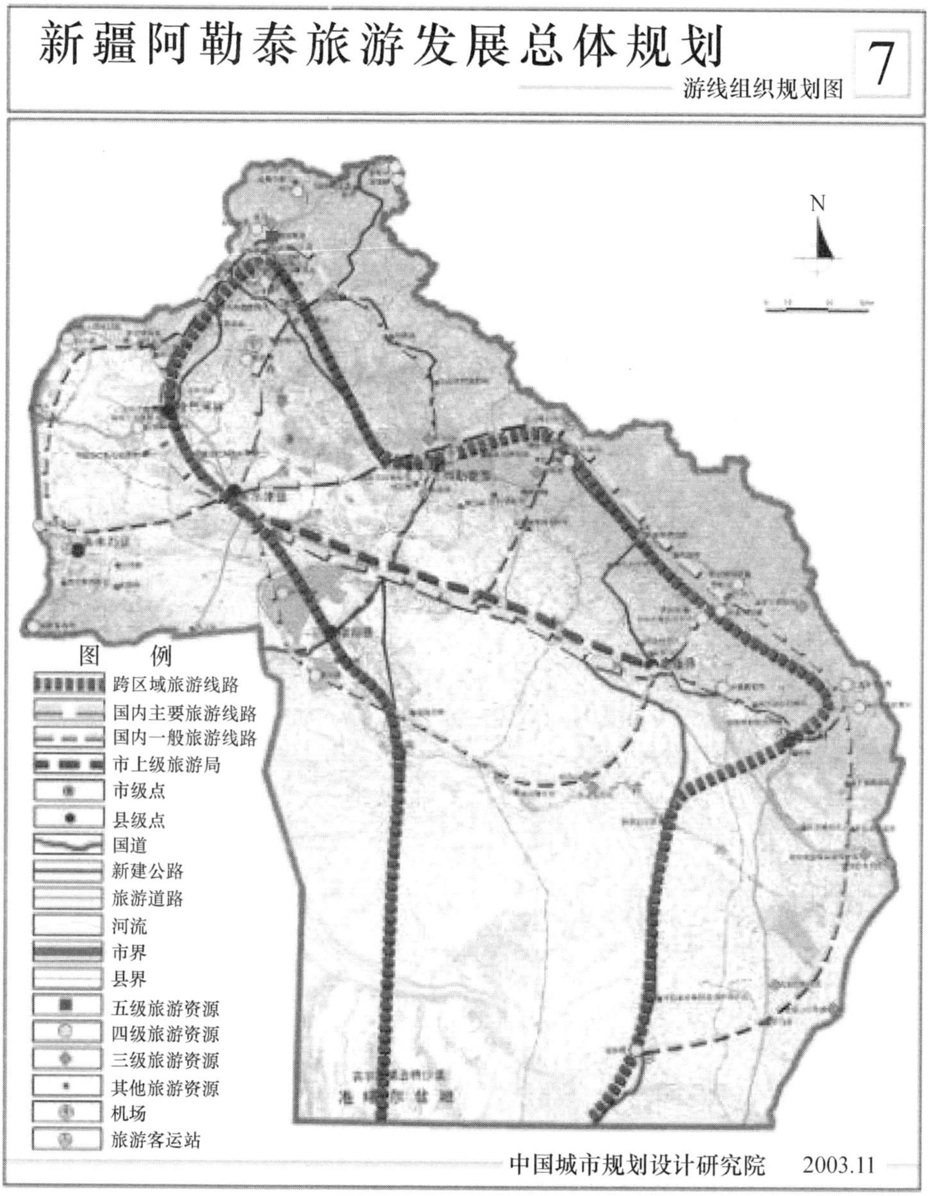

新疆阿勒泰旅游发展总体规划

7

游线组织规划图

N

图　例

跨区域旅游线路
国内主要旅游线路
国内一般旅游线路
市上级旅游局
市级点
县级点
国道
新建公路
旅游道路
河流
市界
县界
五级旅游资源
四级旅游资源
三级旅游资源
其他旅游资源
机场
旅游客运站

中国城市规划设计研究院　2003.11

图 6－2　画廊旅游交通网络示意图

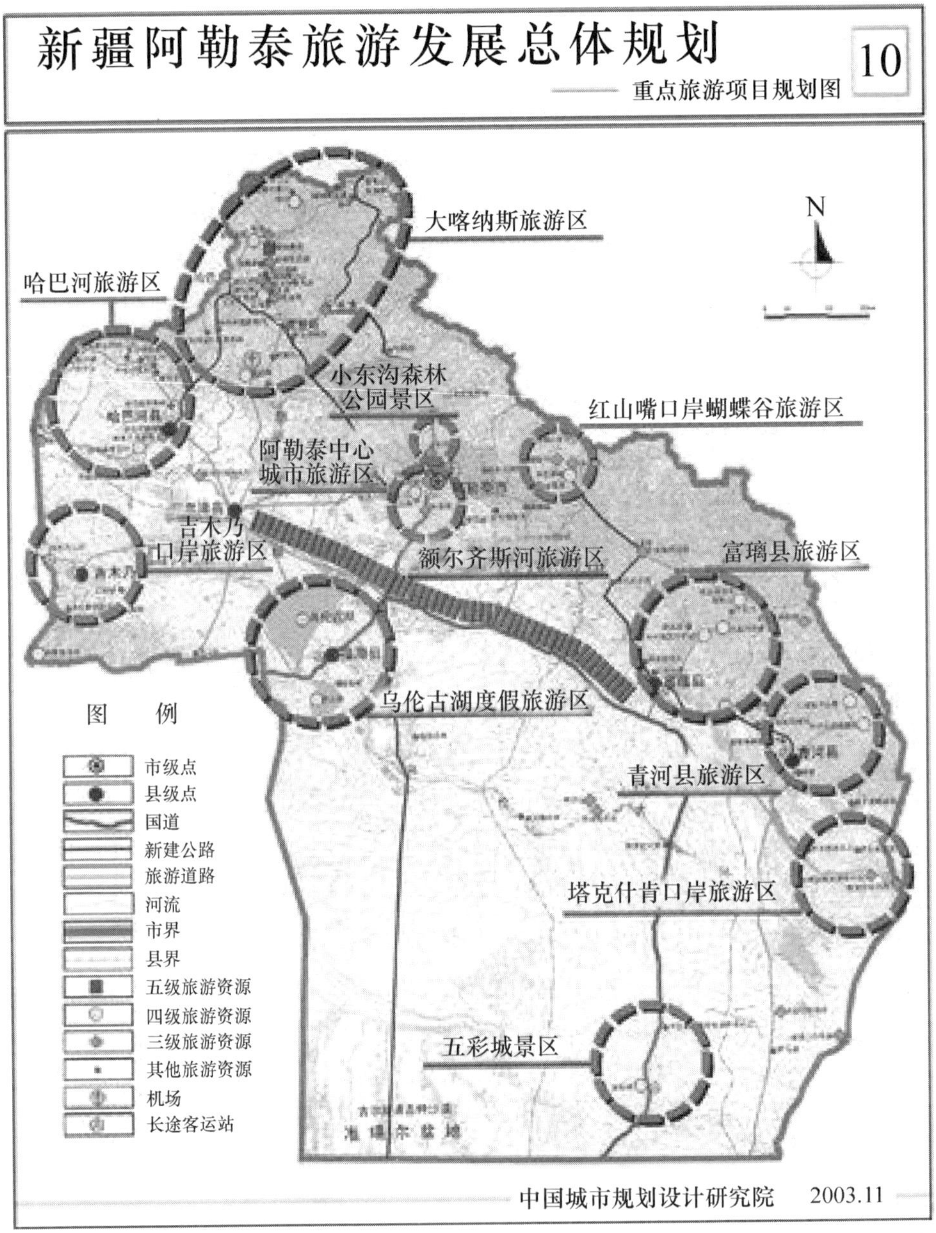

图6-3 画廊景区系统树状结构与带状分布示意图

旅游带的双核。以下选主要的9个中心性景区作为景群凸起点样本（见表6-1），由回转半径近似计算公式，利用交通地图GIS数字化取得景区间的乌鸦距离值，

分别以喀纳斯湖和可可托海两个5A级景区为一级中心进行模型测算。

表6－1 阿尔泰山千里画廊生态旅游产业带景区系统景点分布的重心距和平均半径

喀纳斯湖一级中心景区				可可托海一级中心景区			
代表性景区（点）	N	r_i	R_N	代表性景区（点）	N	r_i	R_N
布尔津县喀纳斯湖（5A）	1	0	0.00	富蕴县可可托海（5A）	1	0	0.00
布尔津县五彩滩（4A）	2	35	24.75	阿勒泰市五指泉（3A）	2	51	36.06
哈巴河县白桦林（4A）	3	37	25.70	青河县塔克什肯口岸（2A）	3	63	41.91
哈巴河县白沙湖（3A）	4	54	34.99	福海县乌伦古湖（4A）	4	79	53.64
阿勒泰市五指泉（3A）	5	62	41.81	布尔津县五彩滩（4A）	5	100	65.59
吉木乃县口岸（3A）	6	73	48.43	布尔津县喀纳斯湖（5A）	6	111	75.09
福海县乌伦古湖（4A）	7	80	54.08	哈巴河县白桦林（4A）	7	113	81.59
富蕴县可可托海（5A）	8	111	64.02	吉木乃县口岸（3A）	8	130	89.09
青河县塔克什肯口岸（2A）	9	170	82.79	哈巴河县白沙湖（3A）	9	137	95.61

数据来源：《新疆维吾尔自治区旅游交通地图册》（2006）。

计算得DLA分维值，如表6－2所示。由于聚集维数$D<2$，根据DLA维数的定性解释，得到以下基本结论：

（1）千里旅游画廊景群以喀纳斯湖5A级景区或可可托海5A级景区为一级中心均呈向心凝聚的一体化紧致空间，即中心性功能较强、景群体系关联度较高，显示出景区群开发对地理空间和景点资源的利用有较高效率，属于有效率的DLA分形，于是可推断画廊景群体系与城市群在空间结构上有较好的协同性。

（2）两个聚集维数都趋近1，表明景群分布属于廊道旅游带类型，契合于阿勒泰绿洲景区资源及城镇沿山谷、流域和交通线分布的空间自然特征。

（3）由于仅这9个景区作为样本点是偏少的，故测算出的景群结构看起来很稀疏，但作为景群高生长区的凸起点原本就不会太多。虽然所测分维值偏小，但基本可以反映出景群分布空间的碎片化形态。

（4）总体上两个5A级核心景区互为依托构成双核廊道旅游带结构，有利于景群结构的紧密性以及旅游城市群的协同发展。可以认为，该画廊景群已处于由中心聚集向高凝聚的多中心一体化发展阶段。

表 6－2　阿尔泰山千里画廊生态旅游产业带景区系统聚集维数值

测算中心点	D 值	R^2
喀纳斯湖一级中心景区	0.896	0.950
可可托海一级中心景区	0.689	0.988

数据来源：《新疆维吾尔自治区旅游交通地图册》（2014）。

6.3.2.2　结构特征与性质分析

（1）景群生长根与引力域特征。

从景区资源品级、知名度、市场吸引力、旅游辐射力等指标判断，喀纳斯湖无疑是千里旅游画廊景群点—轴树最核心的凸起点，其他各旅游圈域都可被视为喀纳斯生态旅游的生长部，事实上喀纳斯旅游的吸附力沿 216 国道和 217 国道已影响到邻近的乌昌、塔城和克拉玛依等地州（市）旅游板块。图 6－3 中 4A 级以上旅游规划区域均为中心景区型聚集，是千里旅游画廊景群开发的主要高概率区，也是阿勒泰旅游业发展的主要生长区。

（2）中心景区聚集型生长特征。

阿勒泰千里生态旅游画廊景群 DLA 点—轴树生长的凸起点明显以中心景区型聚集为主。从阿勒泰地区旅游景区产品构成来看，主体是自然生态型。因此自然风光中心景区型聚集特征极为显著，高品级生态景区往往成为一定县域范围旅游业发展的关键，带动相关县、乡镇的旅游资源开发，即各县、乡镇围绕景区旅游市场形成餐饮、宾馆酒店、运输、特产、娱乐文化等特色乡土产业发展。高品级生态景区开发不仅使景群核心区道路、水电与通信设施获得高水平建设，而且带动县城与乡镇基础设施的大幅改善。特别是这种中心景区型聚集表现了较强的县域特产发展平台和纽带功能。另外，高品级生态景区的成长又必须依托邻近的城镇提供多层级的旅游集散功能，促使景群成长与城市群的协同演进。

（3）城镇交通聚集型生长特征。

城镇交通型聚集是阿勒泰山千里旅游画廊产业带的辅助性发展部分。在阿勒泰绿洲城市群中，北屯市、216 国道沿线的恰库图镇、217 国道沿线的乌尔禾区以及和什托络盖镇等，因便利的旅游交通区位而获得旅游业开发的比较优势。另外，6 县 2 市城郊部位多成为城镇交通型聚集凸起点，这些部位景点开发的主要特点是相对数量多、经济效益明显，它们构成画廊生态景群 DLA 点—轴树多层迭代结构中的局部生长点，也是与城镇直接紧密结合的部分。

6.3.3　旅游景群 DLA 与城市群协同发展的效益评价

（1）支柱产业发展效益。

本课题根据统计数据测算出阿勒泰地区“十一五”期间旅游总收入占地区

GDP 比重年均高达 13.79%，而 2012 年跃升至 29.58%，在全疆各地州中领先实现了旅游业战略性支柱产业目标；同期的地区年人均旅游收入高达 2691.28 元，远超自治区平均水平 1233.94 元。数据表明，阿勒泰地区旅游经济实力已上升至新疆 12 个地州独占鳌头的位置。仅以 2012 年统计数据为例，在新疆 15 个地州（市）中阿勒泰 GDP 仅列第 11 名，但是人均 GDP 排名（第 9）超过了 GDP 排名 5~7 位的阿克苏、伊犁州和喀什三大地区。阿勒泰因工业规模小而 GDP 偏低，人均 GDP 得以提升有赖于旅游业的贡献。数据显示，2012 年阿勒泰旅游总收入达 53.25 亿元，仅次于乌鲁木齐市位列第 2。由此可见，以千里旅游画廊景群战略开发为抓手，通过不断整合优化旅游带景群产品体系空间结构，已有效壮大绿洲生态型旅游支柱产业，产生出旅游产业带与城市群协同发展的产业优化效益。

（2）就业与民生发展效益。

根据新疆旅游局统计，区域内各县市农牧乡镇受益千里旅游画廊旅游开发，在改善农牧民就业与增收致富渠道方面有突出的效益。以农牧家乐经济发展为例，全地区已注册农牧家乐 400 余家、星级农牧家乐 71 家。各级农牧家乐星罗棋布于旅游景区与城乡各部，形成农牧民旅游服务产业，对农牧地区县域经济发展产生重要作用。典型的例子是布尔津在 1998 年还是新疆 5 个自治区级贫困县之一，福海位列新疆 25 个国家级贫困县。随着阿勒泰旅游生态型经济的成长壮大，到 2012 年福海已不在新疆 27 个国家级贫困县新名单之列，布尔津因旅游而成为阿勒泰的富裕县。可见，旅游产业带开发与阿勒泰城市群经济发展之间已有较深的协同性关系。

（3）绿洲旅游城市群成长效益。

对阿勒泰旅游城镇建设的评估显示，一个具有层次性和产业联动的绿洲旅游中小城市群已取得一定水平的发展，在新疆有相当的代表性和示范意义。6 县 2 市中阿勒泰市以国家级优秀旅游城市身居旅游集散中心主体地位；布尔津以新疆唯一国家级旅游强县实力居旅游经济引擎之位；富蕴、哈巴河两县以自治区级旅游强县发展之势构成阿勒泰旅游发展的东西两翼支柱；福海县则以自治区级旅游强县创建之态正在形成阿勒泰旅游南部绿洲腹地支点。冲乎尔镇、可可托海镇和贾登峪等自治区规划重点建设的特色旅游绿洲小镇，以及北屯、恰库图、拉斯特、喇嘛昭、盐池等一批绿洲小城镇构成 6 县 2 市旅游城市群的各级枢纽节点与特色目的地乡镇群。随着千里旅游画廊建设的深入推进和旅游支柱产业竞争力上升，阿勒泰绿洲中小城市群旅游业分工协作的集群式发展趋势和前景都值得充分肯定。

6.4 结论与启示

阿勒泰山千里旅游画廊开发取得较优的景群 DLA 结构，是实施旅游资源与产业战略性开发的结果。无论旅游支柱产业、城乡就业与民生发展还是旅游城镇化的评价数据，都是对阿勒泰较长时期旅游与经济发展的综合评价，表明效益来自长期累积而非一时的偶然状态。这正是阿勒泰山千里旅游画廊景群开发与城市群之间在空间和资源配置上形成相互依托相互促进协同发展的客观形态。因此实证对结构与效益的评价，检验了旅游景群 DLA 城镇协同模型的有效性，解释了阿勒泰旅游产业带开发与城市群协同发展的空间结构特征、产业整合效益以及效率形成机制。

可见，面对干旱区绿洲碎片化发展空间，实现旅游产业带开发与城市群协同发展是存在分形 DLA 客观规律的。科学遵循规律积极推进旅游产业带开发，能够产生缓解城镇孤岛效应和“旅长游短”的有效作用。旅游景群 DLA 城镇协同模型具有对现实问题的解释力，是这一分形规律的客观表达，核心机理可概括为以下两点。

首先是分形效率机理。由市场驱动和政府推进的旅游带 A 级景群开发能够遵循分形效率法则，即 DLA 时空路径的选择具有利用城镇交通等资源的经济效率机制，使景群开发与城市群的相互依托和相互促进体现于按经济效率原则选择空间区位与结构组织形态，这就是本课题分析模型中给出的理论阐释和逻辑表达。

其次是 DLA 非平衡生长机理。非平衡生长是分形效率的表现，反映了旅游产业带开发与绿洲城市群协同发展的空间配置模式。基于分形效率的景群开发 DLA 非平衡生长过程，即景区引力扩散受限凝聚效应使高级精品景区、城镇交通枢纽部位等成为景区增长高概率区，形成中心景区型聚集和城镇交通型聚集的景群点—轴树结构形态，从而最大可能地产生景群与城市群相协同的空间经济效益。

参考文献

[1] 杨宏伟．新疆绿洲城镇的孤岛效应研究［J］．城市发展研究，2012，19（7）：36－40.

[2] 张亚林．旅游地域系统及其构成初探［J］．地理学与地理信息科学，1989（2）：39－43.

[3] 李雪，董锁成，李善同．旅游地域系统演化研究综论［J］．旅游学刊，2012，27

(9)：46－55.

［4］林峰. 旅游引导的新型城镇化［M］. 北京：中国旅游出版社，2013.

［5］宋子千. 旅游与城市的融合发展：以成都为例［M］. 北京：中国旅游出版社，2013.

［6］陈彦光，王义民. 论分形与旅游景观［J］. 人文地理，1997（1）：62－66.

［7］戴学军等. 旅游景区（点）系统空间结构随机聚集分形研究——以南京市旅游景区（点）系统为例［J］. 自然资源学报，2005（5）：706－712.

［8］高元衡，王艳. 基于聚集分形的旅游景区空间结构演化研究——以桂林市为例［J］. 旅游学刊，2009，24（2）：52－58.

［9］刘大均，谢双玉，陈君子. 基于分形理论的区域旅游景区系统空间结构演化模式研究——以武汉市为例［J］. 经济地理，2013，33（4）：155－160.

［10］杨宏伟，冯晓玉，李江丽. 基于 DLA 模型的旅游产业带景区系统空间结构演化机理与实证——以天山北部旅游产业带开发为例［J］. 资源科学，2014，36（5）：1073－1081.

［11］朱华，姬翠翠. 分形理论及其应用［M］. 北京：科学出版社，2011.

［12］张济忠. 分形［M］. 北京：清华大学出版社，1995.

［13］吴建章，徐昌业. DLA 模型与分形生长研究综述［J］. 山东工业大学学报，1996，26（A09）：403－410.

［14］苏章全，明庆忠，陈英. 基于聚集分形维数的旅游区空间结构测评与优化［J］. 地域研究与开发，2011（10）：103－107.

［15］冯晓玉，杨宏伟. 环准噶尔旅游产业带景区系统空间结构的分形研究——以“阿勒泰千里旅游画卷”为例［J］. 经济地理，2012，32（11）：171－176.

［16］金鹏康，王晓昌，郭坤. 絮凝体的 DLA 分形模拟及其分形维数的计算方法［J］. 环境化学，2007，26（1）：5－9.

［17］马忠玉. 论旅游开发与消除贫困［J］. 中国软科学，2001（1）：4－8.

［18］王录仓，李巍. 旅游影响下的城镇空间转向——以甘南州郎木寺为例［J］. 旅游学刊，2013（12）：34－45.

第7章 论证报告六：环准噶尔旅游产业带开发对绿洲城镇孤岛效应的缓解

7.1 引言

“旅长游短”是新疆旅游一个极为突出的问题，指的是旅游花费在路途上的时间远远超出了实际游玩时间。“旅长游短”现象正是新疆绿洲城镇孤岛效应的一个客观表现。具体来说，就是旅游资源开发布局在空间结构上的分散和不连贯性问题，对此可以通过积极推进旅游产业带景区系统空间结构优化来加以改善和解决。可见解决“旅长游短”问题与缓解绿洲城镇孤岛效应具有相辅相成的密切关系，将对缓解绿洲城镇孤岛效应产生有效的促进作用。本章着重从交通网络与景区系统架构两方面分析环准噶尔旅游产业带空间结构优化与缓解绿洲城镇孤岛效应的问题。

7.2 环准噶尔旅游产业带概况与评析

7.2.1 旅游景区资源特色描述

7.2.1.1 行政区划与空间区位情况

环准噶尔旅游产业带位于天山山脉以北，沿准噶尔盆地北缘隔戈壁沙海与天山北坡旅游产业带相望，包括阿勒泰地区、塔城地区和克拉玛依市三地市，南以天山为界，同伊犁地区、昌吉回族自治州、乌鲁木齐市、吐鲁番地区、哈密地区相连，西北与哈萨克斯坦、俄罗斯相连，东部与蒙古国接壤，边境线长 1655 公里，如图 7－1 所示。

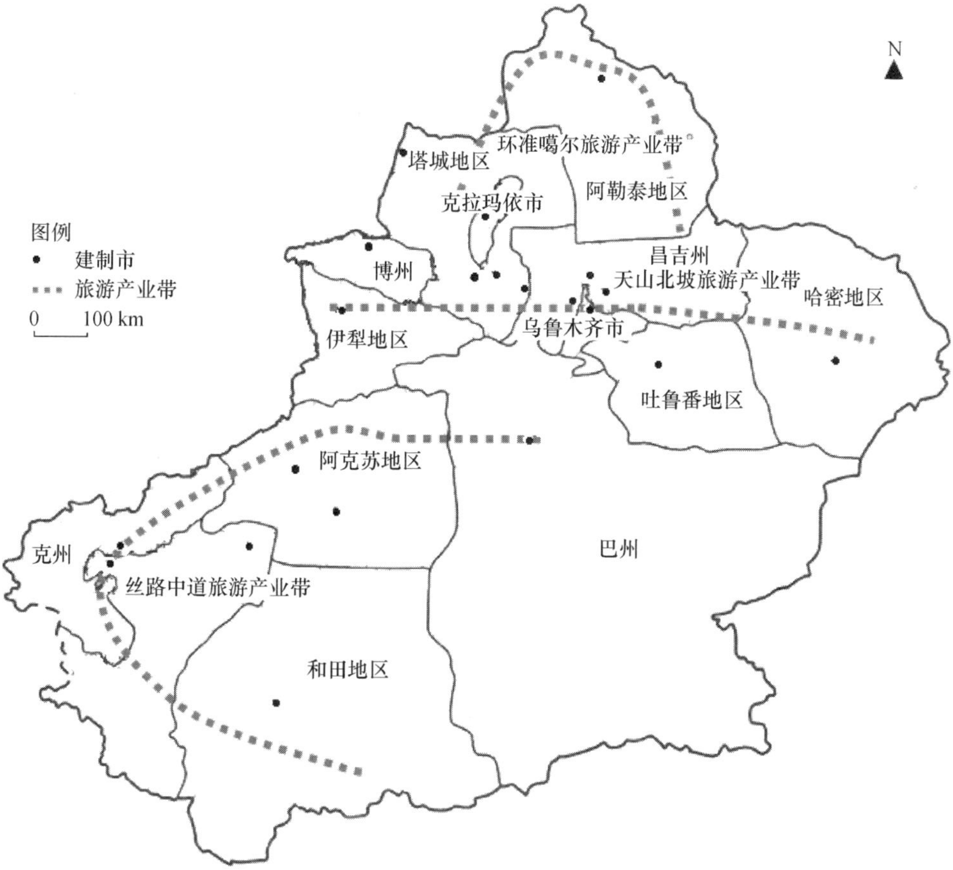

图 7－1　新疆维吾尔自治区“十二五”旅游发展规划总体布局示意图

环准噶尔旅游产业带行政范围包括阿勒泰地区、克拉玛依市和塔城 3 地区，下辖 3 个地级市、9 个地级县，总面积约 24 万平方公里，约占全疆土地总面积的 14.46%。其中，阿勒泰地区包含阿勒泰市、布尔津县、富蕴县、哈巴河县、吉木乃县、青河县、福海县共 6 县 1 市；克拉玛依市包括三区，即克拉玛依区、白碱滩区、乌尔禾区；本章研究的塔城地区排除了沙湾县与乌苏市，包括裕民县、额敏县、和布克赛尔县、塔城市，如表 7－1 所示。

表7-1　环准噶尔旅游产业带行政划分

地州名称	土地面积（万平方公里）	所辖县、市、区名称
阿勒泰地区	1.18	阿勒泰市、布尔津县、富蕴县、哈巴河县、吉木乃县、青河县、福海县
克拉玛依市	0.73	克拉玛依区、白碱滩区、乌尔禾区
塔城地区	7.7	裕民县、额敏县、和布克赛尔县、塔城市

数据来源：国家旅游局、自治区旅游局整理所得。

7.2.1.2　优质旅游景区资源与特色品牌景区

（1）旅游景区资源类型与品牌定位。

根据公开的统计资料分析，环准噶尔旅游产业带旅游资源类型最具代表性的主要分为三种：

一是阿勒泰生态旅游，该地区以其独特的自然风光、种类繁多的景区类型而吸引了全国乃至全世界的游客，代表性景观为水体景观、山岳景观、生物景观等，形成了自然资源富集的态势，其发展思路是以阿勒泰丰富的生态自然景观开发一系列生态旅游产品，把生态旅游作为旅游业可持续发展的重点工作，打造生态旅游品牌。

二是克拉玛依工业旅游，依托克拉玛依石油等工业旅游资源，开展现代工业园参观、生产流水线参观、工业博物馆、工业文化景观建设以及工业旅游购物娱乐活动等，从而形成了工业旅游资源富集区。

三是塔城边境绿洲旅游，由于其特殊的区位优势，拥有众多邻国开放口岸，完善巴克图等口岸的接待设施及边境旅游市场环境，建设旅游吸引物和服务体系，积极推动边境旅游发展，使旅游业成为新疆打造西部区域增长极和向西开放桥头堡的重要推动力，成为目前的首要任务，形成了边境旅游富集区。2013年6月，国家旅游局正式同意在塔城地区巴克图口岸开展边境旅游工作，并解决了与哈萨克斯坦异地签证的办理，这将成为进一步增强环准噶尔旅游产业带旅游吸引力的新亮点和旅游业跨越式发展的里程碑。

（2）国家A级品牌景区构成。

环准噶尔旅游产业带现拥有50个A级以上旅游景区（见表7-2），聚集了新疆现有的最好的景区类型，向西有国家4A级景区世界魔鬼城、向北有国家5A级景区喀纳斯、向东有国家5A级旅游景区可可托海等，包括人文景观、生物景观、地文景观、水域风光等众多丰富的旅游资源。

表 7－2　环准噶尔旅游产业带国家级景区名录

<table>
<tr><td rowspan="25">阿勒泰地区</td><td>AAAAA</td><td>喀纳斯景区</td><td rowspan="16">克拉玛依市</td><td>AA</td><td>五彩城景区</td></tr>
<tr><td>AAAAA</td><td>可可托海景区</td><td>AA</td><td>草原神石城景区</td></tr>
<tr><td>AAAA</td><td>五彩滩景区</td><td>AA</td><td>青龙湖公园</td></tr>
<tr><td>AAAA</td><td>乌伦古湖景区</td><td>AA</td><td>山楂园景区</td></tr>
<tr><td>AAA</td><td>白桦林公园</td><td>AA</td><td>塔克什肯口岸景区</td></tr>
<tr><td>AAA</td><td>桦林公园</td><td>AA</td><td>矿产陈列馆</td></tr>
<tr><td>AAA</td><td>五指泉景区</td><td>A</td><td>额河奇石古城</td></tr>
<tr><td>AAA</td><td>金山葡萄风景区</td><td>A</td><td>阳光沙滩</td></tr>
<tr><td>AAA</td><td>金山森林公园</td><td>A</td><td>白桦公园</td></tr>
<tr><td>AAA</td><td>阿舍勒矿业旅游景区</td><td>A</td><td>天林度假村</td></tr>
<tr><td>AAA</td><td>吉木乃口岸旅游景区</td><td>AAAA</td><td>魔鬼城景区</td></tr>
<tr><td>AAA</td><td>图瓦民俗文化旅游村</td><td>AAAA</td><td>克拉玛依河景区</td></tr>
<tr><td>AAA</td><td>额河酒业旅游园区</td><td>AAA</td><td>白沙滩景区</td></tr>
<tr><td>AAA</td><td>军垦艺术体验基地</td><td>AAA</td><td>恐龙文化苑景区</td></tr>
<tr><td>AAA</td><td>白沙湖边境旅游风景区</td><td>AAA</td><td>文化街</td></tr>
<tr><td>AAA</td><td>龙珠山旅游区</td><td>AA</td><td>展览馆</td></tr>
<tr><td>AAA</td><td>文物博物馆</td><td rowspan="9">塔城地区</td><td>AA</td><td>阳光水世界</td></tr>
<tr><td>AA</td><td>大小东沟景区</td><td>AA</td><td>大漠高尔夫球场</td></tr>
<tr><td>AA</td><td>塘巴湖水上乐园</td><td>AA</td><td>白杨河大峡谷</td></tr>
<tr><td>AA</td><td>驼峰景区</td><td>AAA</td><td>塔斯特风景旅游区</td></tr>
<tr><td>AA</td><td>农业科技示范园</td><td>AA</td><td>滨河公园</td></tr>
<tr><td>AA</td><td>红石头风景区</td><td>AA</td><td>《江格尔》民俗风情园</td></tr>
<tr><td>AA</td><td>齐背岭旅游区</td><td>A</td><td>蒙王府热气泉</td></tr>
<tr><td>AA</td><td>博物馆</td><td>A</td><td>垂钓公园</td></tr>
<tr><td>AA</td><td>准噶尔奇石馆</td><td>A</td><td>塔尔巴哈台旅游区</td></tr>
</table>

数据来源：国家旅游局、自治区旅游局整理所得。

（3）国家 A 级景区的地区分布。

根据表 7－3 的统计数据，截至 2013 年，环准噶尔旅游产业带拥有各类 A 级旅游景区（点）共 50 个，占全疆 A 级旅游景区（点）总数的 19.9%。从旅游景区（点）的地区分布来看，阿勒泰地区无论是旅游景区（点）数量还是旅游景区（点）质量，均居环准噶尔旅游产业带的首位，景区（点）总数占整个产业带景区（点）数量的 68%，塔城地区旅游景区（点）数居次位，占到了 14%，克拉玛依市共有旅游景区 9 个。从资源的等级结构来看，环准噶尔旅游产业带共有 5A 级国家旅游景区（点）2 个，均分布于阿勒泰地区，成为该旅游产业带的龙头景区，4A 级旅游景区（点）5 个，分布于阿勒泰地区及克拉玛依市，3A 级旅游景区（点）16 个，大部分集中于阿勒泰地区。从景区的分布及资源的等级结构综合分析发现，目前环准噶尔旅游产业带各县市景区分布极不均衡，旅游资源和现有部分景区（点）在空间上较为分散，景区整体形象不够突出，严重地制约了该区域旅游产业的发展，从侧面反映了“旅长游短”问题的突出性。

表 7－3　环准噶尔旅游产业带景区分布

地区	景区数量（个）	比重（%）	5A 级景区（个）	4A 级景区（个）	3A 级景区（个）	2A 级景区（个）	1A 级景区（个）
阿勒泰市	15	30.00	0	0	7	7	1
布尔津县	5	10.00	1	1	1	1	1
富蕴县	3	6.00	1	0	0	2	0
哈巴河县	2	4.00	0	1	1	1	0
吉木乃县	3	6.00	0	0	2	1	0
青河县	5	10.00	0	0	0	3	2
福海县	1	2.00	0	1	0	0	0
克拉玛依市	9	18.00	0	2	3	4	0
裕民县	1	2.00	0	0	1	0	0
额敏县	1	2.00	0	0	0	1	0
和布克赛尔县	3	6.00	0	0	1	1	1
塔城市	2	4.00	0	0	0	0	2

数据来源：国家旅游局、自治区旅游局整理所得。

7.2.2　旅游景区可进入条件概况描述

7.2.2.1　旅游公路运输条件概况

作为最基础的旅游可进入条件，由于环准噶尔旅游产业带地域辽阔、区位条件特殊，所以公路运输也占有更重要的地位（见图 7－2）。整个区域现有国道 2 条，国道 216 线为阿勒泰—北屯—富蕴—乌鲁木齐、国道 217 线为阿勒泰—布尔津—克拉玛依—奎屯。省道 16 条，国道 222 线为塔城市—裕民县、国道 317 线为裕民县—托里、国道 221 线为额敏县—托里县—克拉玛依、国道 318 线为和布克赛尔县—托里县—阿拉山口市、国道 201 线为克拉玛依市—昌吉市—乌鲁木齐

市、国道225线为和布克赛尔县和什托洛盖镇、国道229线为吉木乃口岸—吉木乃—217国道、国道319线为吉木乃口岸—吉木乃县—布尔津县—北屯市、国道229线为吉木乃口岸—吉木乃县—哈巴河县—喀纳斯、国道232线为喀纳斯—布尔津县、国道227线为哈巴河县—布尔津县、国道230线为阿勒泰市—红山嘴口岸、国道324线为福海县—216国道、国道226线为富蕴县—216国道、国道320线为216国道—塔克什肯口岸—布尔干口岸、国道228线为青河县—奇台。

另外，“十二五”重点规划建设的两条高速公路纵横其中。一是南北走向高速公路（阿勒泰—福海—克拉玛依—奎屯—沙湾县—乌鲁木齐），二是东西走向高速公路（塔城市—额敏县—克拉玛依市—奎屯市—沙湾县—乌鲁木齐）。两条高速公路打通了塔城市通往克拉玛依市以及阿勒泰市通往克拉玛依市的桥梁，省道贯穿整个产业带，向北延伸至喀纳斯景区，向南延伸至乌鲁木齐市，向西延伸至塔城市，向东延伸至青河县。这些公路担负着80%以上的客货运输量，形成了连接西亚各国、国际旅游集散中心乌鲁木齐等四通八达的公路交通网络。

图7-2　环准噶尔旅游产业带公路运输交通图

7.2.2.2　旅游铁路、航空及口岸运输条件概况

环准噶尔旅游产业带的铁路交通设施相对较为落后（见图7-3），由于该地区地形复杂，山路较多，施工难度相当大，在整个区域中仅有一条铁路通道，北边始发于阿勒泰地区的北屯，其间贯穿福海县、克拉玛依市、奎屯市、沙湾县，最终到达新疆首府乌鲁木齐市。在“十二五”期间计划将这条铁道线路由北屯向北延伸至阿勒泰市。

目前，环准噶尔旅游产业带现已拥有3个国内机场——阿勒泰市机场、塔城市机场、克拉玛依市机场，形成了比较完善的航空网络体系。2007年8月，新疆第二个旅游支线机场——喀纳斯机场正式通航，共开辟国内航线 7 条（阿勒泰市—乌鲁木齐、乌鲁木齐—伊宁—喀纳斯—乌鲁木齐、乌鲁木齐—阿勒泰—伊宁—乌鲁木齐、克拉玛依市—乌鲁木齐、塔城—克拉玛依—乌鲁木齐、乌鲁木齐—塔城、乌鲁木齐—喀纳斯），这一航线的开通显示出阿勒泰地区旅游不再显得遥不可及了。

环准噶尔旅游产业带对外开放的 5 个一类公路口岸中，已开通 4 条国际道路客货运输线路（吉木乃县—吉木乃口岸—迈哈布奇盖口岸—斋桑县、阿勒泰市—吉木乃口岸—乌斯季·卡缅诺戈尔斯克、阿勒泰市—吉木乃口岸—买哈尔奇盖口岸—谢米巴拉金斯克、青河县—塔克什肯口岸—布尔干口岸—布尔津县），1 条边境旅游线路（塔城市）。北疆环线交通网络体系成为连接环准噶尔旅游产业带各景点的主要旅游通道，为新疆旅游网络的建设提供了强有力的支持。

通过对环准噶尔旅游产业带旅游交通空间分布分析发现，目前该区域交通运输除铁路运输外呈现着良好的发展态势，公路运输线路主要延伸至各县市以及重点景区，形成区域内部的点—轴系统结构。但其缺失连接级别较低景区的有效通道，造成部分景区之间因缺少互动的桥梁，而导致旅游交通耗时长，严重地阻碍了级别较低景区的发展；航空运输方面存在着航线少的问题，主要体现在：缺少环准噶尔旅游产业带与疆外、疆内各大景区直达航线以及该旅游产业带景区系统内部直达航线，加大了旅途耗时，严重地制约了旅游目的地重游率的提升。

图 7－3 环准噶尔旅游产业带铁路、航空运输交通图

7.2.3　旅游产业的发展态势

7.2.3.1　旅游景区服务接待能力稳步上升

随着环准噶尔旅游产业带旅游资源的不断开发与品牌建设，旅游产业相关配套设施逐步完善，旅游行业初具规模，产业要素协调发展。相比于2008年，该地区旅游事业向前迈进了一大步，到2011年为止，共注册了59所旅行社，拥有旅游星级宾馆75家，客房6740间，床位13745张，住宿接待能力基本可以满足旅游者的不同需求，为未来环准噶尔旅游产业带旅游业可持续发展提供了充分的便利（见表7－4）。

表7－4　2008～2011年环准噶尔旅游产业带景区服务设施

年份	旅行社（所）	星级宾馆（家）	客房（间）	床位（张）
2008	5	72	6157	11140
2009	56	71	5624	12004
2010	73	78	6628	12540
2011	59	75	6740	13745

数据来源：《新疆统计年鉴》（2012）。

7.2.3.2　入境游客接待量向核心地区高度集中

由图7－4可知，环准噶尔旅游产业带入境旅游流空间分布呈现着辐射发散型和收敛聚集型的空间模式，以热点旅游城市为辐射点和聚集点，以航运、路运走廊为主要通道。新疆入境旅游经过20多年的发展，环准噶尔旅游产业带基本形成了以阿勒泰旅游城市为中心聚集点的空间形态，其入境旅游流呈逐年迅猛上涨态势，成为该区域的核心旅游城市，但其辐射带动作用并未得到很好的体现，2008～2011年，尤其是克拉玛依市入境旅游并未有显著性提高，其入境旅游发展缓慢，说明了该地区依然属于以阿勒泰地区为核心的典型的凝聚增长模式①。

① 凝聚增长模式：该模式形成于起步阶段的旅游地域系统。旅游活动首先在一些先天资源优势突出、交通条件相对便利的零散景点产生，通过少数几个代表性旅游地的开发、建设，形成单一旅游中心—腹地体系的空间结构。这时旅游流向呈单向性；客源地市场仅具有近域游客吸引向性，且比较脆弱，易受外界因素影响，波动明显。

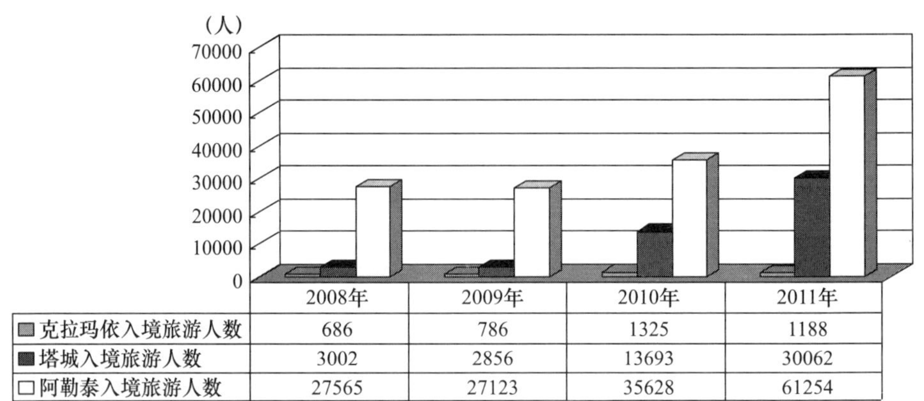

	2008年	2009年	2010年	2011年
克拉玛依入境旅游人数	686	786	1325	1188
塔城入境旅游人数	3002	2856	13693	30062
阿勒泰入境旅游人数	27565	27123	35628	61254

图 7－4　2008～2011 年环准噶尔旅游产业带各地、市入境旅游人数构成

7.2.3.3　旅游收入呈现快速增长

从表 7－5 可以看出，2008～2011 年环准噶尔旅游产业带旅游收入来源依然以国内旅游为主，受新疆“七・五”事件的影响，2009 年环准噶尔旅游产业带旅游业收入出现了明显下滑，但之后两年依然显示出其强劲的增长势头，年均增幅达 30%，2011 年国内旅游收入更突破了 50 亿元大关，而入境旅游收入虽然没有国内旅游收入的数量大，但其同样保持着增长态势，且增长势头迅猛，每年以平均 88 个百分点的速度吸引着众多入境游客。该地区旅游经济总量和质量明显提高，旅游收入占 GDP 总额比重逐渐增加，由 2008 年的 3.45% 上升到了 2011 年的 5.45%，支柱产业地位基本确立，对经济社会发展的综合带动和支撑作用明显增强。

表 7－5　2008～2011 年环准噶尔旅游产业带旅游业发展概况

年份	入境旅游收入（万美元）	国内旅游收入（万元）	GDP 总额（万元）	旅游收入占 GDP 比重（%）
2008	288	255395	7458338	3.45
2009	255	196145	5730029	3.45
2010	1306	296662	9512010	3.21
2011	1916	561503	10535658	5.45

数据来源：《新疆统计年鉴》（2009～2012）。

7.2.3.4　旅游消费结构质量有待提升

特殊地理区位的绿洲旅游区面临着大面积贫瘠的戈壁和山脉，将新疆分割为若干小块绿洲，环准噶尔旅游产业带与新疆大区域环境有着统计分形上的自相似性特征，城市与城市之间的距离动辄几百上千公里，无异于内地省与省之间的距离。2010年以前，航空运输一直是游客通往新疆的首选交通方式，随着兰新铁路等交通设施的逐步完善，铁路运输与汽车运输所占比重逐渐上升，其中2010～2011年所占比重上升最快，铁路和汽车收入分别上涨4.9%、3.4%，其交通收入呈现波动趋势，但其总体水平呈现上升趋势。商品销售一直以来保持旅游收入构成的最大份额，但其比重呈现着逐年下降的趋势。游览、住宿、餐饮基本保持着同样的水平，变化幅度微弱。可见，以交通消费为主的基本旅游消费在国际旅游消费中所占的比例呈上升趋势，而具有较大消费弹性的非基本旅游消费则缓慢下降。整体国际旅游市场消费结构呈现恶性发展态势，说明交通网的构建并不是影响“旅长游短”的主要因素（见表7－6）。

表7－6　2008～2011年国际旅游收入构成比重　　单位：%

年份	交通			游览	住宿	餐饮	商品销售	娱乐
	航空	铁路	汽车					
2008	13.4	5.9	3.7	3.2	7.8	5.6	47.4	1.0
2009	13.7	5.5	2.9	5.3	8.0	6.1	46.2	1.6
2010	17.3	3.6	5.0	4.8	8.1	5.5	36.3	1.4
2011	7.4	8.5	8.4	3.2	7.7	4.3	38.0	0

数据来源：《新疆统计年鉴》（2009～2012）。

7.3 环准噶尔旅游产业带景群开发的分形解析

7.3.1 基本概念阐释

7.3.1.1 “旅长游短”概念阐释

目前未见有学者对“旅长游短”概念做出较严格定义，课题组认为，“旅长游短”就是旅程长游时短，即旅游花费在路途上的时间远远超过实际游玩的时间。“旅长游短”的实质是旅游景区系统开发布局的空间结构和旅游资源开发效益问题，其实体现了新疆城镇经济孤岛效应的客观情况。结合新疆特殊区位概况以及旅游业发展实际情况，课题组认为新疆“旅长游短”有三个层面的空间结构问题：一是内地与新疆之间的“旅长游短”；二是新疆大跨度旅游过程中的

“旅长游短”；三是景区或旅游圈内“旅长游短”。造成“旅长游短”的主要原因大体也有三个方面：一是交通网络设施落后；二是景区体系空间布局不合理；三是旅游线路设计不合理。

7.3.1.2 景区系统“分形结构”概念阐释

（1）旅游产业带景区系统空间聚集的分形结构。

根据分形 DLA 理论的基本原理，本课题认为，所谓旅游产业带景区系统空间聚集的分形结构，就是对旅游产业带空间范围内的所有景区之间存在的具有无标度自相似性特征的空间聚集现象的理论概括。此类空间聚集现象形成具有多层次嵌套的景区聚集中心体系结构，反映了景区体系的旅游吸引力和市场吸引力强弱与集中的空间分形规律。关于旅游产业带景区系统空间聚集分形结构的解析描述，主要是依据 DLA 模型做聚集维数的测算分析。

（2）旅游产业带景区系统空间分布的分形结构。

类似地，景区系统空间分布的分形结构主要指通过一定的尺码分割区间的无标度特性测度，寻求系统中所有景区（点）要素之间的关联性，通过某一种要素来反映其他要素的空间分布结构，从而反映景点系统要素的协调程度，并体现景区（点）系统空间结构的相对优化程度。综合以上分析，本课题认为，旅游产业带景区系统空间分布的分形结构指的是产业带中所有景区（点）要素分布的空间状态，是评判景区系统规划是否合理的重要指标之一。

7.3.2 景区系统的空间分形结构实证分析

7.3.2.1 关于测度景区系统空间结构特征的分形维数

依据本章前述基本概念界定，旅游系统是一个复杂的系统，其内部要素之间存在着非线性关系。其中旅游景区系统作为旅游系统的核心，是由旅游景物、景点、景区以及风景区域各层次上的自然和人文旅游资源构成的一个多层次的复杂系统。分形是集自相似性、无标度性为一体的无穷嵌套的层次结构，相应的分形维数正是对无法用空间尺度度量的非线性集合体的有效测算工具以及反映空间现象的重要参数之一。

从旅游产业带景区系统研究对象的空间特征考虑，本章选取分形中的聚集维数和关联维数两项指标参量作为观察透视环准噶尔旅游产业带景区系统空间结构特征的关键参数，以剖析该旅游产业带景区系统的空间聚集和空间分布的分形特征，探寻导致“旅长游短”困境的景区系统空间结构问题所在及其对策。

7.3.2.2 关于测度景区系统空间结构分形特征的模型

（1）随机聚集维数模型与地理意义。

根据分形理论，假定景区（点）系统各景点按照某种自相似规则围绕中心景点（级别较高的大景区）呈凝聚态分布，且分形体是各向均匀变化的，同时不考虑边界效应，且系统不是一个几何上的多重分形，则可确定作为景点（粒子）数目 N 的函数与回转半径 $R(N)$ 的关系为：

$$R(N) \propto N^{\frac{1}{D}} \tag{7-1}$$

如果假设正确，可以利用回转半径法测算景区（点）系统空间聚集的分维数。考虑到半径 R 的单位取值影响分维的数值，因此需要将其转化为平均半径：

$$R_N \equiv \left[\left(\frac{1}{N} \sum_{i=1}^{N} r_i^2 \right)^{\frac{1}{2}} \right] \tag{7-2}$$

其中，R_N 为平均半径，r_i 为第 i 个景点到中心景点的欧氏距离，N 为景点个数，[…] 表示平均，则一般有分维关系：

$$R_N \propto N^{\frac{1}{D}} \tag{7-3}$$

聚集维数 D 反映景点分布从中心景点向周围腹地的密度衰减特征，从景点系统的空间结构上讲，反映结构的紧凑性特征。在一个地理区域中，如果中心景点在随机聚集的过程中，由于其旅游吸引力足够大，在与其相邻的景点的随机聚集中相互吸附，形成一个新的大的景点聚集体，如果这个以中心景点为中心的聚集体在景点随机聚集的过程中始终保持吸附其相邻的景点或者景点聚集体的作用（特定的条件下才会出现这种情况），由于景点聚合体的屏蔽作用，该中心景点始终会处于聚集体的中心位置。也就是说，反映在对旅游流的吸引上，其中心性作用非常强，并且作为整体对旅游流的吸引也很强。如果在某些时间段的随机聚集中，含有这个中心景点的景点聚集体不能吸附其相邻的景点或者聚合体，而是发生游离，那么在景点随机聚集的某些时间段，会存在多个较大的区域景区（点），每个区域景区（点）围绕其中心景点形成随机聚集体，而在整个空间区域上没有明显的中心。无论哪种情形，只要有景点随机聚集体的形成，区域旅游景区（点）的整体旅游吸引力就是增加的。

聚集维数 D 反映景区（点）分布从中心景点向周围腹地的密度衰减特征，从景区（点）系统的空间结构上讲，聚集维数反映了结构的紧凑性特征。当 $D<2$ 时，说明此时旅游景区（点）的空间分布从中心向四周是密度衰减的；当 $D=2$ 时，说明此时旅游景区（点）的空间分布在半径方向上是均匀变化的，其分形性质已经退化，系统结构是平庸的；当 $D>2$ 时，说明此时旅游景区（点）的空间分布从中心旅游景区（点）向四周是密度递增的，中心景区（点）不具备中心性作用，这是一种非正常的情况。

（2）关联维数模型与地理意义。

分形集合中每一个状态变量随时间的变化都是由与之相互作用、相互联系的其他状态变量共同作用而产生的。为重新构建一个等价的状态空间，只需考虑其中一个状态变量的时间演化序列，继而按某种方法构建新维。如果有一等间隔的时间序列：$\{X_1, X_2, X_3, \cdots, X_i\}$，就可以用这个时间序列重构一个 k 维相空间：

$$H(x) = \begin{cases} X_1(x_1, x_2, \cdots, x_k) \\ X_2(x_2, x_3, \cdots, x_{k+1}) \\ \cdots \\ X_n(x_N, x_{N+1}, \cdots, X_{K+N-1}) \end{cases} \quad (7-4)$$

通过构建出的 k 维相空间式(7-4)，判断 $d_{ij} = |X_i - X_j|$ 小于 r 的点数，把距离小于 r 的点对数占总点对数 N^2 的比例称为空间关联函数，记作 $C(r)$：

$$C_{(r)} = \frac{1}{N^2}\sum_{i,j=1}^{N} H(r - d_{ij}) \quad (7-5)$$

其中，r 为码尺（Yardstick），d_{ij} 为 i、j 两景点的欧氏距离（乌鸦距离），$H(r-d_{ij})$ 为 Heaviside 函数，具有以下性质：

$$H(r - d_{ij}) = \begin{cases} 1 & (r - d_{ij}) > 1 \\ 0 & (r - d_{ij}) < 1 \end{cases} \quad (7-6)$$

如果空间结构具有分形特征，则应具有标度不变性，则关联维数为：

$$D_g = \lim_{r \to 0} \frac{\ln(r)}{\ln\left(\frac{1}{r}\right)} \quad (7-7)$$

空间关联维数是从景区（点）系统的相对欧氏距离出发，反映了旅游景区（点）系统空间结构分布的均衡性，从空间关联维数来考察旅游景区（点）系统的空间结构，主要寻求系统中所有景点要素之间的关联性如何，通过某一种要素来反映其他要素的空间分布结构，从而考察所有景区（点）系统要素的协调程度，如景区（点）系统空间分布结构与交通网络结构的配套程度，景区（点）空间分布结构与旅游市场空间结构协调程度、景区（点）空间分布结构与环境系统空间结构的协调程度等，通过这些要素空间关联维数比较，来考察景点系统空间结构的相对优化程度。

一般情况下，其数值变化于 0~2 之间，当 $D \to 0$ 时，表明景点分布高度集中于一地；当 $D \to 2$ 时，表明景点的空间分布很均匀，标准的中心地模型即属于这种情况。实际上，中心地系统隐含着分形集性质。正常情况下，$1 < D < 2$，D 越大表明景区（点）系统各要素的空间分布越均衡，反之则越集中，当 $D \to 1$ 时，表明景区（点）系统要素均匀地集中到一条光滑曲线上了。这种分布结构对于旅游景区（点）的开发也是比较有利的，利于形成旅游产品线路组合。空间关联维数的独特用途在于可以反映景点系统各要素之间交通网络的通达性，从而指示景区（点）之间的关联性。

7.3.2.3 景区系统空间结构的分形维数测度与解释

（1）研究范围界定与基础数据处理。

本章以环准噶尔旅游产业带所有A级以上景区（点）作为研究对象，分析景区（点）系统空间结构的分形特征及差异。同时以目前成形的A级景区（点）为空间取点的标准，用其代表景区（点）作为空间上的点位来处理，通过上述景区（点）选取原则，在整个产业带景区（点）系统中共选取50个代表性A级景点作为点位来进行研究。

由于旅游景区（点）是游客重要的活动载体，无论景区（点）性质和类型有多大变化，其主要功能都是承载游客的游览活动，而且在对景区（点）空间分布进行研究时，把景区（点）作为抽象的“点”来测算。然而，由于部分景区（点）范围较大，地图上并没有明显的标注将所有景区（点）囊括在内，对于这种无法测量的景区（点），课题组主要是以该景区（点）所在的乡镇县为测量点。严格意义上，旅游景区（点）的数据收集应通过GPS对每个景区（点）定位来获取其原始数据，来分析该景区（点）系统是否存在分形特征，由于条件限制，本文采用MAPGIS软件在新疆旅游交通地图景区（点）分布图上对其测算，然后将其数字化而成，所有景区（点）点位数据真实有效，最后再借助Excel和Spss等软件对其数据进行处理分析。

（2）景区（点）系统凝聚态与向心性分析。

从系统演化角度分析，在景区（点）富集区，由于旅游流的作用，各种旅游资源要素也会发生聚集，逐渐形成区域联合体，因各联合单体的规模、等级不同，联合体内会产生等级分化，形成等级—规模序位，从而演化为多层次的旅游系统。本文通过环准噶尔旅游产业带景区（点）系统概况以及旅游景区质量等级划分与评定标准综合分析发现，作为国家5A级旅游风景区的喀纳斯旅游景区与可可托海旅游景区，具有较强的辐射带动作用以及中心性地位，其中喀纳斯作为开发较早的高水平旅游景区，依托优质的自然景观资源成为环准噶尔旅游产业带的龙头。随着环准噶尔旅游环线的开通，可可托海脱颖而出，正在成为产业带上新的旅游中心地。魔鬼城作为国家4A级旅游景区（已被自治区规划为升5A级的后备景区），拥有丰富的旅游资源以及得天独厚的区位优势，217国道、铁路通道、航空运输、高速线路贯穿于该旅游景区。基于以上分析，本文假设了三个中心景区（点）。

假设1：假设环准噶尔旅游产业带景区（点）系统空间结构以喀纳斯旅游景区为中心呈凝聚态分布。

假设2：假设环准噶尔旅游产业带景区（点）系统空间结构以可可托海旅游景区为中心呈凝聚态分布。

假设3：假设环准噶尔旅游产业带景区（点）系统空间结构以魔鬼城旅游景区为中心呈凝聚态分布。

根据式（7-1）、式（7-2）和式（7-3）可以计算出景区（点）系统空间结构的分维。

1）假设1模型检验：以喀纳斯旅游景区为中心的聚集维数测度（见表7-7）。

表7-7 环准噶尔旅游产业带景区（点）系统空间结构分布的重心距和平均半径表（一）

以喀纳斯旅游景区为中心				以喀纳斯旅游景区为中心			
代表性景区（点）	N	r_i	R_N	代表性景区（点）	N	r_i	R_N
喀纳斯	1	0	0.00	额河奇石古城	26	150.1372	101.1062
草原石神	2	14.8062	8.55	江格尔	27	173.5677	104.5624
白桦林	3	39.5355	21.11	热气泉	28	203.0389	109.4433
阿舍勒矿业	4	61.0516	33.20	可可托海	29	212.4495	114.3812
阳光沙滩	5	74.6909	42.99	富蕴奇石馆	30	214.5242	118.9351
桦林	6	80.3349	50.06	五彩城	31	221.6128	123.4434
五彩滩	7	81.1304	54.91	184团军垦	32	223.371	127.6263
驼峰公园	8	86.404	59.24506	魔鬼城	33	247.3532	132.6986
布尔津博物馆	9	87.4022	62.63	白杨河	34	250.2535	137.4596
大小东沟	10	92.342	65.89	恐龙文华苑	35	251.0958	141.8507
阿勒泰博物馆	11	96.0575	68.90998	青河白桦公园	36	266.6011	146.6246
矿产陈列馆	12	96.143	71.37	天林度假村	37	270.1543	151.1742
齐背岭	13	97.4316	73.54271	青龙湖	38	277.8311	155.7141
金山森林	14	98.4269	75.4574	山楂园	39	277.8588	159.9089
金山葡萄	15	102.3073	77.40884	滨河公园	40	285.3081	164.1114
白沙湖	16	102.5043	79.10573	白沙滩	41	295.4929	168.4347
红石头	17	110.2174	81.14769	展览馆	42	301.6517	172.7038
农业科技园	18	113.4269	83.15956	塔尔巴哈台	43	303.7762	176.7654
塘巴湖	19	115.878	85.09478	垂钓公园	44	309.4921	180.7767
五指泉	20	126.8407	87.5353	文化街	45	311.3748	184.6009
图瓦民俗	21	127.5972	89.74511	阳光水世界	46	315.871	188.3488
乌伦古湖	22	133.0917	92.05515	克拉玛依河	47	320.841	192.0437
龙珠山	23	136.164	94.30582	塔克什肯	48	323.7841	195.6211
吉木乃口岸	24	136.878	96.37047	大漠高尔夫球场	49	335.1478	199.3709
额和酒业	25	145.889	98.73532	塔斯特	50	355.8502	203.5984

数据来源：《新疆维吾尔自治区地图》（2012）。

测算依据：《新疆维吾尔自治区地图》（2012），比例尺1:2550000，r_i 的单位是公里。

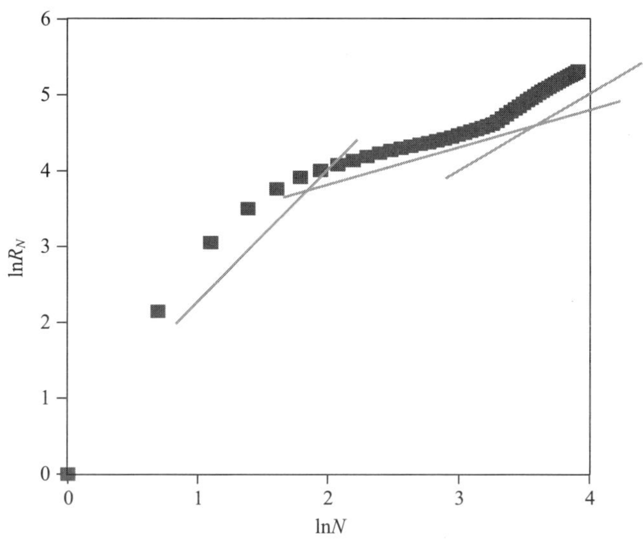

图 7-5 以喀纳斯为中心景区（点）系统聚集分形维数双对数图

由图 7-5 可知，以喀纳斯旅游景区为中心景区测算的景区系统无标度区范围较窄。以第 5 个数据为界，发育为近似的三分形结构，但每个分形结构的无标度区间比较窄且区间有一定的嵌套性，说明以该景区测算的系统空间的分形结构目前不够稳定，系统历史上自组织演化形成的分形结构开始发生破缺，伴有新的分形结构再组织，其趋势是多分形结构并存或无序性因素干扰。同时也分别对这三个无标度区内的散点进行线性回归，第一个无标度区范围为 1.1～1.9，$\ln N = 0.3833\ln R_N - 0.039$，分维值 $D = 0.3833$，表明该区域的景区（点）系统发育处在初始，多对应于半径在 61 公里范围，此范围内没有其他中心景区（点）的存在，旅游景区（点）数目较少，因而表现出旅游区点的密度衰减且很快的特性。第二个无标度区间范围为 2.0～3.1，$\ln N = 0.6985\ln R_N - 0.5501$，表明该区域的景区（点）系统发育尚处在中期阶段多对应于半径 74～136 公里，说明在这个区间范围内其空间结构随机聚集性较弱，而且从聚集中心向四周的景点呈密度衰减，但其衰减速度低于第一个无标度区间的景区系统，景区（点）聚集集团的屏蔽作用在逐渐增大，内部产生新的景点的概率逐渐降低，同时说明了该空间范围内可能存在另外一个。第三个无标度区范围为 3.2～3.9，$\ln N = 0.7733\ln R_N - 0.7282$，分维值 $D = 0.7733$。多对应于半径为 145～355 公里，说明了此范围内的景点系统的空间结构从聚集中心向四周景点密度衰减得依然较快，但其衰减速度不如前两个无标度区间的景区，在该区间内可能存在其他若干中心景区（点）。造成这种三分形现象的原因为：系统区域的范围太大，导致系统演化的约束条件在区域内就表现出较大差异，再加上景点数目较多，以至于聚集中心缺乏对外缘景点的影响力。

2）假设 2 模型检验：以可可托海旅游景区为中心的聚集维数测度（见表 7－8）。

表 7－8 环准噶尔旅游产业带景区（点）系统空间结构分布的重心距和平均半径表（二）

以可可托海旅游景区为中心				以可可托海旅游景区为中心			
代表性景区（点）	N	r_i	R_N	代表性景区（点）	N	r_i	R_N
可可托海	1	0	0.00	布尔津博物馆	26	186.1673	108.8764
富蕴奇石馆	2	4.3577	2.52	阿舍勒矿业	27	188.1552	112.6725
五彩城	3	41.2933	20.76	五彩滩	28	195.5297	116.5146
青河白桦公园	4	57.7951	31.83	喀纳斯	29	212.4495	120.9447
天林度假村	5	62.6525	38.71	江格尔	30	214.8603	125.0798
青龙湖	6	67.2588	43.94	草原石神	31	224.1219	129.3281
山楂园	7	68.9411	47.78	184 团军垦	32	230.1076	133.5045
五指泉	8	89.1655	53.97	白桦林	33	231.7896	137.4024
额河奇石古城	9	91.9918	58.89	热气泉	34	235.4014	141.1498
额和酒业	10	102.3002	64.06	龙珠山	35	239.2776	144.7765
塘巴湖	11	103.6116	68.23979	吉木乃口岸	36	254.4545	148.8074
农业科技园	12	105.5318	71.79939	魔鬼城	37	266.4656	153.0668
红石头	13	110.3558	75.21179	白沙湖	38	267.5896	157.05
塔克什肯	14	113.4773	78.34645	白杨河	39	274.9996	161.055
金山葡萄	15	114.0766	81.04241	恐龙文华苑	40	281.1415	165.0269
阿勒泰博物馆	16	118.7921	83.73541	白沙滩	41	320.7904	170.3983
图瓦民俗	17	119.733	86.13088	展览馆	42	331.792	175.8422
矿产陈列馆	18	120.8602	88.29994	文化街	43	339.2601	181.2004
齐背岭	19	121.0451	90.2199	克拉玛依河	44	340.6064	186.2311
金山森林	20	121.3875	91.94396	阳光水世界	45	347.6895	191.1964
大小东沟	21	123.3746	93.60187	大漠高尔夫球场	46	362.1966	196.3911
桦林	22	132.5839	95.62775	滨河公园	47	389.4142	202.2997
驼峰公园	23	133.3452	97.49108	垂钓公园	48	426.7761	209.3014
乌伦古湖	24	157.475	100.5796	塔尔巴哈台	49	428.1859	215.8652
阳光沙滩	25	180.2637	104.7711	塔斯特	50	453.2553	222.9627

数据来源：《新疆维吾尔自治区地图》（2012）。

测算依据：《新疆维吾尔自治区地图》（2012），比例尺 1:2550000，r_i 的单位是公里。

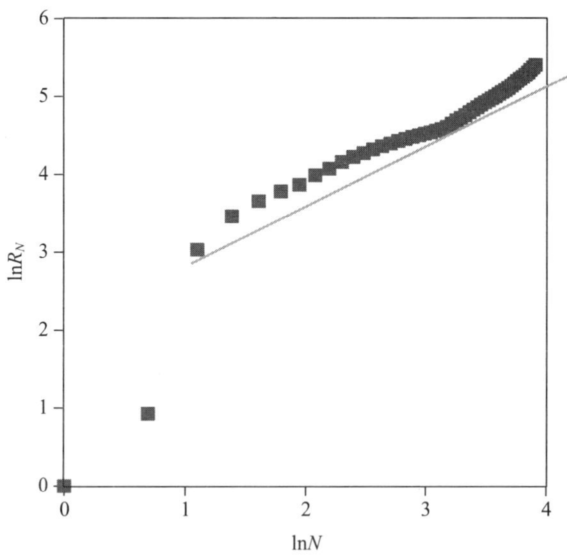

图7-6 以可可托海为中心景区（点）系统聚集分形维数双对数图

由图7-6可以看出，以可可托海为中心的景区系统分维值D为0.84，小于2，说明以可可托海为中心的景点系统的空间结构从聚集中心向四周景点密度衰减得非常快，景点聚集集团的屏蔽作用逐渐减小，内部产生新景点的概率大大提高。分维值小于有限扩散集团凝聚模型的理论分维值为1.78，说明景区系统空间结构的演化还处于有限扩散集团凝聚模型演化的中间阶段，中心景区（点）的吸附作用比较强，周围其他景区还比较容易进入景点聚集体内部。同时无标度区间非常宽阔，说明系统空间分布结构较为完善，空间结构的自组织优化趋势明显，基本形成了以可可托海旅游景区为中心的自组织演化系统，其向心性作用较强。图7-6左下方存在异常点，可能是可可托海旅游中心地位置偏东，对西部景区（点）的吸附力弱所致。

以可可托海风景区为中心的景区系统空间结构随机聚集分形特征十分明显，无标度区间非常宽阔，已经形成以可可托海旅游景区为中心的景区（点）自组织演化系统，空间结构呈优化趋势，说明了可可托海旅游景区的景点聚集体由于其强大的吸附作用，和周围景点聚集体是吸附的。同时，观察可可托海的空间位置发现，可可托海被众多旅游景区（点）包围着，其东南角有青河县的白桦公园、青龙湖、天林度假村等，西南角有五彩城，西北方向有阿勒泰市众多旅游景区（点），且其距周围景区较近，基本处于系统的几何中心，同时从其资源禀赋、基础设施、景区级别等来看，可可托海已基本符合景区系统中心性景区的标准。

3）假设3模型检验：以魔鬼城旅游景区为中心的聚集维数测度（见表7－9）。

表7－9　环准噶尔旅游产业带景区（点）系统空间结构分布的重心距和平均半径表（三）

以魔鬼城旅游景区为中心				以魔鬼城旅游景区为中心			
代表性景区（点）	N	r_i	R_N	代表性景区（点）	N	r_i	R_N
魔鬼城	1	0	0	垂钓公园	26	188.0794	122.2648
白杨河	2	10.0033	5.775408	塔尔巴哈台	27	188.4986	125.2349
恐龙文华苑	3	17.0546	9.885917	塔斯特	28	196.2274	128.3383
184团军垦	4	36.8616	18.7067	驼峰公园	29	204.7864	131.604
热气泉	5	43.2065	24.55098	农业科技园	30	207.6972	134.7311
白沙滩	6	56.8475	31.27789	红石头	31	208.1551	137.6199
展览馆	7	67.0693	37.66038	塘巴湖	32	208.3417	140.2878
江格尔	8	73.795	43.19482	齐背岭	33	209.0537	142.7838
文化街	9	75.1371	47.36847	金山葡萄	34	210.4014	145.1535
克拉玛依河	10	78.9572	51.0543	大小东沟	35	212.4263	147.4372
阳光水世界	11	81.7833	54.28357	矿产陈列馆	36	213.5106	149.6072
大漠高尔夫球场	12	97.7185	58.77557	白桦林	37	216.5737	151.7485
草原石神	13	106.6706	63.40797	五指泉	38	218.0645	153.8066
龙珠山	14	116.1789	68.20827	金山森林	39	218.9037	155.7659
吉木乃口岸	15	124.7895	73.04021	阿勒泰博物馆	40	222.7619	157.7389
乌伦古湖	16	136.0526	78.16583	桦林	41	234.4923	159.9948
滨河公园	17	143.0191	83.10727	五彩城	42	236.5732	162.1869
布尔津博物馆	18	160.154	88.84404	喀纳斯	43	247.3532	164.6125
五彩滩	19	163.1206	93.96285	富蕴奇石馆	44	266.458	167.5497
图瓦民俗	20	170.5687	98.96465	可可托海	45	266.4656	170.312
阳光沙滩	21	174.5494	103.6036	天林度假村	46	282.0828	173.4417
额和酒业	22	175.6968	107.7459	青河白桦公园	47	282.2574	176.3947
白沙湖	23	180.4279	111.7223	山楂园	48	288.7046	179.391
阿舍勒矿业	24	184.2292	115.4999	青龙湖	49	291.9234	182.3236
额河奇石古城	25	186.3729	119.0088	塔克什肯	50	314.021	185.8052

数据来源：《新疆维吾尔自治区地图》（2012）。

测算依据：《新疆维吾尔自治区地图》（2012），比例尺1:2550000，r_i的单位是公里。

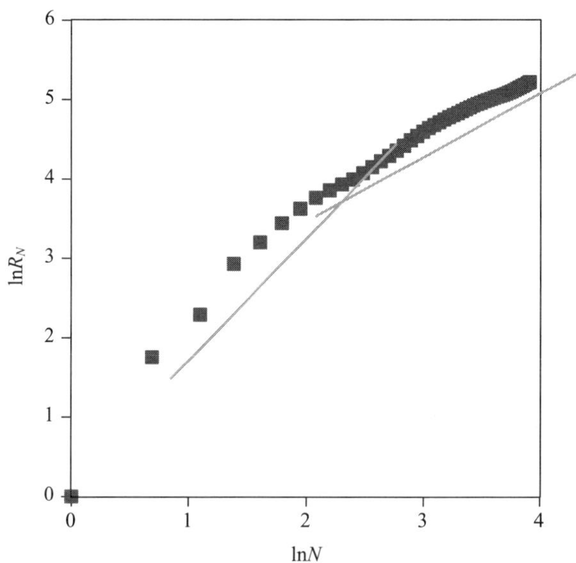

图7－7 以魔鬼城为中心景区（点）系统聚集分形维数双对数图

同上得出测算数据（见表7－7）、双对数坐标图（见图7－7）以及景区（点）系统随机聚集分维值。以魔鬼城为中心景点的景区系统基本具备随机聚集分形特性，但表现为聚集分形退化的特性，无标度区间较窄。以第8个数据点为界，发育近似为双分形结构，第一个无标度区间对应于半径在67公里范围内景区（点），分维值D为0.5341，说明此时空间结构没有其他中心景区（点），虽然只有7个旅游景区（点），但分布得非常集中，遵循从中心景区（点）向周围腹地密度衰减，且衰减速度很快，甚至快于以可可托海为中心的景区系统，区域旅游景区系统空间分布具有明显的中心，系统空间结构的聚集性很强，紧致性很高。第二个无标度区间对应半径在73～314公里范围内的景区（点），分维值D为0.8399，此范围内的旅游景区（点）数目相对较多，且同样具有在这些中心景区（点）聚集分布的特点，景区（点）系统的空间结构同样遵循从聚集中心向周围景区（点）密度衰减的特征。

4）模型检验结果的实践意义解读（见表7－10）。

表7－10 景区（点）聚集维数测算表

	以喀纳斯为中心			以可可托海为中心	以魔鬼城为中心	
r	<61	74～136	145～355	0～453	<67	73～314
D值	0.3833	0.6985	0.7733	0.84	0.5341	0.8399
R^2	0.9838	0.8314	0.8149	0.87	0.9816	0.9448

数据来源：《新疆维吾尔自治区地图》（2012）。

由聚集维数的地理意义解读发现，以喀纳斯旅游景区、可可托海旅游景区、魔鬼城旅游景区为中心的景区（点）系统的演化均表现出有限扩散集团凝聚模型特性，三个核极粒子集团均呈现良好的中心性凝聚态、层次紧致，核极的中心强度都很高，且三个核极互为中心、融为一体，形成了良好的旅游结构分形体，在一定程度上使该地区内的“旅长游短”问题得到缓解。然而在以不同景区为中心的系统中却表现出不同的演化时段，空间结构上的向心性作用也有强弱区别。

从分形的无标度区间可以发现，以可可托海核极粒子为中心的景区粒子中拥有较好的分形结构，在以可可托海为中心的景区系统在很大的区域范围内能够保持良好的自相似性，依据其自相似性特征，合理地对景区系统进行整合优化，从而缓解“旅长游短”问题。从喀纳斯中心景区（点）的多嵌套结构发现，在喀纳斯核极粒子集团中，核极区位的偏置说明在景区系统空间结构设计时需要对旅游结构体做出新的优化，这点恰是“旅长游短”的一个症结点。因此需要进一步优化喀纳斯核极景区粒子集团 DLA 结构，从样本选择的角度就是尚需有新的景点进入其体系，做到对旅游流的合理分流，形成良好的旅游环线，同时说明仅依赖喀纳斯旅游景区来带动整个环准噶尔旅游产业带旅游业发展不尽合理，因此需要再制定另外两个中心景区，以此带动整个区域旅游业发展。可可托海核极粒子集团的地理区位优势还意味着应积极开发与乌昌都市旅游圈毗邻地带的高级别景区，两地区毗邻地带恰为各自核极景区粒子集团影响的末端，也通常是旅游开发的劣势区。魔鬼城核极粒子集团同样具有向西发展的地理区位优势，是通往喀纳斯旅游景区的必经之路，该核极景区粒子是环准噶尔旅游产业带中唯一一个离天山北坡旅游产业带最近的景区系统，毗邻伊犁大旅游圈，是连接阿勒泰旅游景区与伊犁旅游圈的重要交通枢纽，显然高级别景区的打造必然使三个行政区相对分离的 DLA 分形结构体相互间的引力增强而促进一体化发展，有效改观地区旅游网络间“旅长游短”的局面，可进一步提高环准噶尔旅游产业带的旅游性价比。

（3）景区（点）系统空间分布均衡性分析。

调查表明，阿勒泰景区系统的交通网络较为完善，景区之间均有较高等级的公路彼此连通，特别是近几年的旅游交通条件得到迅速的改善，而景区间的欧氏距离则基本接近于实际交通距离的连通关系。因此只需根据空间关联维数的测算模型及其实际测算方法，采用 MAPGIS 软件对景区系统中各景点之间的欧氏距离（乌鸦距离）（见表 7－11）进行测算，首先测算出环准噶尔旅游产业带景区（点）系统中两景区（点）之间的欧式距离，得出各景区（点）之间的乌鸦矩阵表。利用式（7－4）和式（7－5），改变步长 r，得到系列 $N(r)$ 值，通过

N（r）与 N_2 的比值，计算出 C（r）（见表 7-11）。

表 7-11　环准噶尔旅游产业带景区系统关联维数测算数据

序号	7	6	5	4	3	2	1
r	250	210	170	130	90	50	10
$N(r)$	1806	1540	1250	900	628	312	82
$C(r)$	1.4743	1.2571	1.0204	0.7347	0.5127	0.2547	0.0670
$\ln r$	5.5215	5.3471	5.1358	4.8676	4.4998	3.9120	2.3026
$\ln C(r)$	0.3882	0.2288	0.0202	-0.3083	-0.6682	-1.3677	-2.7040
序号	14	13	12	11	10	9	8
r	530	490	450	410	370	330	290
$N(r)$	2754	2748	2818	2700	2434	2530	2330
$C(r)$	2.2482	2.2433	2.3004	2.2041	1.9869	2.0653	1.9020
$\ln r$	6.2729	6.1944	6.1092	6.0162	5.9135	5.7991	5.6699
$\ln C(r)$	0.8101	0.8079	0.8331	0.7903	0.6866	0.7253	0.6429

数据来源：《新疆维吾尔自治区地图》（2012）。

通过表 7-11 可知，步长 r 取 40 公里较为合适，通过改变 r 的值，测算出 N（r）和 C（r）相关数据，然后将（r，C（r））绘成点对系列的双对数坐标图（见图 7-8），对无标度区间点坐标进行回归分析，测算出各景区系统的空间关联维数值（见表 7-12）。

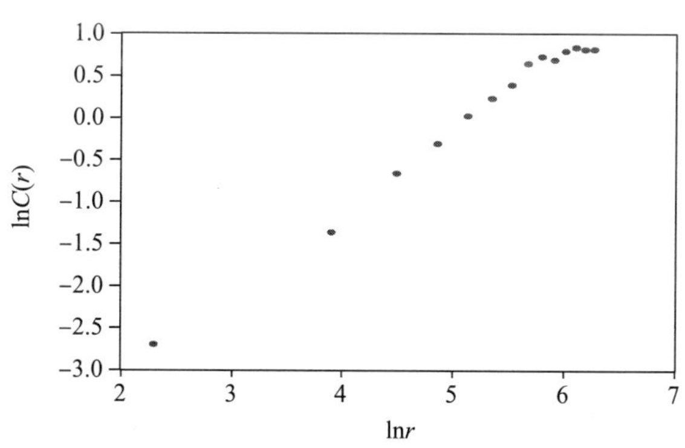

图 7-8 "阿勒泰"景区（点）系统关联分形维数双对数图

从图 7-8 可以看出，环准噶尔旅游产业带景区系统在一定的尺码分割区间内是具有无标度特性的，且无标度区间比较宽，说明景区系统空间结构是分形的，且具有多分形特性，但不同分形结构之间的差异比较大，说明系统空间分布结构自组织优化还没有完全形成。总体来看，其分形结构目前较为完善，空间结构的自组织优化趋势明显。

表 7 – 12　阿勒泰景区系统空间结构关联维数值

分维值 D	R^2	Sig.	Std. Error
1.048	0.988	0.0000	0.0335

数据来源：《新疆维吾尔自治区地图》（2012）。

由表 7 – 12 结果可知，该模型通过了检验（$R^2=0.988$），故关联维数可取，系统已发育成为分形结构。关联维数值 $D=1.048$，说明环准噶尔旅游产业带景区系统中景点的空间分布较为集中，大体均匀地集中于一条相对光滑曲线上，并具有紧凑性特点，比较符合旅游景区系统空间结构的分形特征，同时也反映了景区（点）的各类组成要素的空间分布是比较集中的，且具有自仿射性分形特征，景点系统从中心向外围递减速度较快。从其稳定性分析可以发现，该景区系统大的景点集团是单一的，在空间分布上有明显的集团中心，整个景区（点）系统呈凝聚状结构，目前系统对外围景点进入中心聚集的屏蔽作用较大，这种屏蔽现象主要体现在产业带内部屏蔽，指环准噶尔旅游产业带高级别景区（点）对次等级景区（点）的屏蔽作用，如喀纳斯旅游景区对周围其他景区的屏蔽等。从实际情况来看，环准噶尔旅游产业带的景区沿阿勒泰山脉大体呈一条弓孤状分布，216 国道和 217 国道则顺准噶尔盆地北缘与阿勒泰山脉呈弓弦状态，这种分布态势有利于旅游景区开发和线路组合，具备较好的旅游开发条件，这也再次证明环准噶尔旅游产业带景区系统规划是具有科学性的。

7.3.3　景区系统交通通达度分析

交通的便利程度直接影响着旅游者对旅游目的地的选择和旅游活动日程的安排。交通是消费者在旅游目的地选择中的主要影响要素，进而影响到旅游资源的开发和整个旅游产业的发展。旅游资源的开发、经济效益的实现要求旅游目的地必须拥有便利的交通条件。

7.3.3.1　交通通达度指数模型

通达度表达的是一个节点到其他节点的通达程度，用来衡量网络中景点间移动的难易程度。通达度指数是指网络中从一个顶点到其他顶点的最短路径的平均距离。其公式为

$$A_i = \sum_{i=1}^{n} \frac{D_{ij}}{n}$$

其中，A_i 表示顶点在网络中的通达度指数，D_{ij} 表示顶点 i 到顶点 j 的最短距离，累计和表示顶点到所有顶点的距离，A_i 值越小，表示该点的通达度越高。这里的通达度指数并不代表实际距离。

7.3.3.2　交通通达度指数的测度与解释

通过随机关联维数测算的乌鸦距离如表 7－13 所示。

表 7－13　旅游景区通达度指数比较

景区	通达指数	排序	景区	通达指数	排序
乌伦古湖	132.5526	1	农业科技园	169.9893	26
图瓦	133.9863	2	魔鬼城	173.3485	27
额和酒业	139.6744	3	白杨河	177.4238	28
博物馆	139.8446	4	恐龙文化园	178.1383	29
矿产陈列馆	140.7625	5	白沙湖	181.124	30
红石头	141.1657	6	白桦林	182.1957	31
金山葡萄	141.4288	7	五彩城	186.8653	32
阳光沙滩	141.4434	8	喀纳斯	187.3668	33
齐背岭	141.483	9	富蕴奇石馆	194.7054	34
塘巴湖	141.8831	10	可可托海	198.039	35
大小东沟	142.6315	11	白沙滩	207.428	36
驼峰	142.7431	12	展览馆	212.3204	37
五彩滩	143.6943	13	文化街	219.3497	38
额河奇石	144.6214	14	天林度假村	222.9319	39
草原神十	144.6856	15	克拉玛依河	224.2367	40
江格尔	144.8809	16	阳光水世界	224.6113	41
阿舍勒矿业	146.7227	17	青河白桦公园	226.4784	42
阿勒泰博物馆	148.3209	18	青龙湖	235.1099	43
金山森林	150.6993	19	大漠高尔夫球场	238.0824	44
龙珠山	152.0623	20	冰河公园	244.4745	45
热气泉	153.3902	21	山楂园	259.3297	46
五指泉	154.6329	22	塔克什肯	264.9966	47
桦林	158.8153	23	塔尔巴哈台	271.2937	48
184 团	159.9287	24	垂钓公园	274.9019	49
吉木乃口岸	160.244	25	塔斯特	296.1277	50

数据来源：《新疆维吾尔自治区地图》（2012）。

由表7-13可知，环准噶尔旅游产业带50个景区（点）通达度平均指数为181.86，其中有30个景区（点）通达度指数低于平均值，说明这30个景区（点）交通通达度比较高，景区（点）间移动的难度较低，可进入性较高。在交通通达性较好的30个景区（点）中，4A级景区占10%，3A级景区（点）占40%，表明乌伦古湖、五彩滩、魔鬼城、白桦林4个4A级景区拥有较好的交通网络，未来有望凭借自身资源的优势以及交通网络优势最先发展成为国家5A级旅游景区。然而从高于通达度指数平均值的景区（点）中可以发现，目前该旅游产业带仅有的两个5A级景区——喀纳斯旅游风景区以及可可托海旅游风景区通达程度低于平均水平，其中喀纳斯旅游风景区交通通达指数为187.3668，高于平均通达指数5.5068，可可托海风景区交通通达指数为198.039，高于平均通达指数16.179。说明喀纳斯和可可托海旅游景区在整个景区系统中移动较为困难，与其他景区之间的交通网络结构的配套程度较差，旅游联系较小，可进入性不强，存在移动性障碍，从而造成中心景区与其他景区之间缺乏很好的互动关系，关联性较差。

结合景区分布状况可以发现，造成部分景区之间交通通达性差的原因不仅仅是因为交通线路的不畅通，更重要的是景区与景区之间缺少连通的桥梁。环准噶尔旅游产业带部分景区之间空间跨度较大，在连通两者的交通道路沿线大多为荒漠、戈壁或没有特色的小村庄，同时，景区之间存在着资源雷同性，缺乏有足够说服力并具有吸引力的景区（点），“旅长游短”问题逐渐暴露，因此合理地对景区系统进行优化成为解决“旅长游短”的关键点。

7.4 绿洲城镇孤岛效应暨“旅长游短”缓解情况评析

7.4.1 实证结论

（1）关于假设1的结论。

根据上述实证分析，假设喀纳斯湖5A级景区作为环准噶尔旅游产业带景群演化的三个主要凝聚中心之一，经数据测评通过了模型验证。

不过从所测算结果来看，喀纳斯湖5A级景区似乎是三个假设中心景区当中聚集分形结构水平最不理想的一个，其聚集分形结构演化受到的屏蔽影响非常明显，呈现有三分形嵌套的结构特征。这表明喀纳斯湖5A级景区作为环准噶尔旅游产业带A级景群中最具影响力的核心景区，尽管其资源品质和市场开发具备显著优势，但是地理位置很不理想，很大程度上影响了喀纳斯湖作为产业带凝聚中心的分形演化质量。

从景群聚集分维所显示的三个无标度区间来看，喀纳斯湖5A级景区的第一个无标度区间（辐射范围在67公里内）显示了良好的中心凝聚结构，该区间是喀纳斯湖5A级景区凝聚作用最强的范围，区域内的旅游吸引物开发明显受到喀纳斯湖旅游流的吸附影响。因此在该无标度区间内的四个主要样本景区形成了良好的凝聚分形结构。

对于第二个无标度区间，则包含距喀纳斯湖相对较远的哈巴河县、阿勒泰市、布尔津县、吉木乃县的大部分景区，这里构成了喀纳斯湖中心凝聚景群分形结构的次级景群聚集体。在该范围内，由于阿尔泰山的地理阻隔影响，景区开发明显已减弱与喀纳斯湖景区的空间凝聚关系，导致喀纳斯湖中心凝聚景群结构出现较明显的空间破缺，从而出现了第二层次的无标度区间。事实上，第二无标度区间与目前最新规划的大喀纳斯旅游区新扩展区域基本吻合。

对于第三个无标度区间，则是第二无标度区间外围的广泛区域，包括距离喀纳斯湖5A级景区更远的富蕴县、福海县、清河县的A级景区以及塔城地区和克拉玛依市辖区范围内的A级景区所构成的景群。在这个范围内，尽管喀纳斯湖5A级景区的辐射影响力依然存在，但是相对而言已明显减弱，在这个区间上更显著地出现了产业带的其他凝聚中心景区。比如可可托海5A级景区、乌伦古湖4A级景区、乌尔禾魔鬼城4A级景区以及塔城旅游景群等，虽然都可视为喀纳斯湖5A级景区中心凝聚景群的构成部分，但是这些景区自我中心凝聚能力都很突出，形成了与喀纳斯湖大中心之间较显著的屏蔽关系。

上述结论表明，喀纳斯湖5A级景区的开发对凝聚环准噶尔旅游产业带旅游景群开发产生了显著的中心带动功能，促进了产业带旅游经济的一体化发展，同时也促进了区域内城市群的旅游服务协作与特色产业的规模性开发。由此可以推断，以喀纳斯湖5A级景区开发为标志的环准噶尔旅游产业带开发所构造的旅游景群体系已很大程度地消解了该区域内的“旅长游短”，并通过旅游经济的一体化关系在很大程度上促进了环准噶尔旅游产业带上三大地区（市）城市群的联动发展，对缓解该区域内的城镇孤岛效应产生了有效而突出的作用。这种作用从景群演化凝聚结构上看，一是表现为喀纳斯湖5A级景区凝聚中心的龙头效应，使整个产业带景群凝聚结构形成较明显的一体化分形特征；二是表现为局部中心凝聚景群结构的多层级构造，这不仅是对喀纳斯湖5A级景区龙头效应的积极反应，而且有效扩散和放大了喀纳斯湖旅游的辐射功能。

（2）关于假设 2 的结论。

根据上述实证分析，假设可可托海 5A 级景区作为环准噶尔旅游产业带景群演化的三个主要凝聚中心之一，经数据测评通过了模型验证。

从所测算结果来看，以可可托海 5A 级景区为凝聚中心的景群分形结构的分维质量在三个假设中心当中是最优的。就地理意义而言，这个测评数据显示出可可托海 5A 级景区所在地理位置近似于环准噶尔旅游产业带景群分布的几何中心效果。并且分形无标度区间范围较大，其回转半径的同心圆几乎囊括环准噶尔旅游产业带所有被测的 A 级景区样本在内。这个结果意味着以可可托海 5A 级核心景区为分形凝聚中心，若仅从环准噶尔旅游产业带内部的地理关系角度来看，可能更有利于构造空间效率更优的景群中心凝聚结构形态。

若从阿勒泰地区这个行政单元的角度来看，可可托海 5A 级景区的开发培育虽然一定程度上有分离喀纳斯湖 5A 级景区中心功能的屏蔽效应，但显然又是对喀纳斯湖凝聚中心地理位置过于偏北的有效弥补。从新疆整体旅游景群布局关系来看，这种弥补作用首先是减缓阿勒泰地区“旅长游短”问题的一招关键布局，形成了阿勒泰旅游更为紧密的双旅游中心廊道结构景群系统，比较显著地促进了相应的城市群旅游经济向一体化方向发展的协同关系。这种弥补作用较显著地改善了阿勒泰旅游板块与乌昌旅游板块的接近性关系，从而降低了这两大板块之间地理间隔过大的“旅长游短”阻碍，在地理空间上为两大旅游板块降低了协同发展的屏障。因此可以说，对可可托海 5A 级旅游景区凝聚中心功能的提升已经为推进北疆旅游经济的一体化发展奠定了重要基础，这在实际的旅游经济表现中已越来越明显。

从整个环准噶尔旅游产业带的角度来看，可可托海 5A 级旅游景区凝聚中心功能的提升为整个产业带一体化的空间三角结构景群布局构造了第二个重要支点（喀纳斯湖为第一个支点）。这一开发布局的成功意味着环准噶尔旅游产业带景群布局从局部廊道形态向空间网络分布形态发展已进入一个新的阶段，使环准噶尔旅游产业带景群开发与绿洲城市群的协同发展也提升到一个新的层面，将会为缓解“旅长游短”和城镇孤岛效应产生出更大的效能。

（3）关于假设 3 的结论。

根据上述实证分析，假设克拉玛依市乌尔禾区魔鬼城 4A 级景区作为环准噶尔旅游产业带景群演化的三个主要凝聚中心之一，经数据测评通过了模型验证。

从所测算结果来看，以克拉玛依市乌尔禾区魔鬼城 4A 级景区为凝聚中心的景群分形结构的分维呈现出双分形嵌套的空间结构，这与以喀纳斯湖 5A 级景区为凝聚中心测算出的情况有一定的相似性。

第一个无标度区间主要包括魔鬼城景区、白杨河景区、恐龙文化苑景区、

184团军垦博物馆景区、热气泉景区、白沙湖景区、展览馆以及“江格尔”民俗风情园8个景区。这个范围是魔鬼城4A级景区凝聚中心辐射的核心区域，其中的8个样本景区虽然分属克拉玛依市、塔城地区和阿勒泰地区三个不同行政辖区，但是从旅游景群中心凝聚的空间结构看，明显对魔鬼城4A级景区旅游流有明显的依附关联性。

第二个无标度区间显示出较大的地域空间范围，大体包括42个样本景区在内。显然，目前环准噶尔旅游产业带各地区所开发的A级景区在空间分布上以较大的数量进入魔鬼城4A级景区的分形凝聚区域内。这表明魔鬼城4A级景区尽管尚未升格到5A级核心景区标准，但是却有较优的地理区位，非常有利于其成长为产业带旅游景群的一个重要凝聚中心。实际上，克拉玛依市乌尔禾区魔鬼城4A级景区恰位于克拉玛依市、塔城地区和阿勒泰地区交会点上，紧邻217国道（G3014高速公路）和北疆铁路线，是进入喀纳斯旅游区的必经之处，加上独特的雅丹地貌风光和油田生产的壮观景致，具有作为环准噶尔旅游产业带景群凝聚中心的显著优势条件。

由此可以推断，克拉玛依乌尔禾区魔鬼城4A级景区的成长在环准噶尔旅游产业带中已显示出一定的凝聚中心功能，是连接克拉玛依市、塔城地区和阿勒泰地区旅游景群体系的重要节点。因此该凝聚中心的成功培育显然对缓解环准噶尔旅游产业带“旅长游短”和城镇孤岛效应具有重要作用。

（4）实证的总体结论。

综上所述，可以推断环准噶尔旅游产业带旅游景群的培育开发已形成较优的空间凝聚和空间关联分形结构。其重要特点是以阿勒泰高品质生态旅游资源开发为核心和重点，创建了喀纳斯湖5A级核心景区，发挥出很强的龙头带动功能，进一步带动了可可托海5A级景区以及克拉玛依市乌尔禾区魔鬼城4A级景区等大批A级景区的开发，基本构成整个产业带以喀纳斯湖、可可托海和魔鬼城为主要凝聚中心体系的一体化景群结构关系。从旅游景区资源开发的空间布局效益来看，上述较优的分形结构关系则显示了相对较优的旅游景区资源开发的空间配置效率。一方面，景区布局开发注重空间利用效率和规模效益；另一方面，景区布局开发注重与绿洲城镇在交通和旅游集散服务关系上的协同发展。

显然一体化景群结构关系的构建则意味着旅游产业带经济的一体化发展，也蕴含着绿洲城镇旅游经济的一体化建设和规模化成长。首先获益的就是游客体验，在很大程度上有效弱化了“旅长游短”的影响。其次则是对环准噶尔旅游产业带绿洲城市群孤岛效应的有效缓解，主要表现在一体化的旅游市场关系推进了绿洲城镇之间对景区资源、旅游设施和特产经营的融合与共享，以及竞合性的协同发展关系。

7.4.2 实证结果凸显的空间结构优化问题

（1）假设1结论蕴含的优化问题。

根据假设1的实证结果，当以喀纳斯湖5A级景区为环准噶尔旅游产业带景群的凝聚中心来观察景群开发的空间分形结构时，就需要考虑降低阿尔泰山空间阻隔对景群凝聚分形的屏蔽作用。打通山脉阻隔的关键就是要进一步提升大喀纳斯景区乃至阿勒泰山千里旅游画廊景区带的旅游公路连通性，这无疑需要获得自治区和国家层面的规划和投资支持。

（2）假设2结论蕴含的优化问题。

根据假设2的实证结果，环准噶尔旅游产业开发带就要积极发挥可可托海5A级景区的中心凝聚优势。在提升产业带景群开发的空间布局效益上，要重点考虑进一步将可可托海5A级景区打造成具有国际水平的高端旅游胜地，增强该中心的国际品牌影响力，使可可托海5A级景区在环准噶尔旅游产业带上的地理区位优势进一步释放出潜在的凝聚中心效能。

不过从目前的实际效益来看，上述地理角度的分形测度同可可托海5A级景区的实际表现存在有明显的差距。实证测度显示，可可托海5A级景区的地理中心性优势比较突出，然而旅游流、旅游收入以及自治区旅游规划方面都意味着可可托海5A级景区的中心性地位目前还较偏低。

其中可能的原因，首先，可可托海升格为5A级景区的时间还较短，包括基础设施和旅游服务的项目开发还需要进一步建设完善；其次，可可托海5A级景区的旅游品牌打造尚需时日，需要有更高水平的营销推介和高端旅游项目的开发；再次，在与乌昌旅游板块的连通合作方面的机制建立目前还缺乏有效推进；最后，就是国际化的旅游开发总体上还处在较低的水平上。

另外，通过对可可托海5A级景区周边腹地的资源等分析发现，高级别交通网络设施的短缺成为阻碍可可托海5A级景区释放凝聚中心效能的主要瓶颈，因此构建与可可托海5A级景区相适应的旅游交通网将是进一步发挥可可托海旅游景区凝聚中心作用的一个关键性问题。

（3）假设3结论蕴含的优化问题。

根据假设3的实证结果，若克拉玛依市乌尔禾区魔鬼城4A级景区成长为环准噶尔旅游产业带景群三角形空间分布结构的第三个支点，则必须进一步提升凝聚中心职能。

目前，魔鬼城景区已列入自治区创建国家5A级景区行列，近两年在建设过程中对景点项目和基础设施开发做了很大的投入，旅游吸引力也在不断增强。特别是其相对优越的地理区位，与阿勒泰喀纳斯旅游能够较好地形成互补联动关

系。因此要充分发挥魔鬼城景区的优势，大力提升其旅游吸引力和市场吸引力价值，通过凝练定位和实施高水平营销扩大影响力，尽快升格到5A 级景区的高水平层次。

7.5 深入推进绿洲城镇孤岛效应缓解的对策分析

根据以上实证分析，以国家 A 级旅游景群开发为主要载体和产品形态的旅游资源开发，使环准噶尔旅游产业带已形成以喀纳斯湖 5A 级景区、可可托海 5A 级景区和克拉玛依市乌尔禾区魔鬼城 4A 级景区为典型凝聚中心的景群分形结构体。这种较好的分形结构的构建，一方面，表明旅游资源的战略性开发有效提升了环准噶尔旅游产业带景群产品体系的一体化和规模化水平，为提升区域内旅游经济的整体发展创造了较好的旅游产品供给；另一方面，表明旅游资源开发与绿洲城市群发展之间形成了一定的协同性关系，使旅游资源开发与城市群经济能够相互依存、互为支撑、彼此促进，因此推进了绿洲城市群的整体性发展，促进了绿洲城镇孤岛效应的有效缓解。在产生这些积极成效的同时，也发现了较突出的分形结构缺陷，成为制约环准旅游产业带提高旅游空间效率和资源利用效率的主要障碍。

由此可见，要进一步推进环准噶尔旅游产业带绿洲城镇孤岛效应的缓解，还应该继续积极考虑旅游资源开发存在的空间结构问题和一体化协同发展问题。也就是说，要针对上述实证结论中的结构性问题，提出进一步优化景群开发空间结构布局的策略和推进区域旅游产业一体化联动发展的策略。

7.5.1 优化景群开发的空间结构布局策略

7.5.1.1 确定优化重点的主要依据

（1）新疆区域经济发展的重大政策背景。

2011 年 5 月 25 日，新疆维吾尔自治区首届旅游产业发展大会召开，进一步部署落实“十二五”旅游发展规划目标，强调继续重点建设喀纳斯等国家级乃至世界级旅游景区，建立统一无障碍的旅游大市场，加强旅游基础设施以及连通重点旅游区的断头路和连接线等建设，打造新疆旅游品牌和旅游精品，逐步扩大国内以及国外市场份额。大会凸显了阿勒泰地区在环准噶尔旅游产业带的龙头作用，明确将积极推进阿勒泰地区精品旅游区带动克拉玛依工业旅游以及塔城边境绿洲旅游区发展。

在旅游交通等基础建设与产业推动方面，“十二五”所规划的奎—阿、克—塔高速公路、准噶尔铁路环线以及相应的航空支线即将于近两年内通车运行。为了加快完成“十二五”旅游发展目标，自治区人民政府于 2013 年出台的新疆旅游发展“三年倍增计划”中进一步提出全面推进“三带四轴五区七线”的产业空间布局。

更为重要的是，2013 年 9 月，国家主席习近平提出了构建欧亚大陆“丝绸之路经济带”的思想。2015 年 4 月，发改委、外交部和商务部联合发布了《推动共建丝绸之路经济带和 21 世纪海上丝绸之路的愿景与行动》，其中将新疆定位为新丝绸之路经济带建设的核心区。新疆作为丝绸之路上通往欧亚各国的重要节点，在能源合作、经济贸易以及旅游与城市发展等方面都将获得前所未有的重大战略机遇。环准噶尔旅游产业带毗邻哈萨克斯坦、俄罗斯和蒙古等国，是面向中亚与东北欧国家的重要经贸通道，这无疑将为区域旅游经济开发创造巨大的区位新优势和推动力。

（2）环准噶尔旅游产业带建设规划存在的缺位问题。

由于行政主体关系的制约，自治区层面有关环准噶尔旅游产业带的发展规划一般都较为宏观，多为粗线条的定位描述，与该产业带相关的阿勒泰、塔城两地区和克拉玛依市三个行政主体对本辖区的规划都很周密细致。但是对整个环准噶尔旅游产业带做出较详细具体发展规划的方案和论证似乎是缺位的。

（3）实证结果凸显的空间分形结构问题。

从模型实证结果来看，为进一步优化环准噶尔旅游产业带景区系统空间结构，应当在环准噶尔旅游产业带的政府规划之上重点推进区域化的旅游圈布局关系整合，着重解决喀纳斯湖 5A 级中心凝聚景区屏蔽作用偏重和魔鬼城 4A 级中心凝聚景区中心功能偏弱的分形结构缺陷问题。

根据景群分布和城市群布局呈点—轴结构的基本特征，还应该进一步优化环准噶尔旅游产业带三大旅游圈为中心支点的空间结构体系，着力培育推进阿勒泰和塔城两地区与克拉玛依市旅游景区系统空间布局的点—轴—面网络结构体系。

7.5.1.2 优化重点一：强化三大旅游圈为支点的一体化结构体系

根据模型测度的环准噶尔旅游产业带景区系统空间结构聚集分形特征，以及景区之间旅游移动的难易程度，本课题认为，推进以喀纳斯旅游圈、可可托海旅游圈和魔鬼城旅游圈为三大支点的景区系统空间结构一体化是进一步优化环准噶尔旅游产业带景区系统空间分形结构的关键。

通过强化以三大旅游圈为支点的一体化结构，将会提升环准噶尔旅游产业带经济规模化水平和旅游性价比，从而可更加有效地改善该产业带的“旅长游短”问题。更高效的空间结构优化和产业一体化发展，必将有力促进环准区域内城市

群的经济合作与分工关系，在交通建设与经济关联等多层面促进城镇孤岛效应的缓解。

（1）核心支点——喀纳斯湖旅游圈的优化策略。

喀纳斯湖旅游圈事实上已担当起环准噶尔旅游产业带的核心支点，凭借国家5A 级的喀纳斯湖精品旅游开发而成为新疆优先发展的一个大旅游圈。该旅游圈共有国家 A 级以上景区近 50 个，主要分布于哈巴河县、布尔津县、福海县、阿勒泰市以及吉木乃县。从聚集分维测度数据来看，需要着重降低旅游圈演化过程中产生的分形屏蔽影响，着力于进一步提升喀纳斯大旅游圈的品牌影响力。

首先，要优化旅游圈的轴线式景群空间布局。主要是针对分形结构显示的问题，通过在景群分布轴线上适当增加新景区开发，弥补轴线局部地带上景区分布稀疏而间隙过大的缺陷。另外，要深入挖掘景区特色及其营销，通过优化精品旅游环线设计来提升圈内各景群的协同发展水平。

其次，要着力推进大旅游环线的构建。在大旅游环线的构建中，一是大喀纳斯旅游环线已见雏形，二是更大范围的千里旅游画廊环线规划和建设。这两个环线规划对优化喀纳斯湖旅游圈空间结构有很强的针对性，对推进喀纳斯旅游圈高效配置景区空间与旅游经济资源的意义很大。关键是要能够有效获得交通建设的投资支持，相关县市之间必须增强协同开发的共识，能够进一步推进统一规划、共建共用、市场融通和利益分享的管理与运营机制。大环线的推进必将会更有效降低“旅长游短”影响，提升阿勒泰绿洲城市群旅游产业一体化的分工协作能力，从而在更大范围和更高层级上促进绿洲城镇孤岛效应的缓解。

（2）东南翼支点——可可托海旅游圈的优化策略。

可可托海 5A 级景区作为环准噶尔旅游产业带的东南翼支点位于喀纳斯旅游圈与乌昌旅游板块之间，地理区位相对较优。该旅游圈沿 216 国道与环准噶尔旅游产业带区域内喀纳斯旅游区和魔鬼城旅游区形成联动，向东成为蒙古国进入新疆旅游市场的主要通道。在该旅游圈，可可托海 5A 级景区以绝对优势位居中心景区，对其周边腹地的五彩城、白桦公园、青龙湖、天林度假村、山楂园、塔克什肯口岸景区等形成中心凝聚作用。

从旅游经济的表现来看，虽然 2012 年以来可可托海 5A 级景区的旅游热度上升很快，但是其中心凝聚功能的释放还处在较初始的状态。除了开发时间相对较短之外，最大的制约瓶颈还是交通问题。值得肯定的是，目前自治区旅游规划中已经将解决可可托海旅游景区交通问题提上重要日程，“千里旅游画廊”规划将会极大地改变可可托海 5A 级景区旅游圈交通路网格局。

然而，实证分析也表明该旅游圈的景区基础设施相对落后、景区数量相对偏少、产品形态还较单一也是目前存在的突出问题。因此，还需要加强对可可托海

5A 级景区周边腹地旅游资源的开发，形成空间密度相对更紧致的 A 级景区群，进一步扩大可可托海 5A 级景区的中心凝聚影响力，提升旅游品牌效应。

在更高的区域层面上，就是要不断加强该旅游圈与乌昌旅游板块的一体化合作，使可可托海 5A 级核心旅游景区引力逐步向更大的外围区域扩展，能够更有效地带动青河与福海县相关旅游景区联动发展；提高同乌昌板块上的吉木萨尔与奇台两县旅游景群的关联程度，建立两大板块间更为密切的旅游空间相容性结构关系。

（3）西南翼支点魔鬼城旅游圈的优化策略。

位于克拉玛依市乌尔禾区的魔鬼城 4A 级景区，作为环准噶尔旅游产业带的西南翼支点，目前的中心作用发挥实际上相对最弱。但是聚集分维测度显示魔鬼城景区的地理区位在环准噶尔旅游产业带中极为有利，夺环准噶尔旅游产业带景区系统交通要冲之位。事实上，魔鬼城旅游圈向东可连可可托海旅游圈、向南可接天山北坡旅游产业带主要景群、向西可通哈萨克斯坦、向北可进喀纳斯旅游圈。以魔鬼城 4A 级景区为核心的旅游圈，可以整合塔城地区的江格尔、准噶尔热气泉、白杨河、白沙滩、克拉玛依河、塔尔巴哈台、滨河公园等旅游景区构建更优的景群结构关系。

该旅游圈以其鲜明的地质景观和石油工业旅游特色为优势，是环准噶尔旅游产业带的关键旅游圈之一。由于魔鬼城 4A 级旅游景区开发建设相对较晚，目前景区服务质量还限于国家 4A 级水平，其应承载的中心性功能并未得到有效释放，这与其重要的地理位置和旅游资源特色优势很不相称。

首先是创建 5A 级高规格景区的问题。应大力推进魔鬼城旅游景区的开发建设，提供质量更好、功能更多、档次更高的旅游产品和服务，扩大乌尔禾魔鬼城的旅游品牌影响力，尽快尽早建成国家 5A 级精品旅游景区。

其次是优化魔鬼城旅游景区的中心辐射区域。根据聚集分维的测度，由于该旅游圈中大部分景区位于 217 国道沿线，应进一步增强与阿勒泰方向生态旅游景群的联动合作。另外就是在通往塔城地区的交通轴线方向，积极开发相应的景区，着力强化以魔鬼城景区为核心的多层旅游环线构建，从而发挥出区位优势，提升魔鬼城旅游景区作为环准噶尔旅游产业带西南翼凝聚中心的地位。

7.5.1.3 优化重点二：培育和推进点—轴—面网络空间结构体系

点—轴式开发是一种能够以较高效率发挥交通、通信以及自然资源配置的空间布局模式。鉴于新疆绿洲城市群多以沿河、沿山和沿交通线而分布的绿洲经济地理特征，因此采取点—轴式布局的开发策略有利于发挥中心景区对区域旅游的辐射带动作用和提高旅游的通达性条件，从而更为有效地提升旅游资源开发的空间效率、资源配置效率和经济效益。

因此课题组建议积极推进和优化点—轴扩散开发模式，不断提升环准噶尔旅游产业带三大旅游圈核心凝聚中心的功能，高效发挥主干交通轴作用强化三大旅游圈之间的串行结构关系，拓展中心辐射范围，提升环准噶尔旅游产业带区域旅游经济的整体规模水平。

（1）凝聚中心的多层级网络化布局策略。

环准噶尔旅游产业带已开发的高水平A级景区可以说是促进绿洲旅游发展的主要凸点（生长点），它们总体上已构成有等级层次关系的景群空间分形结构。根据上述三大凝聚中心景区的DLA分维测算以及景区间移动的难易情况，可考虑对环准噶尔旅游产业带构建点—轴—面网络空间结构体系推进凝聚点布局优化，向多层级的凝聚中心网络化景群格局演进。

首先，推进作为第一层级的三大基点布局优化。喀纳斯湖5A级景区、可可托海5A级景区和乌尔禾魔鬼城4A级景区是架构环准噶尔旅游产业带大三角环线旅游网的三个支撑点，是构建点—轴—面网络空间结构体系的三大景群凝聚中心。对这三大基点的探讨，已在“优化重点一”部分详细论述。

其次，推进作为第二层级的凝聚中心布局优化。主要应以一批影响力较大的4A级景区为主体，特别是位于各县市的重点景区如乌伦古湖、草原石城、白沙湖、阿舍勒矿、白杨河、恐龙文化苑、军垦博物馆、和布克赛尔热气泉等景区。一方面，这些景区兼顾到环准旅游产业带各县市的关联性；另一方面，则有较突出的旅游特色，因此有利于创建旅游辐射点，有利于为构建点—轴—面旅游网络空间结构体系形成二级凝聚中心支撑点。对于第二层级凝聚中心的培育建设，一要提升规划定位层次，二要强化与第一层级凝聚中心的协同关系，三要加强交通基础条件的建设。

最后，推进作为第三层级的凝聚中心发展。这个层级凝聚中心的吸引力范围较小，主体多为3A级景区。第三层级凝聚中心看似旅游吸引范围不大，但是对于构筑点—轴—面旅游网络空间结构体系却是重要的基础。特别是对于新疆绿洲经济地理的空间形态，丰富而多样的第三层级凝聚中心景区不仅是高水平旅游景群的重要部分，而且是网络式景群布局结构的基本支点。因此第三层级凝聚中心对于优化环准旅游产业带景群网络化布局和旅游经济繁荣都具有重要价值。第三层级凝聚中心的发展更多以县乡为依托，能够更多地体现乡村旅游经济的开发、地方文化旅游场馆的建设以及工农业生产特色旅游景观的开发等。

目前环准旅游产业带A级景群中已有较丰富的可担当第三层级凝聚中心的景区，但是发挥凝聚作用的实际水平还较低。一方面是要向精品化发展，另一方面需要加强旅游营销，再就是要积极向高层级凝聚中心主动融合，争取进入重点旅游线路的节点景区行列。

（2）凝聚轴的多层级网络化布局策略。

作为凝聚轴的旅游交通干线以及相应的综合运输通道是景区凝聚中心和旅游集散中心的连通线路，既是促进旅游产业带景群开发形成网络化布局的基础也是关键。环准噶尔旅游产业带由于处在干旱区内陆深处，属于我国西北边陲地带，高等级国道公路线是主要的旅游要素凝聚轴线。根据对环准噶尔旅游产业带景群空间的分维实证分析，对凝聚轴的优化，一是要着眼于促进三个凝聚中心的一体化协同发展；二是要考虑促进环准噶尔旅游产业带与天山北坡旅游产业带乌昌板块和伊犁板块的协同关系；三是要考虑促进环准旅游产业带内部重点景群区域的凝聚连通问题。

首先，作为对一级轴线的优化，可以考虑从三个方向推进景群空间凝聚轴的网络化构造。其中主轴一是以乌鲁木齐市为始点的环准噶尔旅游产业带大环线，该主轴线的构造以217国道（G3014高速公路一部分）和216国道为交通轴串联约12个主要市县（即乌鲁木齐—昌吉市—石河子市—克拉玛依—和布克赛尔县—吉木乃县—布尔津县—哈巴河县—阿勒泰市—北屯—富蕴县—吉木萨尔县）。主轴二是与以伊犁旅游板块为代表的天山北坡旅游产业带建立连通关系的旅游轴线，以217国道和312国道（局部为G30高速公路）为交通轴串联约12个市县（即伊宁市—霍城县—精河县—乌苏市—奎屯市—克拉玛依—和布克赛尔县—布尔津县—阿勒泰市—北屯—富蕴县—吉木萨尔县）。主轴三是阿勒泰核心旅游区域局部轴线构造，以217国道和相应省道为交通轴连通4个市县［即吉木乃县—哈巴河县（白桦林、喀纳斯）—布尔津县—北屯］。所谓对这三个主轴线的优化，第一要充分利用它们自身存在的连通交叉关系，第二则是对于多重连通功能的强化。比如主轴线一凸显的是与乌鲁木齐市核心旅游集散中心的关联功能，主轴线二强调的是与天山北坡旅游产业带的连通功能，主轴线三专注于环准旅游产业带核心区域的连通功能。三个主轴线实际是分而不散、彼此贯通的结构演化组合。

其次，作为对二级轴线的优化考虑，在整个环准噶尔旅游产业带各区块上主要涉及两个重点：一是涉及塔城与克拉玛依市之间的交通轴线（托里县—裕民县—塔城市—额敏县—克拉玛依），连通约5个市县；二是涉及阿勒泰千里旅游画廊的两条县域轴线（青河县—富蕴县线、福海县—青河县线），目前的交通情况主要是依托216国道和相关省道形成旅游连通，最好能规划提升两县间距离更短的旅游公路水平，进一步改善千里旅游画廊景群凝聚的内部连通条件。

从凝聚点、凝聚轴到面域网络式旅游结构的构建与优化是一个不断演进的过程。按照分形DLA模型原理，此演进过程将分别经历点状演化、多中心演化到多中心一体化的过程。在这样的演进过程中，若从旅游景群开发角度来看便是旅

游产业带景群系统逐渐形成DLA空间轴树分布结构的过程，而从与绿洲城市群协同发展的角度来看则是景群开发与绿洲城镇交通网络的融合发展过程。无论哪一个角度，实际都反映了旅游资源开发对空间与资源配置效率的要求及实现程度。达到多中心一体化的发展高度时，便是对景群分布结构网络化、旅游线路网络化、旅游城镇体系网络化格局的要求与实现。对于环准旅游产业带而言，可以说目前的开发状态总体已经形成一个较好的基础。但是由于新疆干旱绿洲地理的特征因素，环准旅游产业带无论在其内部结构上还是与天山北坡旅游产业带的结构关系上，依然有很大的优化空间和需要。因此上述关于推进点—轴—面网络空间结构体系的策略分析应该表达一个基本的优化框架思路，不管是对“旅长游短”问题还是绿洲城镇孤岛效应的缓解问题，都将会有更积极的意义。

7.5.2　推进区域旅游产业一体化联动发展的策略

要实现以上优化策略的有效实施，依然主要面临着交通建设、发展理念、政策机制、投资水平、经营管理模式以及国内外旅游业发展环境等制约性因素的突破问题，还需要有相应的综合性解决策略。

课题组认为，无论是在环准噶尔旅游产业带各级地方政府和企业层面，还是新疆维吾尔自治区政府层面，均应着重于三个方面的策略运用：一是要继续推进区域交通网的高水平建设，向高速度、高质量、高效率、新技术、新模式和新标准不断提升跨越；二是以全球化和信息化大视野推进新疆内外旅游联动发展机制创新，通过更积极的市场化融合机制与信息化智慧旅游模式创新等转变小、散、分的传统地方利益割据思维与行为方式；三是抓住和运用好“一带一路”倡议带来的欧亚经济地理新整合的历史性战略机遇，充分发挥环准噶尔旅游产业带旅游资源与地缘区位上的优势，大力促进和提升环准噶尔旅游产业带旅游景区产品综合影响力与竞争力。

7.5.2.1　推进旅游交通网络发展促进结构优化策略

根据对环准噶尔旅游产业带景区系统分析结果发现，目前该区域交通网络设施相对较为落后，除了两条主轴所处的国道以及二级发展轴所处的部分省道建设良好外，大多数景区之间存在着移动性障碍，可可托海旅游景区成为发展最为严重的景区，其近似地理几何中心的条件与周边交通设施发展极不协调，严重地制约着可可托海旅游景区的中心性作用，因此建设可可托海交通设施成为优化其发展的关键点之一。以高等级公路建设为重点，突出抓好干线公路和旅游公路的改造，使核心区内的干线公路和旅游公路普遍提高一至两个等级，达到高级公路等级。同时，应抓好核心景区到市区，以及二级发展点和三级发展点与中心景区的交通网建设，建立良好的互通桥梁，使旅游流达到合理的分流效果。

7.5.2.2 创新联动发展机制促进结构优化策略

从优化方案分析发现，新景区（点）的引入成为加强一、二、三级旅游点之间旅游合作，增强三“点”结构的重要通道。

(1) 促进内部资源与市场开发的协同整合。

旅游产品的整合实际上是将不同区域的优势以及特色旅游产品按旅游线路、旅游区域规模化的形式组合起来。环准噶尔旅游产业带的北部是生态旅游观光区以及环准噶尔旅游产业带的龙脉，是集水体、草原、牧场风情、自然风光为一体的生态旅游区，地形以山地为主，由众多景观团组成，打造生态旅游地是该区域资源整合的目标。环准噶尔旅游产业带的西部是塔城和克拉玛依的地域，该区域集结塔城众多的边境旅游景区（点）以及克拉玛依工业旅游景区（点），组成一系列著名的人文观光旅游景区团。该产业带的发展应在政府的支持下，根据北部、西部不同旅游资源的优势特色和空间分布组合，突破行政区划的障碍，加强旅游板块联合，同时应当遵循区域旅游发展的经济规律，开发建设一批与喀纳斯、可可托海等著名景区（点）风格相异、结构互补的旅游景区，满足游客希望一地多游、多游几地的愿景。

(2) 加强三地区合作，促进区域旅游协同发展。

根据区域一体化协作的目标，建立由阿勒泰、塔城和克拉玛依市三地市政府领导下高效的、权威性的旅游合作机构，建立、健全区域协调机制，创造公平的市场环境，成为三地市旅游业的联合发展必不可少的组织保障。在加大三地市政府对旅游资源开发投资力度的前提下，应当采取经济杠杆和政策手段共同鼓励、支持社会各方面加大对旅游业的投资力度，逐步建立一套符合市场经济规律的风险共担、利益共享的产业投入体制，加快形成政府资金、社会集资和私人资金等多元融资新格局。培育区域旅游合作意识，使与旅游相关的单位、从业人员树立大旅游、大市场、大产业的观念。采用共同合作的目标来实现多方利益的整合，从而减少各地市在旅游合作中的冲突，逐步培养、建立起地市间的合作伙伴关系。

(3) 推动旅游产业带之间的战略协同，促进联动发展。

根据环准噶尔旅游产业带景区五标度区间分析发现，区外新景区（点）的引入是目前缓解该区域“旅长游短”的关键点之一。与其相毗邻的乌昌都市圈与伊犁旅游圈成为最先被引入的景区之一，环准噶尔旅游产业带应结合这两大旅游圈所处的地理区位优势以及旅游圈发展的成熟度，加强与其旅游经济战略性合作，制定相应的精品旅游环线，将环准噶尔旅游产业带各景区与乌昌都市圈以及伊犁旅游圈有机地串联起来，实现了资源互补，解决了环准噶尔旅游产业带向南、向西发展的困局，从而有效地带动该区域旅游业发展。

7.5.2.3 抓住区域旅游国际化机遇促进结构优化的策略

习近平总书记提出的丝绸之路经济带倡议将为新疆旅游业国际化发展提供前所未有的历史性机遇。环准噶尔旅游产业带的发展必须充分利用好这样的战略机遇和动力，通过国际化高水平的旅游产业发展促进内部结构的整合优化。

（1）以国际化高水平品牌战略机制促进结构优化整合。

优化阿勒泰生态观光品牌效应，重点推进喀纳斯等景区内部与周边景区的同步开发，深度挖掘喀纳斯旅游景区的水文观光以及图瓦民俗观光游的文化内涵，打造该地区的休闲观光旅游品牌，树立全世界范围旅游的主题，充分利用喀纳斯旅游景区特色鲜明的山水风光，按照国际标准建设一批具有国际化水平的休闲旅游度假区；优化克拉玛依工业旅游品牌效应，重点推进工业旅游的国际化品牌建设，发挥工业资源特色，采用国家化发展的需求开发一套有差别的工业旅游景区。优化塔城边境绿洲旅游品牌国际化，完善与周边国家的贸易往来，加大开发力度，学习国内外具有国际化水平的边境旅游品牌发展模式，将该区域建设成为我国重点的边境旅游区。

（2）以国际化高水平管理战略机制促进结构优化整合。

首先，提高旅游业服务管理水平，加大旅游市场的监管力度，健全旅游执法机制，维护良好的旅游市场秩序，推行国际标准化旅游服务，提升接待服务水平；其次，开展景区现代化管理，通过组建或引进国际旅游集团，吸引境内外资金参与该产业带景点开发、建设、管理和经营；最后，培育国际化专业团队，建立完善的人才培训机制，逐步建立一批具有国际化管理水平并且精通国际旅游业正规的经营管理人才，对景区服务窗口工作人员开展外语等培训，提高接待国内外游客的服务能力。

（3）以国际化高水平营销战略机制促进结构优化整合。

首先，应加大宣传营销投入，以国际化眼光审视喀纳斯等一系列特色旅游景区，制定一套切实可行、有针对性的宣传营销方案，丰富宣传手段，扩大宣传范围，加强该产业带旅游宣传效果；其次，拓宽宣传营销媒介，加强环准噶尔旅游产业带特色景区在国际频道的宣传营销，邀请国内外一线媒体前来拍摄旅游区的宣传片、微电影，在国内外大城市的人群聚集地开展品牌宣传营销，拓宽国际和高收入旅游者市场；最后，加强与国内外各大门户网站、旅游专业网站的交流协作，建立健全旅游电子商务及旅游分销平台。

参考文献

［1］陆大道．区域发展及其空间结构［M］．北京：科学出版社，1998.

［2］Feiedman J R. Regional Development Policy：A Case Study of Venezuela［M］. Cambridge：MIT Press，1966.

[3] 李再兴．区域经济理论与方法[M]．北京：中国物价出版社，1996.

[4] 陆大道．中国区域发展的理论与实践［M］．北京：科学出版社，2003.

[5] Christaller W. 德国南部中心地原理[M]．常正文等译．北京：商务印书馆，1998.

[6] Britton S G. The Spatial Organization of Tourism in a Neo－colonial Economy：A Fiji Ease Study［J］．Pacific View Point，1980，21（2）：146－165.

[7] Miossee J M. Elements pour une the orie del' Eseape Touris－tique［M］．Les Cahiers Du Tourism，C－3，CHET，Aixen－Provence，1976：150－170.

[8] Pearce Douglas. Tourist Development. A Geographical Analysis［M］．Longman Press，1995：1－25.

[9] 杨新军，马晓龙．区域旅游：空间结构及其研究进展［J］．人文地理，2004，19（1）：76－81.

[10] 杨新军，马晓龙．空间结构及其研究进展［J］．人文地理，2004：76－82.

[11] 郭来喜．中国生态旅游及其发展方略［J］．旅游调研，1985（3）：41－42.

[12] 孙大文，吴必虎．中国旅游区划初步研究［J］．华东师范大学学报（自然科学版），1990：207－217.

[13] 汪宇明．核心—边缘理论在区域旅游规划中的运用［J］．经济地理，2002（3）：372－375.

[14] 王德根等．基于点—轴理论的旅游地系统空间结构演变研究［J］．经济地理，2005，25（6）：904－909.

[15] 马勇等．武汉大旅游圈的构建与发展模式研究［J］经济地理，1996：100－101.

[16] 杨凤，秦书生．城市经济带的理论问题［J］．城市问题，2007（5）：10－18.

[17] 胡卫星．皖江城市产业带发展的现状及对策［J］．铜陵学院学报，2009（2）：41－43.

[18] 黄崇利．高新技术产业带的基本理论问题［J］．江苏商论，2003（1）：33－36.

[19] 谢和平．分形应用中的数学基础与方法[M]．北京：科学出版社，1997.

[20] 陈彦光，王义民．论分形与旅游景观［J］．人文地理，1997（1）．

[21] 杨宏伟等．基于 DLA 模型的旅游产业带景区体系优化机理及实证［C］．第八届欧亚企业的社会责任和环境管理国际高峰论坛会议论文集，2012.

[22] 阚耀平．哈密地区旅游资源开发研究［J］．干旱区地理，1999，22（3）：77－81.

[23] 阎顺．新疆旅游资源及其开发利用［J］．干旱区地理，2001，24（4）：297－304.

[24] 王璐．新疆乌昌地区旅游资源整合研究［D］．新疆师范大学博士学位论文，2007.

[25] 王娟．旅游非优区的旅游开发研究——以哈密地区为例［D］．新疆师范大学博士学位论文，2007.

[26] 刘玲等．新疆境内旅游者游憩活动空间分析［J］．广西科学院学报，2004，20（2）：96－98.

[27] 王松茂，何昭丽，海米提·依米提．新疆国际旅游业集中度及产业结构分析与优化［J］．桂林旅游高等专科学校学报，2006，17（1）：81－84.

[28] 克里木．新疆旅游产业结构分析及其优化对策［D］．新疆大学博士学位论

文，2006.

［29］李凤华，李晓东，唐伟．吐鲁番地区旅游景区（点）系统的分形研究［J］．资源与产业，2007，9（4）．

［30］赵旭．关于分形统计学研究的若干问题［J］．理论新探，2006（4）：19－20.

［31］储海林，吕小宁，李哲．分形与统计学［J］．统计研究，2004（2）．

［32］吴争程．浅谈分形统计［J］．经营与管理，2007，3（29）：102－103.

第8章　论证报告七：丝路中道旅游产业带开发对绿洲城镇孤岛效应的缓解

8.1　引言

相较于北疆地区，南疆的绿洲城镇孤岛效应与“旅长游短”更为突出，制约因素也更复杂。因此丝路中道旅游产业带开发对于缓解南疆绿洲城镇孤岛效应的意义也更值得关注，也意味着更大的困难所在。南疆丝路中道旅游产业带绿洲岛链南北跨度几乎近2000公里，放在我国内地任何一个省区都不可想象。对于构建这样的旅游产业带可能在许多学者的眼里是难以成立的，但它又确实是一个实实在在的实践课题。从理论上并没有充分的理由来否定南疆丝路中道旅游产业带开发的可成立性，所以有必要对它存在的合理性及其发展性作出解释。

8.2　丝路中道旅游产业带概况与评析

8.2.1　旅游产业带区域概述

8.2.1.1　行政区划范围与人口情况

丝路中道旅游产业带是新疆维吾尔自治区旅游业发展第十二个五年规划提出来重点培育的三大核心产业带之一，是新疆构建“一轴两翼”三大旅游产业带的“一翼”。它位于天山山脉以南、昆仑山山脉以北，其行政范围包括巴音郭楞

蒙古自治州（简称巴州）、克孜勒苏柯尔克孜自治州（简称克州）两个少数民族自治州，以及阿克苏地区（简称阿克苏）、喀什地区（简称喀什）、和田地区（简称和田）三个地区，下辖5个县级市，37个地级县，总面积87.180万平方公里，约占全疆土地总面积（166.49万平方公里）的52.38%，其中巴州行政区划面积最大，约占新疆总面积的1/4，是中国面积最大的地区级自治州，如表8－1所示。

表8－1　旅游产业带涉及的行政区域和人口概况

地、州名称	总人口（万人）	土地面积（万平方公里）	所辖市	数量（个）	所辖县（自治县）	数量（个）
巴州	153.43	47.10	库尔勒市	1	轮台县、尉犁县、若羌县、且末县、焉耆回族自治县、和静县、和硕县、博湖县	8
阿克苏	258.35	13.13	阿克苏市	1	温宿县、库车县、沙雅县、新和县、拜城县、乌什县、阿瓦提县、柯坪县	8
克州	56.06	7.25	阿图什市	1	阿克陶县、阿合奇县、乌恰县	3
喀什	415.13	13.95	喀什市	1	疏附县、疏勒县、英吉沙县、泽普县、莎车县、叶城县、麦盖提县、岳普湖县、伽师县、巴楚县、塔什库尔干塔吉克自治县	11
和田	212.34	24.91	和田市	1	和田县、墨玉县、皮山县、洛浦县、策勒县、于田县、民丰县	7

数据来源：《新疆统计年鉴》（2013）。

截至2013年年底，南疆五地州总人口1095.31万人，占全疆总人口的51.36%，少数民族907.30万人，占全疆少数民族总人口的40.76%，其中维吾尔族占79.15%，汉族占17.16%，其他少数民族占3.68%。

8.2.1.2　地理区位与自然环境条件

地理位置是新疆丝路中道旅游产业带发展的基础条件。从地缘区位来看，南疆丝路中道旅游产业带北与天山北坡旅游产业带（包括伊犁地区、塔城地区、昌吉回族自治州、乌鲁木齐市、吐鲁番地区、哈密地区相连）为邻，东面与甘肃省、青海省相接，南倚昆仑山并且和西藏相接，西南部以喀喇昆仑为界和印度、巴基斯坦、阿富汗、塔吉克斯坦接壤，西部与吉尔吉斯斯坦为邻。

从地理文献资料可以看到，丝路中道旅游产业带的五个地州位于亚欧内陆深处，因为海拔较高，有高山环绕而导致湿润的海洋气流难以进入，年均降水量非常少，降水多集中在夏季，是典型的极端干燥大陆性气候，也是全国著名的干旱区。同时也是新疆的内流和无流区域，属暖温带区，年降水量多在50mm以下，而80%的降水多降于山区，约1/3汇流成河，是典型的大陆性荒漠气候。

于是南疆丝路中道旅游产业带的山、绿洲和沙漠共存，形成其独特的自然景观。并且原始生态环境没有遭受大的破坏，为野生动物、植物和微生物提供了良好的生活环境。区域内河流相对偏少，主河是塔里木河，有许多天然湖泊，如博斯腾湖等。河流多为季节性内流河，其特点是数量多、流程短、水量小。此外，这里还是山地冰川的广布区，主要有山谷冰川、冰斗冰川、悬冰川、平顶冰川等形态复杂多变的山岳冰川。这些冰川吸引着许多国内外旅游者和科研探险人员前来旅游观看、冒险登山和科学考察。

8.2.2 丝路中道旅游产业带的开发现状

8.2.2.1 重要景区资源的开发情况

丝路中道旅游产业带所在的南疆地州有着悠久的历史文化，拥有得天独厚的旅游资源。2013年的统计数据显示，该产业带已开发国家A级风景区78个，其中5A级风景旅游区1处、4A级景区12处（2013年10月，泽普胡杨林入选为南疆首家5A级景区，填补了南疆没有5A级景区的空白）。截至2012年年底，南疆国家级旅游资源如表8－2所示。

表8－2 南疆国家级旅游资源一览表

类型	数量（个）	资源名称及分布
国家重点风景名胜区	1	巴州：博斯腾湖风景名胜区
全国重点文物保护单位	30	巴州：楼兰故城、楼兰墓群、米兰遗址、罗布泊南古城遗址、孔雀河烽燧、七个星佛寺、扎滚鲁克古墓、察吾乎古墓；阿克苏：克孜尔千佛洞、库木吐拉千佛洞、苏巴什古城、克孜尔尕哈千佛洞、森木塞姆千佛洞、克孜尔尕哈烽燧、通古斯巴西城址；克州：莫尔佛塔、艾比甫·艾吉木麻扎；喀什：艾提尕尔清真寺、阿巴克霍加麻扎、麻赫穆德·喀什噶里墓、石头城遗址、托库孜萨来遗址、叶尔羌汗国王陵；和田：尼雅遗址、热瓦克佛寺、安迪尔古城、山普拉古墓群、丹丹乌里克遗址、麻扎塔格戍堡址、圆沙古城
国家级非物质文化遗产	8	巴州：江格尔；克州：玛纳斯；喀什：新疆维吾尔木卡姆艺术、维吾尔刀郎麦西热甫、维吾尔族达瓦孜、维吾尔族模制法土陶烧制技艺、塔吉克族引水节和播种节、塔吉克族鹰舞
国家级自然保护区	5	巴州：巴音布鲁克天鹅国家级自然保护区、阿尔金山国家级自然保护区、塔里木胡杨国家级自然保护区、罗布泊野骆驼国家级自然保护区；阿克苏：托木尔峰国家级自然保护区

续表

类型	数量（个）	资源名称及分布
国家级森林公园	2	巴州：新疆巩乃斯国家森林公园；喀什：金湖杨国家森林公园
国家优秀旅游城市	3	巴州：库尔勒市；阿克苏：阿克苏市；喀什：喀什市
国家历史文化名城	1	喀什：喀什市
中国对外开放山峰	10	巴州：木孜塔格峰；阿克苏：托木尔峰；克州：公格尔峰、公格尔九别峰、慕士塔格峰；喀什：乔戈里峰、加舒尔布鲁木山第一峰、加舒尔布鲁木山第二峰、布洛阿特峰；和田：慕士山
国家一类开放口岸	5	克州：吐尔尕特陆运（公路）口岸、伊尔克什坦陆运（公路）口岸；喀什：喀什机场空运口岸、红其拉甫陆运（公路）口岸、卡拉苏陆运（公路）口岸

南疆丝路中道旅游产业带内的资源类型和空间结构分布与国内其他旅游景区比较有明显的差别，主要呈现自然景观与人文景观兼容并蓄的特征。根据统计资料，该旅游产业带五地州具有旅游知名度的主要各类景点、景区和文物古迹达100多处，有国家重点文物保护单位和自治区重点文物保护单位80多处，具备非常高的丝绸之路文化旅游和考古旅游价值，如表8－3所示。丝路中道旅游产业带不仅在自然保护区、森林公园以及风景名胜区等自然资源禀赋上存在明显的优势，而且拥有独具西域特色的垄断性人文景观资源。

表 8－3　丝路中道旅游资源分类

类别	名　称
自然观光型	帕米尔高原，孜尔亚山，别叠里山口，雪峰奇境，托木尔峰，博斯腾湖，金沙滩，大小龙池，塔合曼温泉，江布拉克冰川，九龙泉，阿尔先沟温泉，塔里木河，喀拉库勒湖，阿尔金山自然保护区，巴音布鲁天鹅保护区，塔里木盆地胡杨保护区，奥依塔克原始森林，阔科塔姆牧场，巴音布鲁克草原
民俗风情型	粗犷豪放的刀郎舞，萨满舞，龟兹乐舞，塔吉克民族乡，麦西来甫，维吾尔民族风格传统的地毯、花帽，艾得莱丝绸、小刀、土陶
古迹建筑型	焉耆七个星千佛洞，佛寺遗址，四十里堡故城遗址，库木吐拉千佛洞，克孜尔千佛洞，克孜尔尕哈千佛洞，克孜尔烽火台，龟兹国都城遗址，七女坟古迹，汉代烽燧，北山千佛洞岩画，英艾阿依马克城，萨吐克·波格拉汗麻扎，阿帕霍加墓（又称香妃墓），罕诺依故城，莫尔佛塔，玉素甫·哈斯哈吉甫墓，马赫穆德·喀什噶里墓，三仙洞，班超故城遗址
宗教旅游型	苏巴什昭怙厘大佛寺，库车清真大寺，艾提尕尔清真寺
健身休闲型	燕泉天然公园，松他克乡无花果园，伯什克热木果园
娱乐购物型	喀什大巴扎，库车巴扎，红其拉甫口岸

8.2.2.2 旅游交通基础设施开发情况

自西部大开发以来，南疆五地州为旅游资源的深入开发和旅游经济的发展投入众多资源建设提升旅游服务设施条件，为旅游产业带的发展逐步创造良好的条件。

到2013年已建成有喀什国际航空港，库尔勒、阿克苏、库车、和田4个国内机场。2012年6月开通了乌鲁木齐—阿勒泰—伊宁—喀什—乌鲁木齐和乌鲁木齐—阿勒泰—喀什—乌鲁木齐两条空中环线。特别是第一次新疆工作座谈会以来实施的对口援疆项目开通了喀什直飞北京、上海、广东、海南等多条直航线路。

在旅游公路设施条件方面，等级公路通车里程已达27885公里，共有217国道、218国道、219国道、314国道、315国道5条国道贯穿境内。1995年建成的首条塔里木沙漠公路北起肖塘南至民丰，全长522公里横穿塔克拉玛干的沙漠，以及2002年7月通车的塔中—且末沙漠公路创造了南疆塔克拉玛干大沙漠独特的大漠旅游景观。

目前，在南疆丝路中道旅游产业带区域已逐渐形成以多条省道为景区交通联络主轴，各大旅游景区为点，由点连线、由线及面、沿线布局的三位一体空间结构开发格局。根据自治区的相关统计，2013年年末，南疆地区已累计完成农村公路建设资金34.52亿元，改善了25个乡镇、450个建制村的交通状况，各族受益群众多达100余万人。

8.2.3 丝路中道旅游产业带发展中的问题

8.2.3.1 旅游产品开发相对单调

南疆丝路中道旅游业在旅游产品项目上以民俗风情旅游为主体，主要集中于库车王府、克孜尔尕哈烽燧、克孜尔千佛洞、克孜尔魔鬼城、刀郎部落、将军谷、高台民居、大巴扎、香妃墓等景区，综合来看，所开发的旅游产品种类还相对较单一，尤其在休闲、疗养、购物等形式的旅游项目开发上层次还比较低。

新疆的历史与民俗文化旅游资源非常丰富，但是开发过程以往多仿照内地的旅游开发经验，而独具特色的旅游产品与纪念品种类及数量总体上不够显著，缺乏能反映和体现民俗历史文化等新疆独特的旅游产品，同时旅游行程设计也存在较单调的问题。事实上，与北疆相比，南疆旅游景观毫不逊色，但高端接待能力差距较大，多数尚处于相对较低端的观光层面，整体服务档次远远不够，尤其是难以满足高收入国家和地区游客的旅游消费需求。

8.2.3.2 交通成本约束较大

南疆丝路中道旅游产业带目前的交通网络相对来说缺陷仍较明显，进一步需

要改善的空间还很大。比如，从乌鲁木齐站始发的列车还比较少，仅有开往库尔勒、库车、阿克苏、巴楚、阿图什和喀什的普快列车和普慢列车，并且火车站距中心城区比较远。再比如，国内航班多为支线飞机，国际航班甚少。高等级公路完善的地域空间也很大，还存在路网布局欠佳的突出情况。

从交通开发成本上看，由于丝路中道旅游产业带区域范围广、地形限制和景区保护等原因，道路拓改成本高且难度大。由于旅游景区之间相距较远，景点与景点联系通道少，进出困难，这对开发和利用当地旅游资源极为不利。此外，景点分散、旅游线路长、交通不畅，导致旅行路途花费时间长游玩时间短。因为旅游景区可进入性水平不够高，较明显地增加了旅行交通费用，从而大大弱化了旅游资源在开发利用上的优势。

8.2.3.3　旅游交通成本过高

南疆丝路中道旅游产业带位于我国的西北边境地区，远离主要客源市场，旅游交通花费比重偏高问题十分突出。如果选择较快的交通工具飞机，从我国东部沿海城市飞到新疆乌鲁木齐地窝堡机场的平均距离是3760公里，最便宜的往返机票也需3000元。再从乌鲁木齐机场到旅游产业带内各地区的支线机场平均飞行距离是805公里，机票费用也要1000元上下，这样算来比去东南亚出国游还贵。

如果选择相对便宜的出行交通工具火车，从上海出发硬座需要385.5元，硬卧671.5元，软卧1075.5元，但是最快的火车从上海到乌鲁木齐都需要两天时间。想要走完旅游产业带各大景区，全程都选择客运班车等最经济的交通工具，至少需要5天时间，各种花费将不低于1000元。

除此之外，南疆丝路中道旅游产业带内目前还较缺乏便捷的口岸通道，导致很多慕名而来的国外游客望而却步。欧洲是世界第一大客源市场，距离新疆最近，就地理空间实际飞行时间只需5~6小时，但由于不合理的航线安排，必须经由北京、上海等东部城市，再转飞至新疆。返回时也必须按照原路新疆—北京—欧洲，这样重复路程就占全部旅程的一半以上，昂贵的旅游交通成本弱化了该旅游区域旅游资源丰富和廉价劳动力的竞争优势。

8.2.3.4　区域内旅游合作的协同度不高

南疆五地州虽然拥有众多丰富独特的旅游资源，但旅游景点的分布却相当分散。由于旅游景点存在地理空间上的差异和行政与利益分割，相关政府管理部门针对旅游资源的开发往往局限于行政局部利益范围，较缺乏把整个旅游产业带内的资源、交通和住宿接待等基础设施作一个通盘考虑，不仅导致各景区在自身建设发展、营销经营中缺乏沟通合作，形成单打独斗的局面，还造成财力物力等资源的浪费，阻碍了区域旅游规模化与一体化的高水平发展。

另外，由于早期历史、地理、经济等原因，造成南疆旅游业发展水平远不及北疆地区，南疆各地州政府自身对旅游业发展的投入也较有限，缺乏对旅游业的统一规划、管理和系统开发。因此，旅游景区低层次开发重复，旅游产品设计风格雷同，造成资源利用率不高，区域旅游合作协同性较低。

8.3 丝路中道旅游产业带景群开发的分形解析

8.3.1 研究框架与样本数据选取

8.3.1.1 中心旅游景群结构体系假设

课题组在对丝路中道旅游产业带旅游资源分析的基础上，结合旅游产业带的廊道式旅游空间结构特性、景区之间的旅游关联性以及回转半径 R 与景区系统总半径呈线性比例关系等，把产业带内旅游景群系统设定为 3 个子系统构成的中心景群体系：一是巴州旅游大板块以焉耆相思湖为中心的景区群；二是阿克苏旅游大板块以库车天山神秘大峡谷为中心的景区群；三是克州、喀什及和田作为统一旅游大板块的大喀什景区群。

8.3.1.2 以国家 A 级景区为标准选取样本数据

课题组以新疆丝路中道旅游产业带所有国家 A 级景区为样本对象，分析景群整体空间分布的分形发育及演化特征。由于随着时间的推移，旅游景区的数量和等级会不断变化，在此课题组所选用的 A 级以上景区是自治区旅游局 2012 年 12 月公布的新疆 A 级景区名录，保证了数据的准确性。经统计丝路中道旅游产业带内共有 A 级以上景区 78 个，其中 5A 级景区 1 个，4A 级景区 11 个，3A 级景区 28 个，2A 级景区 33 个，A 级景区 5 个。

景区空间数据的获取以 2013 年 1 月新疆维吾尔自治区地图（修订版）为底图，以自治区旅游局于 2012 年 12 月公布的新疆 A 级景区名录为依据，课题组将各个景区的分布精确到底图上的乡、镇，结合 Mapgis_ 67 软件分区域获取各旅游景区的空间分布信息。

按上述数据选取原则，在巴州选取 18 个 A 级以上景点，把相思湖作为旅游景群的中心；在阿克苏选取 22 个 A 级以上景点，把天山神秘大峡谷作为旅游景群的中心；在大喀什景区系统选取 38 个 A 级以上景点，并以艾提尕尔清真寺作为旅游景群的中心。

8.3.2 旅游产业带景群随机聚集分形研究

8.3.2.1 随机聚集维数模型阐述

（1）模型概念内涵与计算方法。

景群空间结构的紧致度可解释为所有景区与核心景区之间的紧密程度，也可以说是对其核心景区中心性强度的反映。核心景区的中心性强度越高，表明景区系统空间结构的紧致度越好，使景区系统的碎片化结构向一体化方向改善。根据分维理论，聚集维数是测算一个空间系统中各离散点粒子被中心粒子所吸附的程度，因此景区系统的聚集维数描述了离散分布的景点被核心景点所吸附的聚集程度，也就是景点分布从中心点向周围腹地密度衰减度。聚集维数能够较客观地衡量景区系统空间结构的紧致度。

根据DLA分形结构演化模型，假设各旅游景区围绕中心景区遵循自相似性规则呈凝聚态分布，并且回转半径与景区系统半径有线性关系，即景区系统不是几何上的多重分形体，忽略边界效应扰动，于是可视为分形体在各方向呈均匀变化，则可确定景点数目 N 与回转半径 R_N 的函数关系为：

$$R(N) \propto N^{\frac{1}{D_1}} \tag{8-1}$$

若假设正确（通过假设检验），则用回转半径法测算景区系统的聚集维数 D_1。为避免半径 R 的单位取值对分维值的扰动，将其转换为平均半径，定义平均半径为：

$$R_N \equiv \left[\left(\frac{1}{N} \sum_{i=1}^{N} r_i^2 \right)^{\frac{1}{2}} \right] \tag{8-2}$$

便推得分维关系式：

$$R_N \propto N^{\frac{1}{D_1}} \tag{8-3}$$

其中，R_N 是平均半径，r_i 为景区系统内第 i 个景点到中心景点的欧氏距离即重心距，N 为景点数，［…］表示平均，D_1 为景区系统聚集维数。进入测算过程：将标准地图上的景区点要素投影到数字化地图上，运用Mapgis软件测出各景点到中心景点的欧氏距离 r_i；然后通过式（8-2）求得 R_N，随着 N 的改变得到相应的 R_N 值，把一系列（N，R_N）绘成点对系列的双对数坐标图；最后用最小二乘法求出聚集维数 D_1。

（2）聚集维数的空间地理含义与应用解释。

当旅游景区系统演化遵循分形DLA模型，即聚集维数 D_1 落在有效区间内，那么景区系统在相应的无标度区内显示不同的紧致度。通常情况下，当 $D_1<2$ 时说明中心景点的向心强，景点分布从中心景点向周围腹地是密度衰减的；当 $D_1>2$时，表示中心景点向心性弱，不具备中心性作用，景点分布从中心景点向周围腹地是密度递增的，该景区中心系统实为离心结构；当 $D_1=2$ 时，则景点为均匀分布状态，属于一种极端情况，较少见。通过测算聚集分维量值的结果来衡量景区系统空间结构的紧致度，进而了解景区系统的分形特点，最大的好处在于可以直观地判别景区系统空间结构处于何种分形演化模式。

8.3.2.2　旅游产业带景群空间结构聚集维数的测算与分析

（1）巴州板块焉耆相思湖中心景群聚集维数。

依据以上聚集维数的计算方法，在整个巴州地区的空间尺度下，按照景区系统自我演变规律以及选择研究区域几何中心的原则，以焉耆相思湖中心景区为圆心，测算巴州所有A级以上景区系统的随机聚集维数。首先，测出所有景区到相思湖的重心距 r_i。其次，改变 r_i 计算半径范围内景区数目 N，根据所得点列（r_i，N）计算对应的平均半径 R_N。最后，得出分维测算的相关数据（见表8-4），将点列（$\ln N$，$\ln R_N$）标绘于直角坐标系上，得出全巴州景区系统随机聚集分形维数双对数分布图（见图8-1）。

表8-4　巴州板块景群系统聚集维数测算数据

旅游风景区	N	r_i（公里）	R_N（公里）	$\ln N$	$\ln R_N$
焉耆县相思湖旅游度假区	1	0.0000	0.0000	0.0000	—
和静县晒经岛休闲度假村	2	18.6751	13.2053	0.6931	2.5806
博湖县大河口西海渔村	3	25.9392	18.4536	1.0986	2.9153
焉耆县乡都酒堡生态旅游景区	4	29.8784	21.8765	1.3863	3.0854
博湖县莲花湖风景旅游区	5	38.5817	26.0878	1.6094	3.2615
农二师银沙滩旅游景区	6	46.3497	30.4170	1.7918	3.4150
博湖县双湾竞秀景区	7	48.8651	33.6770	1.9459	3.5168
博湖县白鹭洲洲头景区	8	59.8151	37.9421	2.0794	3.6361
库尔勒市铁门关景区	9	61.5218	41.2334	2.1972	3.7192
库尔勒市金海湾疗养培训中心	10	63.1824	43.9247	2.3026	3.7825
和硕县植物芳香科技园	11	65.7024	46.3294	2.3979	3.8358
和静县克尔古提神秘峡谷景区	12	73.9156	49.2223	2.4849	3.8963
和硕县金沙滩旅游度假区	13	81.9852	52.4739	2.5649	3.9603
尉犁罗布泊雅丹大峡谷	14	88.2537	55.7958	2.6391	4.0217
和静巴伦台黄庙景区	15	104.9361	60.3302	2.7081	4.0998
尉犁县罗布人村寨	16	138.7806	67.9412	2.7726	4.2186
轮台县塔里木胡杨林公园	17	212.8182	83.7179	2.8332	4.4275
和静县巴音布鲁克景区	18	282.2525	105.0963	2.8904	4.6549

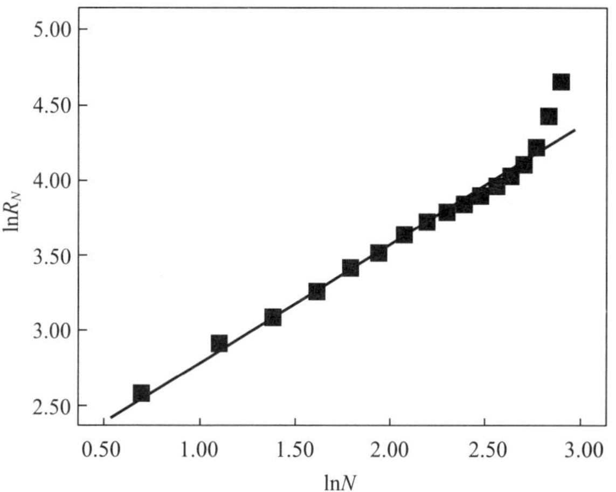

图 8－1　巴州板块景群系统聚集分形维数双对数图

由图 8－1 可知，巴州景群空间结构的随机聚集分形特性非常明显，无标度区间也很宽阔，已经基本形成以焉耆相思湖景群为中心的景点自组织演化系统，空间结构呈优化的趋势。从整个巴州景区系统演化发展模式的角度来看，相思湖处于该景区系统演化的中心地位，其强大的中心吸引力使得其周围景点向中心聚集发展，景点之间相互吸附逐渐形成了具有屏蔽作用的景点聚集团体，增强了中心景点的向心性。

该样本景群系统有发育成双分形结构的趋势，系统中的前 15 个样本景点分布呈现出良好的随机聚集分形特性，其自组织演化相对较好。但是从第 16 个数据节点之后发生突变，不在标度区范围内。对无标度区的散点运用 SPSS 软件进行线性回归，有

$$\ln R_N = 0.750\ln N + 2.063 \tag{8-4}$$

所得判定系数 $R^2 = 0.997$，Sig. $= 0.000$ 通过检验，总体拟合效果较好。聚集维数值 $D = 1.333$，值大于 1 小于 2，说明样本景点分布密度从中心向周围腹地是有序适度衰减的，中心景点的吸附力强、聚集性能好，周围其他景点进入该景区系统聚集体内部还相对容易，目前该景区系统正处于有限扩散集团凝聚模型的演化中间阶段。

（2）阿克苏板块库车天山神秘大峡谷中心景群聚集分维。

选取库车天山神秘大峡谷为阿克苏地区景群的测算中心，参照上述测算公式与计算步骤得出测算数据（见表 8－5），将表中景区要素点列（$\ln N$，$\ln R_N$）标绘于直角坐标系上，通过线性回归分析，测算出景区系统随机聚集分形维数双对数分布图（见图 8－2）。

表 8－5　阿克苏板块景群系统聚集维数测算数据

旅游风景区	N	r_i（公里）	R_N（公里）	ln$N$	lnR_N
库车县天山神秘大峡谷景区	1	0.0000	0.0000	0.0000	—
库车县龟兹绿洲生态园	2	99.6567	70.4679	0.6931	4.2552
库车县桃花苑景区	3	102.1558	82.3959	1.0986	4.4115
拜城县克孜尔魔鬼城景区	4	103.2819	88.0829	1.3863	4.4783
拜城县克孜尔水库旅游区	5	146.5621	102.4840	1.6094	4.6297
新和县柳荷生态园	6	152.4459	112.3645	1.7918	4.7217
库车县王府景区	7	191.7563	126.7873	1.9459	4.8425
沙雅县园中园休闲度假村	8	217.1045	141.2708	2.0794	4.9507
温宿县温宿大峡谷景区	9	457.1693	202.3921	2.1972	5.3102
阿拉尔市三五九旅纪念馆	10	466.8167	242.1944	2.3026	5.4897
温宿县西游乐园	11	486.2581	273.5338	2.3979	5.6114
新疆塔里木多浪湖旅游景区	12	506.7106	299.9699	2.4849	5.7037
温宿县神奇峰景区	13	507.4937	320.7364	2.5649	5.7706
温宿县怡馨园	14	517.6703	338.6228	2.6391	5.8249
阿克苏市浏园度假村	15	519.5074	353.5726	2.7081	5.8681
温宿县稻香园度假村	16	523.6328	366.5204	2.7726	5.9041
农一师塔里木祥龙湖风景区	17	529.7821	378.0806	2.8332	5.9351
温宿县天山神木园景区	18	561.3057	390.5216	2.8904	5.9675
阿瓦提县多浪部落景区	19	563.4195	401.4821	2.9444	5.9952
阿克苏市多浪度假村	20	567.6164	411.3854	2.9957	6.0195
千鸟湖旅游风景区	21	652.9011	426.0024	3.0445	6.0544
乌什县燕泉山景区	22	681.0623	440.8094	3.0910	6.0886

从图 8－2 可知，阿克苏群虽然也具备随机聚集分形的基本特征，但它的无标度区间较为狭窄，有聚集分形退化的趋势。以第 8 个数据点为界，发育了近似的双分形结构，对第一无标度区的散点运用 SPSS 软件进行线性回归，有

$$\ln R_N = 0.492\ln N + 3.867 \quad (8-5)$$

第一个无标度区对应的维数 D 为 2.033，所得判定系数 $R^2 = 0.965$，Sig. = 0.000 通过检验，说明总体拟合效果较好。对第二个无标度区的散点运用 SPSS 软件进行线性回归，有

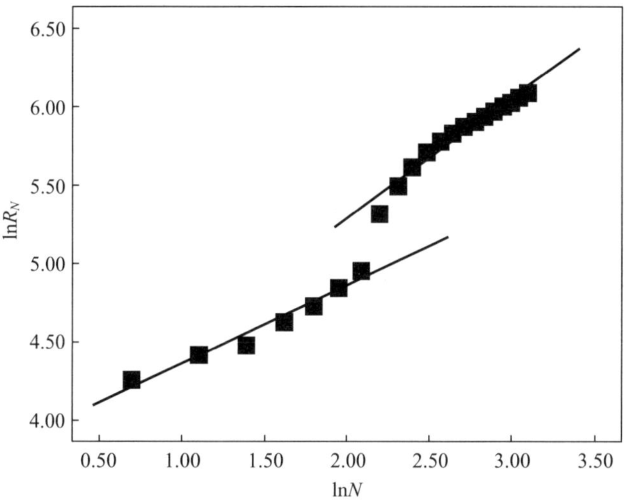

图8-2　阿克苏板块景群系统聚集分形维数双对数图

$$\ln R_N = 0.698\ln N + 3.948 \tag{8-6}$$

第二个无标度区对应的维数 D 为1.433，所得判定系数 $R^2=0.975$，Sig. = 0.000通过检验，说明总体拟合效果较好。景区系统空间结构之所以会表现出双分形的特征主要是由于研究的区域范围过大，系统演化的约束条件在区域内有很大差异。比如经济、交通、文化发展较好的著名景点和地势偏远、可进入性差的自然人文景观的差异性，再加之景点远距离分布，从而削弱了聚集中心对周围景点的影响力。

阿克苏景群的第一无标度区间的分维量值 $D=2.033$（大于2），说明其空间结构的随机聚集性非常弱，并且景点分布密度从中心向周围腹地不是衰减反而是递增的，向心吸引力不强。由此可以推断，目前库车县天山神秘大峡谷景区并非阿克苏景区系统自我演化的聚集中心，整个景区系统处于有限扩散集团凝聚模型演化的初始阶段。测算所得聚集分形维数值大于2，不在正常结果范围内，分析其原因在于选择的中心景区不是景群演化历史上的聚集中心，另外还在于库车天山神秘大峡谷并不是景区系统严格意义上的地理几何中心。该结果显示，情况虽然不够理想，但为系统结构的调整找到了方向和着力点。而第二无标度区间的分维量值 $D=1.433$，表明在此尺度空间范围内的景点分布是从聚集中心向周围景点密度有序衰减的。

（3）大喀什板块艾提尕尔中心景群聚集分维。

大喀什景群是以喀什市艾提尕尔民族文化旅游区为测算中心，参照上述聚集维数具体计算步骤，得出测算数据（见表8-6），根据表中的数据可绘出 $\ln N$ -

$\ln R_N$ 双对数分布图见图 8 –3，最后使用最小二乘法求出聚集维数 D 的值。

表 8 –6 大喀什板块景群系统聚集维数测算数据表

旅游风景区	N	r_i（公里）	R_N（公里）	$\ln N$	$\ln R_N$
喀什市艾提尕尔民族文化旅游区	1	0. 0000	0. 0000	0. 0000	—
疏附县大众旅游度假村	2	15. 2083	10. 7539	0. 6931	2. 3753
喀什市香妃园景区	3	20. 8494	14. 8996	1. 0986	2. 7013
喀什市玉素甫・哈吉・哈吉甫墓	4	20. 8596	16. 5915	1. 3863	2. 8089
喀什市盘橐城	5	20. 9732	17. 5556	1. 6094	2. 8654
喀什市福乐智慧园	6	21. 8117	18. 3337	1. 7918	2. 9087
喀什市高台民居旅游景区	7	21. 9226	18. 8882	1. 9459	2. 9385
喀什市西山民族风情园	8	22. 2801	19. 3447	2. 0794	2. 9624
疏附县民族乐器村	9	23. 1606	19. 8050	2. 1972	2. 9859
疏勒县张骞公园	10	28. 6614	20. 8606	2. 3026	3. 0379
疏附县麻赫穆德・喀什噶旅游景区	11	36. 0855	22. 6712	2. 3979	3. 1211
阿克陶县克州冰川公园	12	67. 3123	29. 1329	2. 4849	3. 3719
岳普湖县达瓦昆沙漠旅游风景区	13	132. 3163	46. 1539	2. 5649	3. 8320
克州喀拉库勒湖风景区	14	138. 1847	57. 8096	2. 6391	4. 0572
伽师县天门神秘大峡谷旅游景区	15	166. 4104	70. 4650	2. 7081	4. 2551
莎车县叶尔羌汗国王陵旅游景区	16	202. 4972	84. 9577	2. 7726	4. 4422
泽普县金胡杨国家森林公园	17	226. 0984	98. 9965	2. 8332	4. 5951
泽普县法桐生态公园	18	226. 2646	110. 0003	2. 8904	4. 7005
喀什喀拉玛湖沙漠旅游景区	19	226. 4757	119. 0074	2. 9444	4. 7792
木卡姆民俗风情度假村旅游景区	20	227. 5294	126. 6613	2. 9957	4. 8415
塔什库尔干县民族文化中心	21	234. 2046	133. 7577	3. 0445	4. 8960
叶城县核桃七仙园	22	266. 9974	142. 5421	3. 0910	4. 9596
十四师人民解放军进军和田纪念馆	23	482. 2121	171. 8859	3. 1355	5. 1468
墨玉县东风水库（玉海滩）	24	485. 2238	195. 2533	3. 1781	5. 2743
墨玉县夏合勒克封建庄园	25	504. 3895	216. 2758	3. 2189	5. 3766
墨玉县其娜民俗风情园	26	505. 5103	234. 1040	3. 2581	5. 4558
和田喀拉喀什河渠首景区	27	515. 8183	250. 2584	3. 2958	5. 5225

续表

旅游风景区	N	r_i（公里）	R_N（公里）	ln$N$	lnR_N
和田核桃王	28	521.6126	264.7822	3.3322	5.5789
和田市吉亚艾德莱丝绸手工作坊	29	525.9514	277.9044	3.3673	5.6273
和田市乌鲁瓦提风景区	30	526.5859	289.6542	3.4012	5.6687
和田市昆仑湖公园	31	529.6766	300.4053	3.4340	5.7051
洛浦县玉龙湾景区	32	540.7342	310.7420	3.4657	5.7390
洛浦县青年公园	33	560.0516	321.1530	3.4965	5.7719
策勒县人文生态旅游园区	34	621.5559	333.8689	3.5264	5.8107
策勒县小佛寺	35	649.2516	346.8822	3.5553	5.8490
于田县龙湖景区	36	675.2109	360.0681	3.5835	5.8863
于田县库尔班吐鲁木纪念馆	37	696.5594	373.1734	3.6109	5.9220
于田县城市公园	38	713.9471	386.0147	3.6376	5.9559

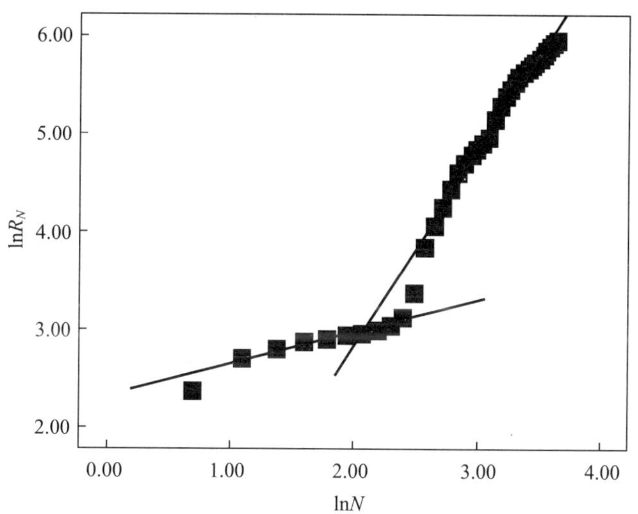

图 8－3　大喀什板块景群系统聚集分形维数双对数图

由图 8－3 可知，以艾提尕尔为测算中心的大喀什景区系统空间结构也具备随机聚集分形的基本特征，以第 11 个数据点为界，具有很好的双分形结构。对第一无标度区的散点运用 SPSS 软件进行线性回归，有

$$\ln R_N = 0.256\ln N + 2.439 \tag{8-7}$$

第一个无标度区对应的维数 D 为 3.906，所得判定系数 $R^2=0.984$，Sig. =

0.000 通过检验，说明总体拟合效果较好。对第二个无标度区的散点运用 SPSS 软件进行线性回归，有

$$\ln R_N = 2.060\ln N - 1.267 \tag{8-8}$$

第二个无标度区对应的维数 D 为 0.485，所得判定系数 $R^2 = 0.974$，Sig. = 0.000 通过检验，说明总体拟合效果较好。对总体散点区域运用 SPSS 软件进行线性回归，有

$$\ln R_N = 1.505\ln N + 0.346 \tag{8-9}$$

景群总体聚集维数 D 是 0.664，所得判定系数 $R^2 = 0.903$，Sig. = 0.000 通过检验，说明总体拟合效果较好。据此可以看出，整个大喀什景群的景点分布具有随机聚集的向心性，它的空间聚集模式和自组织演化呈现出由向心到离散的变化趋势，并且景区中心吸引力遵循地理空间距离递减规律，这是大喀什旅游景区系统空间格局在以增长极为辐射中心发展过程中的必然趋势。

进一步分析，大喀什的双分形界点位于离中心 67 公里的克州冰川公园，从这一景点之后的景点离中心景区的距离都大于 100 公里，并且距离大幅增加，这在一定程度上说明了艾提尕尔旅游景区的辐射范围，同时也表明该景区系统存在发达中心与偏远地区二元分异发展趋势，而且随着地理空间距离的增加，离散现象越明显，进一步说明地理环境很大程度上影响着大喀什旅游景群开发的空间构造。

首先，距离中心景区 67 公里范围内景群的空间结构出现双分形转变，随机聚集分维值是 3.906（远远大于 2），这表明距离大喀什景区系统中心景点的 67 公里范围外景区点分布数量略有增加，导致在此范围内景区系统的聚集效应呈现出递减态势，这是一种反常规的现象。主要体现在景群中的景点数量多、距离跨度较大，在离中心 67 公里的范围内聚集了大喀什 38 个景区中的 12 个，约占景区总数的 1/3，这一特点主要和喀什作为国家历史文化名城各种民族文化遗产分布有关。

其次，距离景区系统中心景区的 67 公里之外范围的聚集分形维数仅为 0.485，景点分布从聚集中心向周围景点密度衰减较快，这也说明随着距离的增加大喀什景群的核心景区辐射力呈现出弱化趋势，同时也反映了大喀什景区系统核心景区外围的景区开发力度不够、发展水平不高，导致景群空间结构自组织演化水平整体偏低。

8.3.2.3 三大板块景群聚集维数测算结果比较分析

通过本节对产业带内三大景群子系统随机聚集维数的测算，可知丝路中道旅游产业带景群空间随机聚集分形结构特征显著，而且存在尺度效应。其具体随机聚集维数测算数据表如表 8-7 所示。

表 8-7　景区系统聚集维数测算数据表

景群中心	方程	$1/D$	D	R^2	Sig.
相思湖	$\ln R_N = 0.750 \ln N + 2.063$	0.750	1.333	0.997	0.000
天山神秘大峡谷	$\ln R_N = 0.492 \ln N + 3.867$	0.492	2.033	0.965	0.000
	$\ln R_N = 0.698 \ln N + 3.948$	0.698	1.433	0.975	0.000
艾提尕尔清真寺	$\ln R_N = 0.256 \ln N + 2.439$	0.256	3.906	0.984	0.000
	$\ln R_N = 2.060 \ln N - 1.267$	2.060	0.485	0.974	0.000
	$\ln R_N = 1.505 \ln N + 0.346$	1.505	0.664	0.903	0.000

表 8-7 所示的不同中心景群空间结构分形维数稳定性的差别，揭示了各中心景群的集成地理分布特点和主要景群体系的景点数量，计算结果与选取的中心景区和所在地的地理区域形状有很大关系。

进行三个板块情况的差异比较，巴州景群在空间分布上具有明显的中心（即相思湖），整个群是凝聚态结构；而阿克苏景群的分形维数不稳定性比较突出，主要是由于系统中的大景点数量较多等级相似性，存在多凝聚中心空间结构；大喀什景群空间结构表现出双分形态势，同阿克苏景群空间结构的分布特征有一定的相似性，特别是双分形结构揭示出大喀什景群存在着明显的尺度效应。

造成这种差异的主要原因是三大板块在旅游产业带中的地理区位环境和交通条件不同，并且各政府部门对旅游景点的开发程度不一样。比如，巴州板块的景群空间分布在景点层次上是相对集中的，虽然巴州地区行政区划面积很大，但是由于资源大都集中在巴州的北部，因此北部地区经济、交通、文化等各方面都发展得较好，从而促使这一带的旅游资源聚集发展。巴州南部就是大面积的沙漠，几乎没有什么景区景点分布，对景区系统中心的聚集性不会产生影响。再如，阿克苏板块景群呈现聚集双分形退化特性主要是由于中心景点与系统的几何中心有较大的差别，景区中心点是系统边缘地带的自然景观，和景区系统几何中心的交通联系历史上长期不紧密，使系统中心的旅游联系受到很大的影响。另外，景群的各景点要素之间在空间距离上都相隔较远。在景群演化过程中对外围景区的吸附性、屏蔽性都较小，景群几何中心和地理位置的相互隔离使得它有可能演变成一个相对独立的景区大集团，由于这个原因，对景群几何中心进行旅游开发在时间上是滞后的，程度上是次等的。阿克苏板块景群历史上也许存在过类似于大喀什景区系统双分形结构的空间分布特征，在空间距离上甚至距景群中心更远，但由于交通条件较好，与景区系统中心联系密切，受景区中心的吸附和屏蔽作用都较大，交通通达性相对较好，使各旅游景区总体上能获得较一致的开发，因而会表现出双分形退化的聚集特征。

8.3.3 旅游产业带景群关联维数分形研究

8.3.3.1 空间关联维数模型阐述

（1）模型概念内涵与计算方法。

景群分布的均衡性是其空间结构优化的另一个重要指标，可反映旅游资源开发利用的效率。根据分维理论，关联维数是从多点相关来反映空间结构均衡关系，刻画景区系统中各离散景点的相对分布状态。

依据关联维数的一般定义，可将景区系统空间关联函数简化为：

$$C(r) = \frac{1}{N^2}\sum_{i,j=1}^{N} H(r - d_{ij}) \tag{8-10}$$

其中，r 为码尺，d_{ij} 为 i、j 两个景点之间的欧氏距离（也称乌鸦距离），$H(x)$ 为 Heaviside 跃阶函数，具有以下性质：

$$H(x) = \begin{cases} 1 & x > 0 \\ 0 & x < 0 \end{cases} \tag{8-11}$$

如果区域内的景点要素空间分布表现出分形特征，则该分形体具有标度不变性（该区域则为无标度区），即

$$C(r) \propto r^{\alpha} \tag{8-12}$$

其中，$\alpha = D_2$ 就是景区系统分布关联维数。如同聚集维数的计算，在景点分布数字地图上测量出各景点之间的距离，建立乌鸦距离矩阵，然后计算 $C(r)$ 值，由 r 取值的改变得到一系列 $C(r)$ 值，将 $(r, C(r))$ 点绘制成双对数坐标图，以最小二乘法算得 D_2 值，通常 $D_2 \in (0, 2)$。

（2）关联维数的空间地理含义与应用解释。

当 $D_2 \to 0$，则系统内景点分布密集成一个点；当 $D_2 \to 2$，则系统内景点分布很均匀（即为标准的中心地模型）；当 $D_2 \to 1$，则景区系统均匀地集中于一条光滑曲线。总之，D_2 越大表明景区系统内各景点越均衡地分布于较广大的空间里；反之，则越集中于较小的空间地带。

景群中各景区要素之间的关联程度以及空间布局状况，是通过空间关联维数值来考察探究的。用这个方法的最大优势是凭借景区系统中的某一种要素反映其他要素的空间分布状况，以此来衡量系统全部景点要素的协调性。比如，景区系统旅游交通发展规划是否与景点空间分布结构相匹配，旅游市场空间结构、环境系统空间结构与景点空间分布结构的协调程度等，凭借这些要素空间关联维数对比分析，可以衡量景区系统空间结构的相对优化程度。

8.3.3.2 旅游产业带景群空间结构关联维数的测算与分析

（1）巴州板块焉耆相思湖中心景群空间关联分维。

对巴州地区所有 A 级以上景点构成的景区系统进行测算，首先测算出系统中

所有景区两两之间欧氏距离 d_{ij}，得到 18 个景区之间乌鸦矩阵表，由于数据量十分庞大，文中不再列举乌鸦矩阵表。确定距离码尺 r，本文取 $\Delta r=20$ 公里，通过改变 r_i 得到欧式距离小于 r_i 的景区个数 N_i，通过 N_i 与 N 的比值得到空间关联函数 $C(r)$（见表 8－8），求得 $\ln r$ 与 $\ln C(r)$，将（$\ln r$，$\ln C(r)$）点对绘制到平面直角坐标系中，并通过最小二乘法求得线性回归方程，测算出巴州景区系统空间关联分形维数双对数分布图（见图 8－4）。

表 8－8　巴州板块景群系统关联维数测算数据表

r	10	30	50	70	90	110	130	150	170
$N(r)$	1	10	29	50	75	87	97	112	118
$C(r)$	0.0031	0.0309	0.0895	0.1543	0.2315	0.2685	0.2994	0.3457	0.3642
r	190	210	230	250	270	290	310	330	350
$N(r)$	121	123	130	131	138	142	147	151	153
$C(r)$	0.3735	0.3796	0.4012	0.4043	0.4259	0.4383	0.4537	0.4660	0.4722

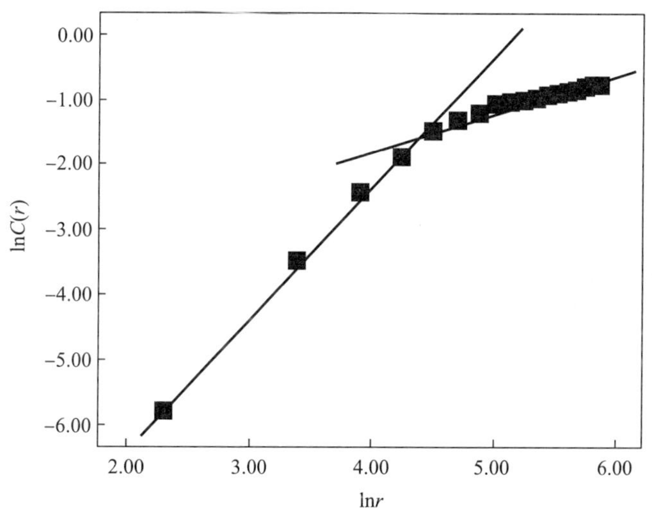

图 8－4　巴州板块景群系统关联分形维数双对数图

从图 8－4 可以看出，图中大部分点呈线性分布，在一定码尺区间内具有比较清晰的无标度区间，由此可知，以相思湖为中心的景区系统分形结构特征客观存在，并以 110 公里为分形拐点，出现了比较明显的双分形结构。对第一无标度区的散点运用 SPSS 软件进行线性回归，有

$$\ln C(r)=1.985\ln r-10.292 \tag{8-13}$$

第一个无标度区对应的维数 D 为 1.985，所得判定系数 $R^2=0.997$，Sig. = 0.000 通过检验，即总体拟合效果较好。对第二个无标度区的散点运用 SPSS 软件进行线性回归，有

$$\ln C(r)=0.453\ln r-3.388 \tag{8-14}$$

第二个无标度区对应的维数 D 为 0.453，所得判定系数 $R^2=0.968$，Sig. = 0.000 通过检验，即总体拟合效果较好。对总体散点区域运用 SPSS 软件进行线性回归，有

$$\ln C(r)=1.278\ln r-7.788 \tag{8-15}$$

总体空间关联维数 D 为 1.278，所得判定系数 $R^2=0.901$，Sig. =0.000 通过检验，即总体拟合效果较好。景区系统第一个无标度区间 D 值为 1.985，图中的散点虽呈线性分布但差别很大，这说明在小于 110 公里的尺度内，景区空间分布相对比较均匀，个体要素间空间关联性比较强，个体间竞争较为激烈；第二个无标度区间 D 值为 0.453，图中的散点虽呈线性分布且很集中，码尺大于 110 公里无标度区间内，景区分布则高度集中于一地，分布极其不均衡，个体要素自组织能力强。虽然第一、第二无标度区间计算得出的 D 值均不接近 1，但总体空间关联维数却与 1 很接近，说明景区系统在全巴州尺度下分布具有轴线特征，但是缩小尺度范围后，轴线特征就不明显了。巴州全区尺度范围的景区系统空间结构呈现双分形特性，不同分形结构之间的差异表明景区系统空间分布结构的自组织优化特性还没有完全形成，也可推断为开始发生衰退，差异越大退化越明显。

（2）阿克苏板块库车天山神秘大峡谷中心景群空间关联分维。

选取阿克苏所有 A 级以上景区组成旅游系统，测算出系统中所有景区两两之间欧氏距离 d_{ij} 得到乌鸦矩阵表。确定距离码尺 r，取 $\triangle r=30$ 公里，通过改变 r_i 得到欧式距离小于 r_i 的景区个数 N_i，通过 N_i 与 N 的比值得到空间关联函数 $C(r)$（见表 8-9）。求得 $\ln r$ 与 $\ln C(r)$，将（$\ln r$，$\ln C(r)$）点对绘制到平面直角坐标系中，并通过最小二乘法求得线性回归方程，测算出阿克苏景区系统空间关联分形维数双对数分布图（见图 8-5）。

表 8-9　阿克苏板块景群系统关联维数测算数据表

r	30	60	90	120	150	180	210	240	270	300	330	360
$N(r)$	10	14	26	53	68	79	91	103	109	114	123	126
$C(r)$	0.0207	0.0289	0.0537	0.1095	0.1405	0.1632	0.1880	0.2128	0.2252	0.2355	0.2541	0.2603
r	390	420	450	480	510	540	570	600	630	660	690	
$N(r)$	142	156	170	194	207	215	220	226	227	230	231	
$C(r)$	0.2934	0.3223	0.3512	0.4008	0.4277	0.4442	0.4545	0.4669	0.4690	0.4752	0.4773	

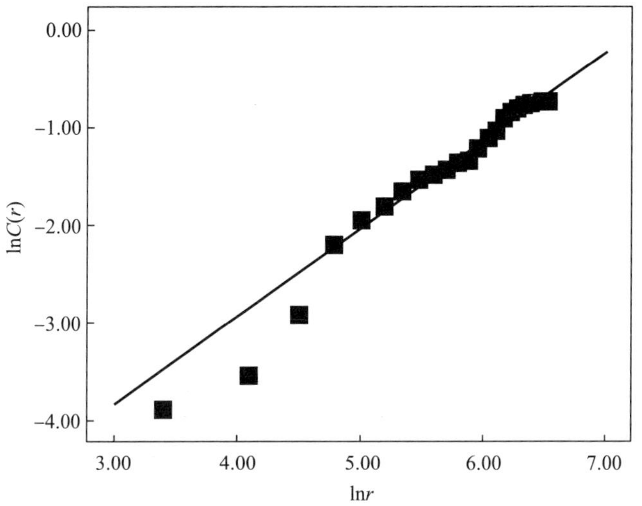

图 8-5　阿克苏板块景群系统关联分形维数双对数图

由图 8-5 可知，不包括前 3 个异常点，样本点具有明显无标度区间是从第 4 个点开始的，其上下限比较明显，并且无标度区间范围较广，表明景区系统分形结构趋于成熟，也许存在的多分形结构已经具备协同特性，分形特征明显，有自组织优化的趋势。对无标度区内的散点运用 SPSS 软件进行线性回归有

$$\ln C(r) = 0.868\ln r - 6.344 \qquad (8-16)$$

于是得分维值 $D = 0.868$，判定系数 $R^2 = 0.999$，Sig. = 0.000 通过检验，即总体拟合效果较好。空间关联维数值明显趋近于 1，说明景区要素分布具有集中于某一线性要素的趋势，从数据采集实际情况来看，多数景区分布在道路两旁，因此 D 值体现的这一趋势符合实际情况，即交通线路对景区要素空间分布起到很大作用。

（3）大喀什板块艾提尕尔中心景群空间关联分维。

依据上述景群空间关联维数的测算方法与步骤，测得 38 个景点之间的欧氏距离，构成景区系统的乌鸦矩阵。取步长 $\Delta r = 30$ 公里，测算得出景区系统关联维数相关数据结果（见表 8-10），然后绘出 $\ln r - \ln C(r)$ 双对数坐标（见图 8-6），用最小二乘法测算出各景区系统的空间关联维数 D 的值。

表 8-10　大喀什板块景群系统关联维数测算数据表

r	10	40	70	100	130	160	190	220	250
$N(r)$	22	86	127	152	172	207	239	297	333
$C(r)$	0.0152	0.0596	0.0880	0.1053	0.1191	0.1434	0.1655	0.2057	0.2306

续表

r	280	310	340	370	400	430	460	490	520
$N(r)$	359	387	409	419	425	438	455	503	580
$C(r)$	0.2486	0.2680	0.2832	0.2902	0.2943	0.3033	0.3151	0.3483	0.4017
r	550	580	610	640	670	700	730	760	
$N(r)$	621	629	643	656	671	694	701	703	
$C(r)$	0.4301	0.4356	0.4453	0.4543	0.4647	0.4806	0.4855	0.4868	

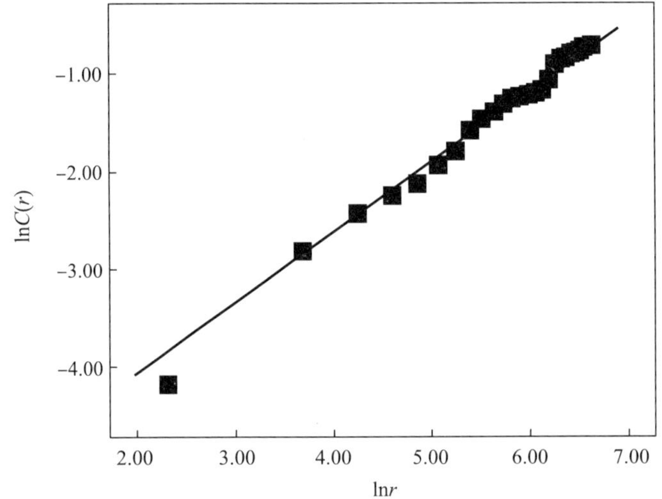

图 8-6　大喀什板块景群系统关联分形维数双对数图

由图 8-6 可知，排除第一个异常点，样本点从第 2 个点开始具有明显无标度区间，点列呈线性分布，空间分形自组织结构呈优化状态。对无标度区内的散点运用 SPSS 软件进行线性回归有

$\ln C(r)=0.754\ln r-5.68$

得分维值 $D=0.754$，判定系数 $R^2=0.990$，Sig. $=0.000$ 通过检验，即总体拟合效果较好。景群空间具有显著的多重分形结构发展趋势，但各分形无标度区范围较窄，从某种程度上来说无标度区间还有一定的嵌套性，解释了景群空间分形结构不是很稳定。也就是说，景群空间结构在自组织演变而成的分形结构产生缺陷的同时也有新的分形结构产生，具有多重分形结构与分形结构退化的趋势，景区系统空间结构已遭受无序性因素的干扰，也可认为正在发生自组织优化过程。

8.3.3.3 三大板块群空间关联维数测算结果比较分析

通过本节对产业带内的三大板块景群子系统空间关联维数测算可知，产业带景区空间关联分形结构客观存在，而且存在明显的尺度效应。其具体空间关联维数测算数据如表 8－11 所示。

表 8－11 景区系统关联维数测算数据表

景区中心	方程	D	R^2	Sig.
相思湖	$\ln C(r)=1.985\ln r-10.292$	1.985	0.997	0.000
	$\ln C(r)=0.453\ln r-3.388$	0.453	0.968	0.000
	$\ln C(r)=1.278\ln r-7.788$	1.278	0.901	0.000
天山神秘大峡谷	$\ln C(r)=0.868\ln r-6.344$	0.868	0.986	0.000
艾提尕尔清真寺	$\ln C(r)=0.754\ln r-5.685$	0.754	0.990	0.000

（1）三大板块景群具有不同的空间关联分形特征。

从表 8－11 可知，丝路中道旅游产业带景群具有较显著的空间关联分形特征，并有明显的尺度效应。首先，巴州板块景群有比较明显的双分形结构，小尺度范围内景区空间分布相对比较均匀，个体要素间空间关联性比较强，个体间竞争较为激烈。大尺度范围内分布则高度集中于一地，分布极其不均衡。其次，阿克苏板块的景群表现出明显的轴线分布特征，景区要素空间分布具有集中于某一线性要素的趋势，交通线路对景区点空间分布起很大作用。最后，大喀什板块景群有显著的多重分形结构发展趋势，但各分形结构无标度区范围较窄，存在区间嵌套性。总体上，阿克苏与大喀什旅游景群分布的空间关联维数都是 1 左右，表明系统景区的空间分布位置相对集中。

（2）空间关联分形的不稳定性问题。

空间结构关联维数在不同景群中所表现出的稳定性差别，揭示了景群分布中大景区集团的聚集数目以及凝聚分布的地理空间特点，与衡量旅游资源群空间结构的聚集度和优越度类似。

针对巴州景区系统全尺度范围，发展优越的景区数量相对较少、类型偏单一，景群分布空间有明显的聚集中心，并且外围景点进入中心聚集的屏蔽性较强，整个景区系统呈较为稳定的凝聚状结构。

阿克苏景群空间结构关联性相对于其他两大板块而言不稳定状态更明显，表现为关联分形的无标度范围比较窄，还存在一定套嵌性。这主要与景群中相对较优等级的景区竞争性有关，在景群空间结构演化中目前处于多凝聚中心竞争的过程中，正在向形成更高级凝聚中心演进的过程发展。

大喀什板块景群空间结构关联分形的不稳定性也较显著，空间分布结构与阿克苏板块有一定相似性。其原因同样与大喀什板块的地理位置和交通状况以及当地政府对景区开发的规划有关。

由于空间关联分维是基于景群中所有景区点位的欧氏距离（直线距离）来测量计算的，它反映的是景区在空间分布上的相对关系。本课题组所选择的样本空间范围较大，景群分布的要素在地理空间上表现出的上述差异性与空间分形结构的尺度效应有很大关系。

8.4　绿洲城镇孤岛效应暨“旅长游短”缓解问题分析

8.4.1　关于南疆城镇孤岛效应暨“旅长游短”的空间结构问题性质

由于过去较长时期内新疆旅游经济一体化和规模化发展的需求动力明显不足，南疆旅游经济的孤岛效应十分显著，使极为丰富的旅游资源与相对缓慢的旅游产业发展之间极不相称。由于自然地理、交通发展和地缘经济区位的不利条件，长期以来南疆各地州城镇经济相对孤立、一体化关系松散，旅游开发各自为政、参差不齐、缺乏分工合作式联动发展的现象十分明显。地域辽阔和绿洲孤岛构成阻碍南疆旅游开发的自然瓶颈。西部大开发以来，南疆交通建设取得了长足发展，一定程度上缓解了“旅长游短”与孤岛效应的地理障碍，同时使得旅游景群体系布局的空间结构失衡问题凸显出来。

南疆作为新疆民族旅游历史文化资源荟萃的代表性地区，由喀什地区、克州、阿克苏地区、巴州、和田地区1095.31万人口构成的丝路中道旅游产业带规划总面积105.73万平方公里，45个县（市）464个乡镇和57个团场沿314国道、315国道散落于戈壁沙海分割的绿洲岛链上，构成从天山南麓至昆仑山北麓绵延1876公里的松散型绿洲城镇空间分布。可见，南疆旅游业发展的分量重且难度大，资源优势与开发滞后并存。以国家A级景区的开发为典型例子，新疆270个国家A级景区中南疆地区仅有78个，只占29.4%，尤其是5A级景区几乎都在北疆（截至2012年年底的统计数据）。显然，这种失衡格局与新疆主打的丝绸之路旅游品牌战略很不相称，是新疆推进旅游业均衡化高水平发展进程中应着力化解的关键问题。

无疑，三大旅游产业带规划正是新疆“十二五”旅游业发展积极改善不协调失衡格局的战略性举措，也是通过强化旅游产业带一体化空间关系促进“旅长游短”和绿洲城镇孤岛效应缓解的积极对策。规划确定的以天山北坡经济带为主轴、以南疆丝路中道城镇带和北疆环准噶尔城镇带为南北两翼的“一轴两翼”布局，将更加突出南疆旅游景区资源的加速开发，从整体上促进南北疆旅游经济的一体化协调发展。但是，与北疆两大旅游产业带开发建设相比，南疆丝路中道旅游产业带所面临的问题完全不同。对于北疆两大旅游产业带来说，由于它们已基本形成比较完整的国家 A 级旅游景区谱系，并且 A 级景区数量丰富且地理分布密度较大，“十二五”开发建设的重点在于结构的优化整合问题。对于南疆丝路中道旅游产业带来说，尚无 5A 级景区（2013 年 10 月之前），整个 A 级景区谱系处于中低端水平上，并且 A 级景区数量相对偏少且地理分布密度稀疏。可见，南疆丝路中道旅游产业带“十二五”开发建设的重点与关键是积极推进国家 5A 景区的规划布局和建设。为了形成优良的产业带旅游资源配置空间结构，必须科学合理地确定重点性的节点区域。

因此，南疆丝路中道旅游产业带的谋篇布局面临许多策略性问题。比如，产业带培育中的景区系统空间布局问题，便面临开发 5A 级景区的布局策略选择。新疆各大 5A 级景区所释放出的旅游龙头效应使各地州对 5A 级景区开发无一不激情澎湃，“十二五”以来，12 个地州以及乌鲁木齐与克拉玛依市井喷式地提出了近 20 个 5A 级景区的布局规划。但是从国家旅游局对全国 5A 级景区的总体布局规划来看，存在一定量的约束。也就是说，必须从全疆均衡发展的角度进行科学的空间布局规划，精选 5A 级景区布局点。这就意味着不可能让每个地州都平均享有 5A 级景区配额，而是根据旅游资源的构成与区位空间关系选择优质资源和区位条件俱佳的地区优先重点布局开发。对于南疆 5 个地州来说，如何优先重点布局则需从空间结构方面提供科学的分析依据。进一步来看，所谓 5A 级景区布局的实质，是涉及南疆丝路中道旅游产业带系统中起关键作用的节点区域的优选对策问题。

8.4.2 实证对空间结构问题的解析

上述实证通过对三大板块旅游景群构造的随机聚集和空间关联维数测算，得出了各旅游板块景群空间分形结构的分维值，获得了对南疆丝路中道旅游产业带景群开发空间特征的基本解析，进一步揭示了缓解“旅长游短”和绿洲城镇孤岛效应的空间结构问题。

（1）三个旅游板块普遍形成局部景群空间分形特征。

实证结果表明，丝路中道旅游产业带三个旅游板块景群体系均具有一定区域的分形结构特征，显示出较明显的尺度效应。总体上三个旅游板块景群空间结构均具有无标度性、自组织优化和自相似性的分形特征，但是由于景群体系空间结构还处于分形体发育的初期，因此分形特性表现也有不够明显的板块区域。

（2）三个旅游板块景群体系结构分形有较大差异。

首先，以巴州相思湖为中心的旅游板块方圆 282 公里范围内景群呈现出双分形结构发展的趋势，其中方圆 105 公里范围内样本景点向相思湖景区呈良好随机聚集态分布，但总体空间关联性在全巴州尺度下分布具有轴线特征，缩小尺度范围后，轴线特征就不明显了。也就是说，景点的空间分布越往外围越集中，且不同方向上的集中性程度是不同的。

其次，以阿克苏天山神秘大峡谷为中心的旅游板块方圆 681 公里范围内景群呈多嵌套分形结构，其中方圆 217 公里范围内样本景点聚集性明显，范围之外的景点有分形退化的趋势，自组织优化受到某些无序因素的干扰而被打断。

最后，以喀什艾提尕尔清真寺为中心的旅游板块方圆 714 公里范围内的景群呈现明显的双分形结构态势，其中方圆 67 公里范围内样本景点向喀什市呈随机聚集态分布，景群从演化中心向外围递减。离系统中心 67 公里以外，景点自组织成新的聚集集团中心，随机聚集分形区内景点布局虽然基本均衡但聚集分布的密度偏低。

8.5 促进绿洲城镇孤岛效应缓解的对策分析

8.5.1 差异化开发与特色发展策略

8.5.1.1 优化巴州生态景观与特种旅游区整体板块开发策略

首先是差异化定位策略，即凝练差异化特色与定位重点。为推进丝路中道旅游产业带景群系统结构的整体性一体化成长，巴州旅游板块的生态景观资源特色更为鲜明，应以生态旅游和特种旅游为重点实施差异化发展，形成特色鲜明的旅游聚集中心。

其次是主体特色营销与开发策略，必须大力提升生态旅游景群的一体化开发水平。巴州生态景观旅游区主要是以巴音布鲁克 4A 级景区为主体，以塔里木胡杨林、博斯腾湖、阿尔金山等为代表的自然景观，应实施特色生态景观旅游区的重点培育和优化开发。另外就是特种旅游区，要推进塔克拉玛干沙漠开发，培育成大漠特种旅游区，并通过 217 国道、218 国道和南面沙漠公路及 315 国道形成四个旅游区块的高效连通，提升整个体旅游板块的一体化基础条件。

最后要做强区域旅游集散中心城市。库尔勒市是巴州地区的首位城市，是旅游开发的核心和枢纽，必须提高库尔勒市的区域旅游集散中心能力。通过库尔勒市的旅游中心地作用推进巴州板块旅游区域市场的整体开发和产品促销功能，以及旅游信息收集、研究和传递的功能，从而塑造库尔勒市的南疆都市形象，提高城市知名度，提高全区域旅游接待能力和接待水平等。

8.5.1.2　优化阿克苏休闲度假旅游区整体板块开发策略

首先是差异化定位策略，即凝练差异化特色与定位重点。根据对阿克苏板块内旅游资源特色的分析和景区空间结构分析，并通过与其他旅游板块资源的比较判断，可明确阿克苏休闲度假旅游区的定位重点，积极打造集自然风光生态游、人文景观游、绿洲古城遗迹文化游和人文红色旅游于一体的优质旅游度假区板块。

其次是主体特色营销与开发策略，必须优化对自然风光生态休闲区的重点开发。自然风光生态休闲区核心以托木尔峰自然保护区和天山神木园景区为主体，包括温宿大峡谷景区、神奇峰景区、天山神秘大峡谷景区等景区群。该景区群开发建设与营销重在突出高山雪峰、冰川、森林、草地的原始风貌以及奇异树木、圣泉、肃静的自然生态休闲特色。

最后是对特色人文主题旅游景群的整体性开发与营销。特色人文主题旅游景群整体性开发，就是要依托 217 国道和库车机场的交通优势，建设以库车、拜城为主要依托城市的龟兹文化名胜区，以阿克苏、阿拉尔为主要依托城市的多浪文化民俗旅游区，即重在突出“丝绸之路——龟兹文化之旅”和“丝绸之路——多浪文化旅游中心”两个旅游主题。

整体性开发与营销，一是以龟兹古国的昔日辉煌及高品位的历史文化和艺术价值为主景形象，突出汉唐时期东西方经济、文化、军事交流荟萃的中心地位与繁荣内涵。二是绿洲古城遗迹文化区的整体性开发，其主要景区产品有三五九旅纪念馆、克孜尔水库旅游区、克孜尔魔鬼城景区森木塞姆、温巴什石窟、昭怙厘寺、千泪泉等，特色在于历史文化、探寻历史遗迹与爱国情怀。三是对景群产品的内涵营销，一要从内涵上紧扣住景群产品的石窟艺术体系和佛教文化内涵以及历史古迹；二要针对休闲度假区这一主题突出对圣泉、幽谷、奇异山石、林茂、绿草如茵、鸟语花香的原始自然特色以及田园风情式生态农业观光的功能营销。

8.5.1.3　优化喀什民族风俗文化旅游区板块整体开发策略

首先是差异化定位策略，即凝练差异化特色与定位重点。喀什、克州民族风俗文化旅游区，克州、喀什是以民族文化资源为开发特色，主要以发展历史文化和维吾尔民俗风情为核心，包括塔什库尔干塔吉克县的塔吉克族风情、帕米尔高原的帕米尔风情旅游，巴楚县、麦盖提县叶尔羌流域的维吾尔族农民文化，莎车县的维吾尔木卡姆文化等丰富而鲜明的文化特色。

其次是对大喀什旅游板块三地州人文旅游主题核心区整体性建设与营销。该板块旅游特色主线产品非常丰富，重点是丝绸之路文化、史诗《玛纳斯》、新疆维吾尔木卡姆艺术、维吾尔刀郎麦西热甫、维吾尔族达瓦孜、维吾尔族模制法土陶烧制技艺、塔吉克族引水节和播种节、塔吉克族鹰舞、塔吉克族民俗风情、莫尔佛塔、艾比甫·艾吉木麻扎、艾提尕尔清真寺、阿巴克霍加麻扎、麻赫穆德·喀什噶里墓、托库孜萨来遗址、叶尔羌汗国王陵宗教遗址等。另一个特色就是和田玉石文化旅游区，以品质高雅的和田玉为重点，旅游主题营销包括大师匠心雕琢、民族智慧和毅力等浓缩中华文明史的玉文化内涵。通过旅游线路、交通、服务等的整体设计建设与营销，形成规模性、体系化的旅游目的地，降低旅游交通成本，提升旅游产品的丰富度、多样化以及消费的性价比。

8.5.2 差别化布局与空间整合策略

8.5.2.1 选择差别化布局结构模式的依据与原则

（1）依据分形结构的特征与规律。

基于三地州为核心的重点景区（5A）优先选配的基本设定来对丝路中道旅游产业带景区开发布局取向做出分析。由以上分析可知，丝路中道旅游产业带景区空间布局随着选取的尺度范围不同而呈现出不同的自组织演化模式，出现核心区到边缘区的二元分异趋势，并且伴有核心区域旅游景点中心过度聚集的现象，旅游景区点的集群效益增长缓慢，如何通过科学规划和合理的空间布局促进旅游景区系统最大程度发挥集群效益，成为丝路中道旅游产业带发展的关键因素所在。

（2）遵循资源集约与成本最优原则。

旅游景区点作为旅游经济客体的基础，通常情况是将景区旅游资源的潜在价值转变成经济价值，发挥空间聚集效应，从某种程度上来说，旅游空间结构就是旅游景点的空间聚集以及在此基础上发生关系的总和。新疆丝路中道旅游产业带发展应该将区域社会经济背景、旅游资源价值、旅游产业竞争力三者结合起来，本着“最小化投入，最大化收益”的原则，结合产业带内五地州的自身条件，来确定合理的空间结构模式。产业带内各地区之间资源特色有所差异，经济发展水平亦有差距，旅游产业竞争力也有等级之分，所以在空间结构模式选择上便会不尽相同。

按照上述空间特征规律与集约性原则，本节依据前节中对南疆丝路中道三大板块现状的描述分析，以及对各板块景群空间结构的分形测度，针对整个南疆丝路中道旅游产业带景区开发布局的空间结构优化问题，分别对三个板块提出空间结构优化模式的对策分析。

8.5.2.2 巴州板块推进双核心—边缘结构布局的策略

首先，通过对核心边缘理论与双核结构模式论的比较，课题组认为，核心边缘理论主要强调区域发展的递进性与时序性，凸显点的聚集和扩散作用。双核结构模式论在点的选择上也具有科学性和丰富的实践案例。若将两者结合起来，课题组认为双核心—边缘模式针对巴州板块有较好的资源空间分布适宜性。

其次，在今后若干年的开发时段内，巴州板块旅游景区系统开发的重点目标仍然是提升其景群体系的旅游吸引力，根据实证数据显示的 DLA 结构模式，该板块要尽量降低景群体系中心景区的屏蔽效应，努力增强其凝聚性作用。从 5A 级景区的开发布局分析，应以交通区位最为优越的 4A 级景区焉耆相思湖旅游度假区为核心（本章研究即将完成的 2014 年之际，该景区已升格为 5A 级），逐步向边缘区域扩散。

最后，对于巴州板块第一个 5A 级核心景区的开发布局问题。为了增强 5A 级核心景区群的凝聚辐射效应，还需要积极规划和推进核心景区外围的二级核心景区开发。依据上述实证分析，可以推断位于和静县的巴音布鲁克 4A 级景区应是次级中心景区的较佳选位（已被自治区规划为 5A 级创建景区）。随着相思湖 5A 级核心景区和巴音布鲁克 5A 级景区的创建逐步取得成功，便可形成（相思湖景区，巴音布鲁克）双核心—边缘结构式旅游地域空间，将会进一步有效提升巴州板块景群的聚集性与辐射效力。同时也将有效推进巴州板块旅游景群交通网络化，增强景区间的吸附性，有利于形成板块向心凝聚、均衡分布的景群空间结构体系，促进整体板块的旅游一体化。

8.5.2.3 阿克苏板块优化网络式结构布局的策略

首先，从上述分形结构实证分析来看，阿克苏板块较宜采取网络式旅游空间优化模式。网络化发展是以旅游增长极模式为基础加强旅游景区内部整合，以提升阿克苏板块景群空间的网络化水平。

其次，阿克苏地区旅游产业竞争力水平在三个板块中还相对偏弱，但是其资源开发价值是较高的。对于该板块区域，在旅游资源方面与其他地区相比具有无可比拟的特色民俗文化优势，只是资金较欠缺成为旅游业进一步发展的瓶颈，不过旅游经济形成了较好的发展势头，已基本建立起较为完整的旅游系统，属于比较理想的旅游开发区域。

最后，优化网络式格局要着重抓住若干中心优势突出的核心景区进行布局，推进多中心景区联动式整体性开发，形成具有分布均衡、特色各异、功能互补的旅游网络节点优化格局。比如，对阿克苏板块上的三五九旅纪念馆、库车王府遗址、龟兹绿洲生态园、天山神秘大峡谷和天山神木园 5 个 4A 级重点景区群，可作为构建网络化景群的主要节点进行历史文化旅游方面的深度挖掘和高水平营销。通过优化重要节点景区的空间关联分维质量，强化中心景区的分形凝聚效应，使这几个主要节点景区之间形成网络联动式旅游结构关系。

8.5.2.4 大喀什板块优化点—轴式结构布局的策略

首先，点—轴理论中的“点”通常指区域中具有较强的经济凝聚力的各级中心城市。“轴”就是连接它们的通道，包含交通、通信、供水供电等基础设施线路。在旅游开发中，整个旅游系统的空间结构演变也是由“点”到“轴”再由“轴”到“网”的演化过程。在极化效应作用下，首先开始旅游“点”的聚集，随着聚集程度不断提高而使一些节点成为区域旅游中心。随着景群的中心景区发展，其扩散效应逐步加强，并向周围区域扩散，推进整个景群的联动式发展。

其次，总体上对于大喀什板块景群体系的空间优化，关键在于点—轴空间的顺应开发和科学布局。优化目标应着力于强化区域旅游吸引力，空间优化的着力点则在加强主要的景区节点的空间关联作用。根据实证显示的大喀什板块旅游景群空间聚集模式及自组织演化，其景群体系内部要全力突出中心景区的向心性功能，提升其对景区产品开发的凝聚性水平。在点—轴式空间开发策略上，应着重于中心旅游景区的选优和交通轴线结构的关联关系平衡。

再次，加强节点景区规划与绿洲城市群的协同性。通过对大喀什板块景群的现状分析，综合考虑该板块中几个区域不同的旅游经济发展条件、城市资源状况、交通布局情况及板块内旅游经济的互动性关系等，课题组认为可以有三个等级的节点规划。一是喀什市以其重要的地理位置、经济基础、交通便利、资源特色等，使之拥有较强的辐射力、吸引力和服务功能，当为板块中的一级节点加以重点开发。二是阿图什市、和田市、泽普县、疏附县资源和经济等相对优越，可作为板块上的二级节点来发展，促进点点、点线旅游功能的整合性开发。三是英吉沙县、疏勒县、莎车县、岳普湖县、叶城县、麦盖提县、巴楚县、阿克陶县、伽师县、塔什库尔干塔吉克自治县、洛浦县等较广泛的县域，是该板块旅游的腹地潜力地区，可逐步开发出一批三级旅游节点，最终可形成多层级关系的旅游景群分形体，成为具有较强综合性一体化实力的旅游特色区块。

最后，加强旅游轴线规划与区域交通网及绿洲城市群的协同性。一是对一级发展轴的重点规划建设：喀什作为中巴经济走廊的规划枢纽，区内主要公路、铁路线以及民航发展相对资源条件较优。比如，国道315线由青海西宁至喀什（全程3063公里），贯通若羌、且末、民丰、于田、策勒、洛浦、和田、墨玉县、皮山、叶城、泽普、莎车、英吉沙、疏勒14县（市），将喀什、和田两个地区基本连成一线。另一条公路动脉是国道314线，从乌鲁木齐连通到喀什红其拉甫口岸

（全程 1948 公里），贯通焉耆、库尔勒、轮台、库车、新和、温宿、阿克苏、阿图什、喀什、疏附、塔什库尔干 11 县（市）。这两条国道均在喀什市交会，贯通丝路中道旅游产业带上的 20 多个县（市），串联起 60 多个主要旅游景区，是构成大喀什旅游板块的主轴线，大体形成一个“U”形发展轴。因此，大喀什旅游板块的进一步优化，一方面要大力提升该一级发展轴的核心聚集功能，另一方面要围绕这条主轴线优化主要景群的布局开发，使景群的布局开发与沿线的绿洲城市群形成空间协同、交通协同和经济资源的协同。二是积极推进次级增长轴的构建：阿图什市毗邻喀什市，有相对较优的旅游区位条件，且市域内资源丰富。在交通上，有省道 212 线（阿图什市—乌恰县托云—乌恰县吐尔尕特口岸）、省道 309 线（阿图什市—乌什县—伊尔克什坦口岸），另外还有省道 215 连通喀什地区主要县市（巴楚县三岔口镇—巴楚县—巴楚县阿瓦提镇—麦盖提县荒地镇—莎车县）以及省道 310（麦盖提县—岳普湖县—疏勒县塔孜洪乡），可重点考虑将喀什—阿图什线列为二级旅游发展轴之一进行规划建设。和田地区经济基础薄弱，位于景区系统最南面边缘地带，交通条件差并且发展缓慢，可进入性条件较差，可逐步推进和田方向次级轴线的开发。

8.5.3 旅游资源开发与区域协同整合策略

8.5.3.1 分形角度的板块层协同整合

本章针对丝路中道旅游产业带空间结构的分形优化研究，主要是基于聚集分维和空间关联分维两方面的分析，体现了景群分布构造的自组织原理。依分形效率机制，存在有外部组织方向与系统自组织方向之间的协同性，这会促进景群的整体布局与聚集演化趋向富有协同效率的空间与资源配置形态。

（1）聚集分维角度的板块层协同整合策略。

首先，三大板块中的巴州旅游板块景群体系自组织性比较明显，整个景群围绕其核心景区的凝聚受限扩散分形特征显著，中心景区的凝聚性比较突出，结构优化程度较高。因此，该板块进一步推进区域协同发展的要点，一方面在于加强中心景区外围景群的开发，进一步优化景群的中心凝聚结构；另一方面要积极促进板块中心功能向旅游产业带另两大板块的辐射扩散，提升巴州板块作为产业带主要中心区域之一的中心凝聚能力和水平。

其次，对于阿克苏旅游板块，其景群构造的自组织优化受到较明显的无序因素干扰而被打断，表现出双分形或分形退化的趋势。因此，该板块推进区域协同发展的重心在于板块内部中心景区布局的优化，需要注意利用目前多个正处于成长中的中心景区之间所形成的共同屏蔽区域开发景点，以有利于构造景群交通的网络性结构，增强景区相互吸附概率，促使构造更大景群紧密关联的结构形态。

最后，对于大喀什旅游板块，其景群体系自组织性也比较明显，但整个板块上的景群围绕喀什核心景区分布的密度衰减较为缓慢，有明显的尺度效应。因此，对于该板块推进区域协同发展，建议主要参照实证测算数据在相应尺度范围内积极培育布局一定数量的新景区点，弥补目前其景群体系凝聚有限扩散结构的景区分布稀疏地带的缺陷，改善其自组织演化的景区分布均衡性。

（2）关联分维角度的板块层协同整合策略。

首先，景群分布偏集中的板块需要加强旅游主道景群的构建开发。从关联维数来看，阿克苏板块和大喀什板块空间关联分维值都介于0～1且趋向1，说明景群空间分布较集中，虽然呈一定线性空间的较均衡分布，显示有自组织优化的趋势，但是旅游主道景群分布并不很清晰。对于这两大板块，可以在核心景区外围开发一定数量的新景区，进一步增强旅游板块更大域面的凝聚性景群结构体。

其次，有双分形趋势的板块可重点优化局部景区稀疏地带的开发。从关联维数来看，巴州板块景群的空间关联分维在小尺度范围内有双分形趋势，且关联维数值差别较大，大尺度范围则与1较为接近，说明该板块大尺度范围内景区较为集中，且主要集中于一条地理线，即旅游主道较明显。因此，在未来的布局设计中，应适时考虑加强那些旅游发展相对偏弱县域地带的景区开发。

8.5.3.2　三大板块间的旅游一体化协同整合策略

促进南疆“旅长游短”和绿洲城镇孤岛效应的缓解，在更大层面上要推进丝路中道旅游产业带三大板块的一体化和规模化发展。因此，必须努力促使三大板块旅游开发的一体化协同整合，一方面，促使景群开发布局形成板块间的协同性整合；另一方面，促使景群开发布局与各板块绿洲城市群形成一体化的协同发展。总体上就是综合丝路中道旅游产业带各地区的资源、经济、空间与交通等要素，深化旅游产业带开发的分工合作，大力提升丝路中道区域旅游的一体化水平，为旅游者创造交通便利、价格实惠的旅游产品，同时有利于促进产业带的可持续发展。

（1）板块交会区域的跨地州旅游协同开发。

丝路中道三大旅游板块交会区域的开发是促进一体化协同开发的重要关节点，从分形结构角度看，有的交会区域甚至形成一体化协同开发的关键抓手。

例如，隶属阿克苏板块的库车县毗邻巴州板块的和静、轮台两县，三县汇集的旅游资源在整个丝路中道旅游产业带中不仅品质好而且密集度高，是旅游吸引力极强的优势开发区块之一。但是板块分隔使以往的开发受行政板块的限制很大，使得该区块尚未充分释放出整体性的旅游影响力，行政分割成为缓解“旅长游短”和绿洲城镇孤岛效应的重要阻碍。随着南北疆交通的大力开发，目前来往于库车与巴州各县市的各类交通车流不断增多，各地间人流、物流以及旅游流频

度、强度和效度都有了极大提高。

在库车、轮台、和静三县区块上，重要的旅游景区资源如天山神秘大峡谷、龟兹绿洲生态园、巴音布鲁克天鹅保护区、库车县王府景区等，可连成一条旅游主道来加以整合开发，使之形成高密度的局部旅游景群与休闲目的地。在旅游业竞争力方面，库车也具有较强的优势，旅游业是其支柱产业之一，而位于巴州板块的轮台与和静两县旅游业也处于发展上升阶段。尤其是和静县的巴音布鲁克天鹅保护区，作为天山世界自然遗产标志地之一，北接伊犁旅游谷南通库车旅游区。可见，此三县景区资源与旅游项目的协同整合开发既有强大的市场要求也有天然的空间条件，主要应从景区开发布局的规划、资源与市场分享、交通基础设施共享等方面突破行政性阻碍，建立相互协同的市场运作、行政管理政策与机制。

（2）和田、喀什、阿克苏三地州旅游的协同开发。

和田、喀什与阿克苏三地州的协同整合发展是丝路中道旅游产业带三大板块推进一体化协同发展的重点之一，同时也是自然地理困难最大的区域。从新疆政区地图或绿洲资源分布地图观察，和田、喀什和阿克苏三地绿洲带由南向北呈侧卧的V字形分布，公路和铁路线也顺势而布。从旅游交通来看，和田地区距离中心城市乌鲁木齐市的交通区位最偏远，与其他地州的空间关联性普遍偏弱，因而旅游开发受到极大制约，迫切需要通过区域协同开发提升旅游产业发展能力和水平。

从旅游资源来看，这三地州的民俗旅游文化资源都十分丰富，且相互关联、相互映衬和相互补充而具有一定的整体性关系，因此有利于进行南疆历史文化民俗旅游项目的协同整合开发，有利于这一特色旅游品牌形成较丰富的产品体系。三地州旅游资源的协同整体开发将有助于形成旅游产业开发的规模化效应。

三地州的协同整合发展关键仍在于对景区产品开发布局的规划协调，解决资源与市场分享、交通基础设施共享等方面问题，突破行政性阻碍，通过改革创新建立相协同的市场运作、行政管理政策与机制。重点是围绕喀什旅游中心，突出喀什旅游中心地的辐射联动作用，带动和田重要旅游资源的高规格高水平开发。在三地州旅游圈带上，大力打造喀什主中心、协同开发阿克苏与和田两个副中心。对于阿克苏与和田两个地区，应积极适时推进高水平资源实现5A级景区产品的创建。

8.5.3.3 “一轴两翼”三大产业带的协同整合策略

从新疆整体区域的角度来看，丝路中道旅游产业带实现区域协同整合发展只有融合于“一轴两翼”三大产业带的总体战略布局，形成南北疆旅游紧密联动、资源共享、优势互补、特色相映的体系化格局，才能更加有效地消解“旅长游短”，缓解绿洲城镇孤岛效应。

“一轴两翼”三大旅游产业带本身就是一个区域性的经济联合体，需要自治区从规划指导、政策引导、行政疏导和市场促进等多个层面不断推进三大产业带的交通互联、信息互通、资源融通与市场连通的基础性平台建设。促进三大产业带加强横向联系，形成有整体经济规模的优势品牌效应，提升聚集水平，培育互惠互利、协作共进的协同发展机制。

对于南疆丝路中道旅游产业带而言，首先，要着力加强与天山北坡旅游产业带主轴的协同开发，构造“轴—翼”协力发展枢纽带，相关的重要区域如巴州巴音布鲁克景区、阿克苏库车旅游景区与伊犁旅游谷的整体协同开发。其次，要进一步加大乌鲁木齐市至南疆的高水平铁路、公路和航空交通建设的投入，促成旅游交通时长和成本的大幅降低，高水平高质量提升丝路中道旅游产业带与乌鲁木齐都市圈旅游板块的关联度。

最终要根据旅游资源的市场特点，大力开展跨区域、跨行业的旅游合作，要扭转画地为牢、发展紊乱的状态，进行整合营销、统筹发展，努力构建产品互补、资源共享、配置优化、分工明确的发展格局，提升旅游产品整体的综合竞争力，实现产业带间旅游的无障碍化。

8.6 本章小结

本章通过所测的分维量值，从旅游空间结构的角度出发，解析以三大旅游板块中心节点构成的景群体系，分析景群空间结构在全产业带上的聚集性与关联性，试图明晰丝路中道旅游产业带景群空间布局的分形特征与问题。最终希望有针对性地提出三大旅游板块景群相协同的开发布局模式，以及对5A级核心景区资源的重点规划布局策略。总而言之，本章的实证分析为促进南疆丝路中道旅游产业带的协调发展和推进绿洲城镇孤岛效应缓解提供了一定的科学依据，也提出了有积极参考价值的规划决策思路。

但是本章的研究依然有自身的局限性。尤其是在实证南疆丝路中道旅游产业带景区空间结构中，在分形模型的实证中仅考虑了旅游景点之间的欧式距离。相应的分形维数值作为一个供给约束量来考察产业带景群开发的影响因素，就有比较单一的问题；另外，对于产业带景群空间分形维数的测算也是基于某一个时间点上的（2013年度数据），并没有反映出相应的动态变化特征；再就是对于南疆丝路中道旅游产业带景群与旅游开发的探讨，本章仅考虑景群布局空间的关系，

没有综合性地考虑城镇布局、市场区位等因素对旅游产业带形成的影响等问题，同时也未能论及旅游景群的战略开发布局面临的市场与投资风险及环境后果方面的问题。这些未能考虑的问题，都是关于南疆丝路中道旅游产业带深度开发必须面对的课题，也是有关绿洲城镇孤岛效应缓解的重要因素。

参考文献

[1] 关伟. 产业带的研究进展与展望 [J]. 地理教育，2007 (6)：4 – 5.

[2] 赵瑞君，袁志超. 运用循环经济理念构建河北省环京津休闲旅游产业带 [J]. 生态经济（学术版），2010 (1)：215 – 218.

[3] 田菲，王淑娟，周丽娜. 论体验营销视角下的环京津休闲旅游产业带品牌策略 [J]. 中国商贸，2012 (1)：186 – 187.

[4] 刘春玲，陈胜. 论河北省环京津休闲旅游产业带建设中的政府主导作用 [J]. 特区经济，2009 (5)：61 – 62.

[5] 赵惠娟，胡叶星寒. 基于客源市场分析的“环京津休闲旅游产业带”开发建议 [J]. 中国经贸导刊，2010 (3)：91 – 92.

[6] 卢彦红，唐善茂. 大漓江旅游产业经济带旅游产品开发战略研究 [J]. 资源与产业，2009，11 (1)：14 – 18.

[7] 卞显红. 城市旅游空间结构研究 [J]. 地理与地理信息科学，2003，19 (1)：105 – 108.

[8] 卞显红. 城市旅游空间成长及其空间结构演变机制分析 [J]. 桂林旅游高等专科学校学报，2002，13 (3)：30 – 35.

[9] 张捷，都金康，周寅康. 自然观光旅游地客源市场的空间结构研究 [J]. 地理学报，1999，54 (4)：357 – 364.

[10] 吴晋峰，包浩生. 旅游系统的空间结构模式研究 [J]. 地理科学，2002，22 (1)：96 – 101.

[11] 戴学军，丁登山，林岚. 长三角地区旅游圈吸引物体系空间结构聚集分形特征 [J]. 地理研究，2010，29 (12)：2189 – 2200.

[12] 耿协鹏，肖飞. 基于 GIS 的武汉旅游圈旅游资源分形结构分析 [J]. 当代经济，2009 (16)：98 – 99.

[13] 戴学军等. 基于分形方法的旅游景区（点）系统等级结构研究——以南京市旅游景区（点）系统为例 [J]. 地理科学，2006，26 (2)：244 – 250.

[14] 王英姿，洪伟，吴承祯. 武夷山双遗产地旅游景区系统等级结构的分形分析 [J]. 山地学报，2008，26 (1)：103 – 112.

[15] 丁旭生，李永文. 基于分形理论的河南省入境旅游流等级结构分析 [J]. 河南大学学报（自然科学版），2012，41 (6)：605 – 608.

[16] 刘继生，陈彦光. 交通网络空间结构的分形维数及其测算方法探讨 [J]. 地理学报，1999，54 (5)：471 – 478.

[17] 陈彦光，刘继生．区域交通网络分形的 DBM 特征 [J]. 地理科学，1999 (2)：114-118.

[18] 许志晖，戴学军，庄大昌．南京市旅游景区景点系统空间结构分形研究 [J]. 地理研究，2007，26 (1).

[19] 高元衡，王艳．基于聚集分形的旅游景区空间结构演化研究——以桂林市为例 [J]. 旅游学刊，2009 (2)：52-58.

[20] 崔大树，孙杨．基于分形维数的湖州旅游景区系统空间结构优化研究 [J]. 地理科学，2011 (1)：7-14.

[21] 朱芳．基于聚集分形的皖南旅游区空间结构研究 [J]. 云南地理环境研究，2010，22 (1)：94-99.

[22] 李凤华，李晓东，唐伟．吐鲁番地区旅游景区（点）系统的分形研究 [J]. 资源与产业，2007，9 (4)：50-54.

[23] 张炎．丝路中道游 [J]. 大陆桥视野，2006，7：56-61.

[24] 陆大道．区域发展及其空间结构 [M]. 北京：科学出版社，1995.

[25] 卞显红．城市旅游空间分析及其发展透视 [M]. 北京：中国物资出版社，2005.

[26] 翁瑾，杨开忠．旅游空间结构的理论与应用 [M]. 北京：新华出版社，2005.

[27] Creppy E E. Update of Survey, Regulation and Toxic Effects of Mycotoxins in Europe [J]. Toxicology Letters, 2002, 127 (1-3): 19-28.

[28] 震伟．区域研究与区域规划 [M]. 上海：同济大学出版社，1998.

[29] Friedmann J. Regional Development Policy: A Case Study of Venezuela [M]. MA: MIT Press Cambridge, 1966.

[30] 聂华林，鲁地，李泉．现代区域经济学通论 [M]. 北京：中国社会科学出版社，2008.

[31] 林夏水．非线性科学与决定论自然观的变革 [J]. 理论视野，2002 (3)：22-24.

[32] 陆玉麒．论点轴系统理论的科学内涵 [J]. 地理科学，2002，22 (2)：136-143.

[33] 石培基，李国柱．点—轴系统理论在我国西北地区旅游开发中的运用 [J]. 地理与地理信息科学，2003，19 (5)：91-95.

[34] 魏后凯．我国宏观区域发展理论评价 [J]. 中国工业经济，1990 (1)：76-80.

[35] 陆大道．关于点—轴空间结构系统的形成机理分析 [J]. 地理科学，2002，22 (1)：1-6.

[36] Falconer K. 分形几何——数学基础及其应用 [M]. 沈阳：沈阳工业大学出版社，1991.

[37] 中科院新疆生地所，新疆旅游局，自治区发改委．新疆维吾尔自治区旅游发展规划（2003~2020 年）,2003.

[38] 张济忠．分形 [M]．北京：清华大学出版社，1995.

[39] Vicsek T. Fractal Growth Phenomena [J]. World Scientific, 1989 (1): 7-14.

[40] 席建超，葛全胜，成升魁．旅游资源群：概念特征、空间结构、开发潜力研究 [J]. 资源科学，2004，26 (1)：91-98.

[41] 杨宏伟．新疆绿洲城镇的孤岛效应研究 [J]. 城市发展研究，2012 (7)：36-40.

[42] 陶伟，戴光全，吴霞．"世界遗产地苏州"城市旅游空间结构研究 [J]. 经济地理，2002，22 (4)：487-491.

[43] 张凡，薛惠锋．西安城市旅游空间结构初探 [J]. 西北工业大学学报（社会科学版），2004，24 (3)：9-12.

[44] 郭琴，黄平芳．南昌市旅游空间结构分析 [J]. 江西农业大学学报（社会科学版），2010，9 (2)：113-116.

[45] 朱晶晶，陆林，杨效忠．海岛型旅游地空间结构演化机理——以浙江省舟山群岛为例 [J]. 经济地理，2006，26 (6)：1051-1053.

[46] 高勇善．青岛市旅游业空间布局演变及其机理研究 [D]. 青岛大学博士学位论文，2009.

[47] 陈梅花，张欢欢，石培基．大兰州滨河带旅游空间结构演变研究 [J]. 干旱区资源与环境，2010，24 (12)：195-200.

[48] 陈浩，陆林，章锦河．珠江三角洲城市群旅游空间结构与优化分析 [J]. 地理科学，2008，28 (1)：113-118.

[49] 孟庆娇．哈尔滨市旅游资源空间结构演变与优化研究 [J]. 商业经济，2010 (11)：10-11.

[50] 郭晓东，肖星，房亮．新休假制度对国内旅游流时空结构及旅游开发的影响分析 [J]. 旅游学刊，2008，23 (5)：38-41.

[51] 黄震方，袁林旺，俞肇元．生态旅游区旅游流的时空演变与特征——以盐城麋鹿生态旅游区为例 [J]. 地理研究，2008，27 (1)：55-64.

[52] 张振宇，汪波．旅游交通网络空间分析——以浙江松阳县为例 [J]. 浙江理工大学学报 2006，23 (2)：219-222.

[53] 靳小青，赵昕，赵旭阳．石家庄市旅游景区点系统空间结构特征的分形研究 [J]. 国土与自然资源研究，2010，5：25-27.

[54] 蒋清文．政府在旅游资源开发中的作用研究——以环京津休闲旅游产业带为例 [J]. 产业与科技论坛，2010，9 (7)：88-89.

[55] 蒋清文，李华．环京津休闲旅游产业带低碳旅游发展路径研究 [J]. 商业时代，2012，11：131-132.

[56] 陈彦光，罗静．河南省城市交通网络的分形特征 [J]. 信阳师范学院学报（自然科学版），1998，11 (2)：171-172.

[57] 张立明等．旅游目的地系统及空间演变模式研究——以长江三峡旅游目的地为例 [J]. 西南交通大学学报（社会科学版），2005，6 (1)：78-83.

[58] 卞显红等．旅游目的地空间规划布局研究 [J]. 江南大学学报（人文社会科学版），2004 (3)：61-65.

[59] 吴必虎．区域旅游规划原理 [M]. 北京：中国旅游出版社，2001：35-37.

[60] 陈彦光，王义民．论分形与旅游景观 [J]. 人文地理，1997，12 (1)：62-66.

[61] 吴立，刘红叶．黄山市区域旅游系统空间结构模式与优化 [J]. 安徽农学通报，

2008，14（1）：131－132.

［62］戴学军．基于分形的城市型区域旅游系统空间组织研究［D］．南京大学博士学位论文，2007.

［63］陈志军．区域旅游空间结构演化模式分析——以江西省为例［J］．旅游学，2008，23（11）：35－41.

［64］陈彦光，刘继生．城市规模分布的分形与分维［J］．人文地理，1999，14（2）：43－48.

［65］陈彦光，刘继生．豫北地区城镇规模分布的分形研究［J］．人文地理，1998，13（1）：22－29.

［66］陈勇，陈嵘，艾南山．城市规模分布的分形研究［J］．经济地理，1993，13（3）：48－53.

［67］刘继生，陈彦光．城镇体系等级结构的分形维数及其测算方法［J］．地理研究，1998，17（1）：82－89.

［68］仵宗卿，安成谋．西北地区城市规模分形结构研究［J］．干旱区地理，1997，20（1）：9－17.

［69］李志刚，唐相龙，李斌．陇东地区城镇等级规模结构的分形研究［J］．人文地理，2004，19（2）：22－24.

［70］蒲欣冬，陈怀录，魏立军．河西走廊城市群体的空间分形研究［J］．城市与区域，2003，10（1）：47－52.

［71］王良健，周克刚，许抄军，何剑．基于分形理论的长株潭城市群空间结构特征研究［J］．地理与地理信息科学，2005，21（6）：74－77.

［72］刘平珍，梁莉，张婕．基于旅游资源空间结构和市场通达度的旅游区划研究［J］．河南科学，2006，24（5）：776－780.

［73］Mandelbrot B B. Fractals Form，Chance，and Dimension［M］. Washington D C：Freeman，1997.

［74］Robert Britton. Some Notes on the Geography of Tourism［J］. The Canadian Geographer，1979，23（3）：276－278.

［75］Batty M，Longley P A. The Fractal Simulation of Urban Structure［J］. Environment and Planning A，1986，18（9）：1143－1179.

［76］Douglas Pearce. Tourism Today：A Geographical Analysis［J］. Longman，1987.

［77］Dianne Dredge. Destination Place Planning and Design［J］. Annals of Tourism Research，1999，26（4）：772－791.

［78］Tobler W A. Computer Movie Simulating Urban Growth in the Detroit Region［J］. Economic Geography，1970，46（2）：234－240.

［79］Neil Leiper. The Framework of Tourism：Towards a Definition of Tourism，Tourist，and the Tourist Industry［J］. Anals of Tourism Research，1979，6（1）：390－407.

［80］Gunn Clare A. Tourism Planning［M］. New York：Taylor & Francis Press，1994：116－158.

［81］ Gunn Clare A. Vacationsepae：Desinging Tourist Regions ［M］. Taylor & Francis Press，1988：128 - 156.

［82］ Leiper N. Tourism Management ［M］. Colling Wood，VIC：IAFE Publications，1995.

［83］ Douglas G P. Tourist District in Paris：Structure and Functions ［J］. Tourism Management，1988，19（1）：49 - 55.

［84］ Pearee Douglas. Tourist Development. A Geographical Analysis ［M］. Longman Press，1995：1 - 125.

第9章　论证报告八：旅游中心地体系建设对缓解绿洲城镇孤岛效应的影响

9.1　引言

旅游中心地是提供核心旅游产品的产业聚集地，是优化区域旅游产业空间布局的关键和重点。旅游中心地体系的成长与结构优化对于缓解新疆绿洲城镇孤岛效应和改变旅游业发展中的“旅长游短”困扰具有重要意义。高水平景区产品的丰富和旅游景群体系结构的优化正是培育绿洲旅游中心地、优化体系结构和提升新疆旅游空间质量的重点之一。

为了加快新疆旅游经济空间结构的优化升级，新疆维吾尔自治区“十二五”规划提出了培育三大旅游产业带的战略目标。在2011年“旅游产业发展大会”和2013年的“三年行动计划”中进一步明确积极推进“三带四轴五区七线”产业发展空间布局、培育优化三大旅游产业带的重点目标。在中央和自治区的大力推动下，全疆14个地州市正在形成百舸争流之势，当前13个地州（市）确立了旅游业为战略性支柱产业的目标，提出了近20个5A级景区创建项目。这些积极的发展态势显然对推进新疆旅游中心地体系发展已产生效果，也一定程度地推进了旅游城镇系统发展，对绿洲城镇孤岛效应缓解和“旅长游短”改善发挥了积极作用。对当前新疆旅游中心地体系结构的发展变化加以研究，将有助于解析旅游资源战略开发缓解绿洲城镇孤岛效应的理论机理和实践经验。

9.2 旅游中心地概念的界定

在此有必要先对旅游中心地概念和理论作简要梳理辨析。尽管旅游经济空间结构问题并非十分新颖的命题，但是国内外对它的探究历史却也并不是很长。特别是我国大陆地区具有现代意义的旅游业基本始于1978年，旅游空间结构研究起步晚、成果尚不丰厚，与旅游业迅猛发展的现实要求差距是明显的，比如关于旅游中心地的理论与应用研究就处于较初级的状态。

旅游中心地理论衍生于德国城市地理学家克里斯塔勒（W. Christaller）于1933年提出的中心地学说，是旅游空间结构问题研究的重要理论与应用问题。21世纪以来随着旅游业的快速增长，我国一批学者先后对旅游中心地的理论概念做出解析和阐述，代表人物有吴必虎（2001）、柴彦威（2003）、何调霞（2013）等。另外还有黄静波（2008）、李晓冬（2011）等分别以我国湖南和新疆等省区为实例进行了省域旅游中心地体系结构的应用性研究，陈建设（2012）还尝试了对湖南省旅游中心地空间结构的分形研究。然而我国学者关于旅游中心地的理论阐释存在着较明显的分歧，对分析解决我国旅游中心地空间结构的实际问题留下一定的理论困惑。

9.2.1 旅游中心地概念解释的分歧

对旅游中心地概念具有代表性的分歧是北京大学吴必虎教授和柴彦威教授的两种解释。吴必虎在其著作《区域旅游规划原理》（2001）中阐述认为：旅游中心地是中心吸引物职能的供给地。中心吸引物是在少数地点（中心地）生产、供给，而由多数客源市场前来消费的商品；中心吸引物的供应者，如风景区、度假村、娱乐中心等，一般布局在旅游者容易到达的交通便利的少数地点；旅游中心地职能就是供给中心吸引物的职能，旅游中心地就是供给中心吸引物的布局场所（相当于旅游目的地）。柴彦威认为，吴必虎的观点仅是对中心地理论的直接借用，尚未完全表达出旅游经济的特点，于是在《旅游中心地研究及其规划应用》（2003）一文中比较系统地进行了阐释："旅游中心地就是指旅游中心性达到某一强度的城镇中心，即具有一定强度的对外旅游服务功能的城镇中心，即能够面向城镇外区域内的旅游吸引物或城镇外旅游者提供一定强度的旅游交通、接待、信息、管理等旅游服务功能的城镇中心。"

两者的主要区别点显著地表现在：吴必虎强调认为旅游中心地的空间载体是

旅游目的地，而柴彦威则强调认为应该是旅游服务功能较强的城镇中心。为便于分析，不妨暂且将前者称为旅游目的地派，后者为城镇派。后来的不少研究者多倾向柴彦威的城镇派观点。比如，何调霞（2013）给出的最新定义："旅游中心地主要指自身或周边拥有一定的旅游资源，在区域经济发展过程中，旅游业居于重要地位，是区域内旅游业发达、旅游基础设施完善、能够渗透和带动周边区域旅游经济发展，为区内旅游吸引物和区内外旅游者提供综合服务的中心城镇，是旅游业发展的重要载体和通道。"何调霞的阐释对吴必虎和柴彦威的观点有所结合，强调中心吸引物与城镇的结合性要求，但是总体上仍属于城镇派。黄静波、李晓冬和陈建设在各自的实证研究中均以柴彦威的定义为标准，是否就表明城镇派解释是正确科学的呢？进一步的问题是导致两种不同定义的认识根源是什么，这需要考证中心地概念的原本含义。

9.2.2 对概念分歧的辨析与界定

9.2.2.1 旅游中心产品界定的分歧与辨析

（1）中心吸引物的旅游产品属性。

中心地概念首先是对中心产品的定义，所谓中心地也就是中心产品的空间载体，当然克里斯塔勒所指的主要是工业品，中心地自然就是承载工业生产的城镇。比较吴必虎和柴彦威的两种定义可以看出，两人对旅游中心产品的理解截然不同。吴必虎认为，旅游中心产品是中心吸引物（包括景观、度假和娱乐活动项目等）；柴彦威认为，旅游中心产品是城镇所提供的旅游交通、接待、信息和管理等服务。何调霞兼顾中心吸引物与城镇服务功能的结合关系，不过依然以城镇为主体，她虽然表达了中心吸引物的重要性，但却把城镇提供的旅游服务作为旅游中心产品。这就有必要从旅游产品概念溯源辨识。

这可以从具有规范性要求的高校教材中加以考证，比如田里（2002）主编的《旅游经济学》教材定义旅游产品是"旅游市场上，由旅游经营者向旅游者提供的，满足其一次旅游活动所需各种物品和服务的总和"。李瑞（2013）主编的《旅游学》教材定义："从旅游市场角度看，旅游产品是指旅游者和旅游经营者在市场上交换的，主要用于旅游活动中所消费的各种物质产品和劳务的总和。"显然，旅游产品包括物质产品和服务产品两种形态。中心吸引物载体显然应是物质产品，包括有形的自然景物与人文景观、无形的文化产品以及娱乐项目等，它们是否属于旅游产品呢？田里在《旅游经济学》中阐述道，旅游产品"由旅游资源、旅游设施、旅游纪念品、旅游服务等多种要素构成"。李瑞在其《旅游学》著作中也有类似的表达："从旅游经营者角度看，旅游产品是指旅游经营者凭借一定的旅游资源、旅游设施，向旅游者提供的、以满足旅游者需求的各式各

样的物质产品和劳务的总和。”中心吸引物当属旅游资源，正如中华人民共和国旅游局颁布的《旅游景区质量等级的划分与评定》（修订）（GB/T 17775－2003）的定义：“旅游资源是自然界和人类社会凡能对旅游者产生吸引力，可以为旅游业开发利用，并可产生经济效益、社会效益和环境效益的各种事物和因素。”综上所述，可以明确旅游中心吸引物是归属于旅游资源类的旅游产品。

（2）中心吸引物的中心产品属性。

那么中心吸引物到底是不是旅游中心产品呢？这里有必要讨论一下旅游产品的特殊性问题，即不可转移性。田里主编的《旅游经济学》给出如下阐述：旅游产品同一般的物质产品及服务产品的明显区别在于它的不可转移性：一方面，旅游产品和旅游服务所凭借的旅游资源和设施是相对固定的；另一方面，旅游产品在交换时产品所有权并不发生转移。李瑞在《旅游学》中的表述是：“旅游产品生产出来后，不能够运输，也不能够转移，只有通过旅游信息的传递，通过旅游中间商的促销将旅游者组织到旅游目的地进行消费。”显然，正是这种不可转移的特性赋予中心吸引物产生汇聚旅游消费的中心性职能，是吸引旅游流聚集之源，并促使中心吸引物周边区域逐渐衍生出密集的旅游产业、交通网络系统以及承担旅游集散与休闲服务功能的城镇系统。

可见，中心吸引物应是一定区域的旅游产品系列中满足区域内外旅游消费的核心产品，是区域旅游经济聚集的关键要素。由此便可断定，中心吸引物是区域旅游最主要的中心性产品。

9.2.2.2 旅游中心地概念的重新界定

（1）旅游中心地的内涵与类型界定。

依据中心地理论，旅游中心地就是构造中心吸引物职能的相关区域，也可以表达为吴必虎提出的“中心吸引物职能的供给地”。由于中心吸引物的不可转移性，很多情况下远离城镇区，于是中心吸引物的吸附作用就会聚集周边的城镇及乡村构成相关联的一体化旅游产业区域。这些城镇与乡村群落在中心吸引物旅游流的作用下分工协作，形成拱卫中心吸引物的层次化产品与集散服务供给系统，不断强化着中心吸引物职能。该一体化旅游产业区域便是中心吸引物职能的供给地，它是中心性较强的相对完整独立的旅游产业结构空间单元。另外，当中心吸引物恰好位于某个城镇之中时，该城镇便形成旅游中心地，是一个中心性较强的相对完整独立的旅游产业结构空间单元。因此，旅游中心地可以根据中心吸引物与城镇结合形态的不同而划分出两种类型，即中心城镇聚集形态和非中心城镇聚集形态。

综上所述，吴必虎和柴彦威的概念界定均存在一定局限性。吴必虎所讲的“中心吸引物职能的供给地”具有一般性意义和高度的理论概括性，但认为旅游中心地是风景区、度假村或娱乐中心则又有狭隘之嫌，实际上城镇的旅游集散中心职能同样是旅游中心地的构成要素之一；而柴彦威偏重强调城镇职能则弱化了旅游吸引物产品地的中心作用。

（2）旅游中心地边界概念的讨论。

需要进一步探讨的是如何确定“中心吸引物职能的供给地”边界，即“中心性较强的相对完整独立的旅游产业结构空间单元”的地域范围界定问题。依照上述论证，供给中心吸引物职能的边界范围取决于中心吸引物的聚集能力，但聚集能力随着空间距离的扩大而衰减直至消失。那么可以先从旅游空间范围涉及的相关概念梳理，这些概念包括旅游景点、旅游景区、旅游区、旅游圈、旅游带和旅游产业带等。

一般来说，旅游景点和景区也就是旅游吸引物。旅游区则是由较多数量的、相对集中的景区及设施构成的较大的旅游地域，其中包括一定的城镇区域。旅游圈一般被认为是由多个相邻旅游区构成的跨地域性的圈层地域，旅游区之间有相对便利的交通网络。旅游带则是一种“点—轴”结构布局的旅游地域。旅游带与旅游圈之间并无明确的包含之意，大的旅游圈可能包含小的旅游带，而较大的旅游带也往往含有若干旅游圈。旅游产业带则是产业集中度很高的旅游经济空间结构，呈“点—轴”布局模式，能够聚集密集的旅游资源、城镇服务设施与交通资源等。在旅游产业带地域内，旅游业属于战略性的支柱产业或主导产业，旅游产业区位商应达到很高水平。旅游产业带必然是旅游带，其中一般包含若干旅游圈，每个旅游圈都围绕某中心吸引物呈相对完整的空间聚集结构，旅游圈之间具有相对独立关系。这些旅游圈便构成旅游产业带的若干旅游中心地，其中具备交通集散枢纽地位并拥有最多城镇经济资源的旅游圈一般居一级旅游中心地位置。

显然，旅游中心地应该是具有相对性的层次体系结构。就旅游产业带而言，有可能跨行政区域也可能属于独立的行政区域，比如有多省区间的旅游产业带，也有单一省区内形成的旅游产业带，那么相应的旅游中心地体系构成规模与影响力就有很大差别。一般单省区旅游产业带及其中心地体系的构建相对而言更具有一定的基础性意义，因此从单省区探讨旅游中心地体系结构的案例也就比较常见。当然，这些案例未必基于旅游产业带空间形态来分析省域旅游中心地体系结构，不过纳入旅游产业带空间形态分析应该更有利于旅游产业空间结构优化。

（3）旅游中心地边界的分形结构解释。

根据分形结构的 DLA 演化机理，中心地边界可定义为以中心吸引物为核心的吸引物系统空间聚集的无标度区间所标示的地理范围，这可以通过分形聚集维数来进行一定的定量测度分析。比如，假设以中华人民共和国旅游局颁布的《旅

游景区质量等级的划分与评定》（修订）（GB/T 17775－2003）标准作为中心吸引物识别依据，便可以构建一个分析旅游中心地边界结构的分形模型。

根据曼德尔布罗特（Mandelbrot）提出的分形理论与维腾（Witten）和桑德（Sander）于1981年提出的扩散置限凝聚原理，一般地，设在旅游流的随机运动中旅游景观随机出现于经济时空中，那么依据国家A级景区质量标准设定：①1A级景区旅游吸引范围最小，设为基本景点粒子；②低级别景区可以成长为高级别景区；③越高级别的景区吸引力范围越大，则为较大的景点粒子体；④景点粒子之间存在相互吸附的引力与相互屏蔽的斥力，引力或斥力的大小分别由旅游吸引力、景点距离和竞争关系决定，大景点粒子体吸附引力也更大，大景点粒子体之间的斥力也相对较大；⑤高级别景点粒子吸附周边景点粒子，凝聚成核极景点粒子集团。

于是由DLA基本原理，一定的旅游资源分布和市场需求区域内率先创建的1A级景点粒子优先获得核极地位，在旅游流作用下按一定步长随机吸附周边具有连通（交通）关系的新景点粒子构成联合体，引力范围便扩大并增强景区升级能力，使周边更大范围的景点粒子进入联合体，直至形成核极景点粒子集团（大旅游区）。在市场竞争约束机制下，核极景点粒子集团对更远景点粒子的吸附引力逐渐衰减，便产生新核极粒子继续自相似性与自仿射性的演化。该过程嵌套迭代，形成无标度、自相似的无规分叉多层核极景点粒子集团结构体，即DLA景群结构体（跨区域旅游圈）。达到5A级的核极景点粒子集团一般就是区域旅游吸引物的聚集中心（旅游吸引物中心地）。受旅游需求增长的驱动，DLA景群结构体在旅游资源集中的交通轴线带上扩散蔓延，演化出旅游产业带景区系统分形体。

经分形结构聚集维数模型公式测度，所得5A级核极景点粒子集团在旅游产业带上的空间聚集维数标示出的无标度区间则为该5A级核极景点粒子集团形成的旅游中心地边界范围。

9.3 新疆旅游中心地的发展特点

9.3.1 判断新疆旅游中心地发展特征的依据

（1）旅游资源与旅游经济依据。

首先，从旅游资源类型看中心吸引物所处的地域特征。一般中心城镇聚集形态的旅游中心地所拥有的中心吸引物多为人文景观和城市娱乐休闲地，而非城镇型旅游中心地拥有的中心吸引物则往往多是离城镇较远的自然景观区。比如，在某省域范围内，人文与娱乐资源高度集中的首府城市往往是该省域内的一级旅游中心地，而该省内的二级旅游中心地则可能会是其他某大城市（按人口规模达到50万人以上的标准），不过二级旅游中心地也可能是拥有该省高知名度自然景区的小城市辖区。作为新疆绿洲旅游中心地的典型案例样本，其中心吸引物主体应是特色绿洲自然景观以及附着其上的乡俗文化元素，因此以地州为地理空间单元则更能反映出旅游中心地的主体性特征。

其次，判定或识别旅游中心地除了中心吸引物的自然与人文属性外，还需要看相应的经济属性，也就是旅游产业或收入在该区域经济中的贡献度，比如旅游收入占 GDP 的比重是否达到支柱产业或主导产业的地位。

（2）地理空间依据。

地理空间大小、人口空间密度和城市发展水平的不同，使我国不同省区的旅游中心地体系构成类型存在很大的差别。对于地理空间相对较小、人口密度高和城市体系结构较完善的省区，旅游中心地体系的构成则多以中心城镇聚集形态为主体，比如东部沿海发达省区比较典型；而对于地理空间大、人口密度小和城镇体系结构不够完善的省区，旅游中心地体系的构成则多以非中心城镇聚集形态为主体，比较典型的如新疆维吾尔自治区。

（3）区域环境依据。

新疆维吾尔自治区有166万平方公里，是我国面积最大的省区，2011年年末（“十二五”初期）总人口为2208.71万，人口密度为每平方公里13.3人。“三山夹两盆”是新疆的基本地理概况，绿洲是经济发展赖以生存的空间载体，而新疆的天然和人工绿洲约占全疆面积的5%，散落于广袤的戈壁沙海之中，绿洲经济孤岛效应十分显著。

孤岛效应极大地制约了新疆城镇的发展，导致城镇规模小、布局散、体系结构不完整。比如，在新疆的城市体系中缺失必要的大城市类型，乌鲁木齐市作为唯一的特大型城市首位度极高，各地州的首府则基本为中小城市，目前尚未有合适的城市能担纲起二级中心城市的功能。因此，建立于绿洲孤岛之上的城市体系多以中小城市群模式发展，各地州的中心城市作为经济中心地的功能均不十分显著，往往以整个地州城市群组团式发展凸显地区优势与特色，各地州首府中心城市主要在其行政辖域范围内发挥一定的聚集中心效能。

因此，新疆旅游业以地州单元为主体而非以城市为主体的特征十分显著，对自然景观资源的依赖性显得尤为突出。于是拥有高品质、高规格自然或人文资源的地州往往成为相邻若干地州的旅游中心区，特别是自然景观的主导地位使得旅游中心吸引物多成为较大区域范围的旅游产业聚集中心。该地州内外的邻近城镇便受到吸引，于是围绕该中心吸引物所会聚的旅游活动，为其提供各自相应的旅游景点项目、旅游特产与集散服务等功能。

最典型的地州案例如阿勒泰和伊犁两个行政地区，这两个地区虽然都位于我国北疆的边境地带，地区首府城市距新疆首府乌鲁木齐市公路里程均在700公里以上，然而到“十二五”中期，全疆60%的5A级景区集中于阿勒泰和伊犁地区（截至2013年年底新疆共有5个5A级景区），使阿勒泰地区和伊犁地区成为新疆最重要的旅游目的地之一，也使地区首府城市领衔的中小城市群相对较快地发展成为新疆具有重要分量的绿洲区域性旅游产业聚集中心区域。

9.3.2　非中心城镇型旅游中心地典型案例：阿勒泰旅游圈

（1）阿勒泰旅游产业的中心性功能与地位。

位于我国最北端的阿勒泰地区拥有喀纳斯湖和可可托海两个国家5A级自然风景区，占据全疆5A级景区数量的25%（截至2014年年底新疆5A级景区增加到8个），成为新疆十分重要的旅游中心吸引物密集区，与乌昌都市圈和伊犁地区共同构成北疆旅游的三大支点。在喀纳斯湖和可可托海为龙头的两大景区群带动下，阿勒泰地区旅游业形成全面发展的大格局，旅游业不仅上升为地区的支柱产业和主导产业，而且也是拉动全疆旅游经济的重要支柱。比如，“十一五”期间，阿勒泰地区是全疆唯一实现旅游业成为战略性支柱产业的地州，旅游收入占地区GDP比重年均为13.79%，地区人均旅游收入年均达2691.28元，位居全疆12个地州之首（见表9-1）。

表9-1　阿勒泰地区“十一五”期间旅游收入及GDP占比

年份	地区GDP（亿元）	地区旅游收入（亿元）	旅游收入占GDP比重（%）	人均旅游收入（元）
2007	99.28	12.89	12.98	1927.04
2008	117.65	12.3	10.45	1838.84
2009	117.39	11.5	9.80	1719.24
2010	134.86	23.5	17.43	3513.23
2011	162.94	29.82	18.30	4458.07

数据来源：《阿勒泰地区政府统计公报》（2007～2011）。

（2）阿勒泰旅游吸引力与区域辐射能力。

课题组对2012年新疆维吾尔自治区旅游局统计数据（见表9-2）的分析显示，阿勒泰地区是首府乌鲁木齐市之外12个地州及克拉玛依市、石河子市14个行政区划单位中旅游人数和旅游收入双值最高的地州，其中接待人数占全疆的9.4%、旅游收入占9.8%。

旅游统计数据中蕴含阿勒泰地区旅游对新疆旅游产业的辐射带动功能。课题组针对国庆黄金周进行观察，对新疆旅游网（www.xjtour.com）2013年10月5日的旅游热线数据做了统计，发现其中主要的12家旅行社推出的旅游热线涉及阿勒泰的竟占到81%，在探险游、摄影游等10种旅游类型中涉及阿勒泰的占60%，在团队线路栏目中涉及阿勒泰的占75%，在散客线路栏目中占61%。对乌鲁木齐旅游网（www.tour.wlmq.com）的数据统计结果几乎相当。金秋十月是新疆旅游的一个高峰期，也是观察新疆旅游状态的重要窗口期，从以上两个新疆代表性的旅游网站可以洞见阿勒泰旅游在新疆举足轻重的地位，反映了阿勒泰地区旅游吸引物所具有的极高的产品中心辐射能力。

表9-2　2012年新疆地州（市）旅游人次与收入比较

地州（市）	接待人数（万人次）	旅游收入（亿元）	人均消费（元）
乌鲁木齐市	1363.78	219.92	1613
克拉玛依市	111.65	15.04	1347
石河子市	192.67	19.75	1025
吐鲁番地区	407.1	37.45	920
哈密地区	182.31	20.66	1133
昌吉州	318.34	21.81	685
伊犁州（直属县）	452	42.94	950
塔城地区	103.27	11.95	1157
阿勒泰地区	441.14	53.25	1207
博州	72.08	5.05	701
巴州	432.46	30.79	712
阿克苏地区	189.33	14.01	740
克州	38.15	2.18	571
喀什地区	319.87	36.05	1127
和田地区	86.68	10.9	1257

数据来源：自治区旅游局《新疆维吾尔自治区年度旅游报告2012》。

（3）阿勒泰地区在新疆的旅游中心地位。

在《新疆维吾尔自治区旅游业发展第十二个五年规划》制定的三大旅游产业带战略中，阿勒泰地区是环准噶尔旅游产业带的核心区和龙头。规划确定“以阿勒泰生态旅游区为重点，辐射带动克拉玛依工业旅游区、塔城边境绿洲旅游区发展，以及216国道、217国道沿线哈萨克文化部落景区开发；以216国道、217国道，奎北铁路，阿勒泰、克拉玛依、塔城、喀纳斯、富蕴机场为交通纽带，共同构筑环准噶尔旅游产业带。”

随着我国和新疆旅游产业发展的快速推进，2013年7月，自治区又进一步制定了《新疆旅游业发展三年行动计划》，提出包括“阿尔泰山千里旅游画廊生态旅游产业带”的三大旅游产业带重点优化培育区域，再次凸显了阿勒泰地区居于新疆旅游板块结构体系的中心地位。

9.4　新疆旅游中心地体系结构问题的分形解析

9.4.1　研究方法与模型设计

9.4.1.1　新疆旅游中心地体系划分问题

（1）我国各省区（市）行政区划的两种情况。

从我国各省区（市）行政辖区的规划来看，绝大多数省区（市）都属于市管县体系，这些省区通常以地级市为区域单元勾画旅游中心地体系关系，因此作为旅游中心地的地级城市包含所辖的若干县。新疆、内蒙古和西藏三个民族自治区是地州（盟）管县体系，各地州（盟）实际相当于其他省区的地级市行政功能，这三大自治区的建制市绝大多数为地州（盟）管辖的县级市。可见，对于地州（盟）管县体系的省区，旅游中心地体系不能简单地以城市作为划分标准，而应考虑地州（盟）的区域主体功能。

（2）以地州（市）行政区划为基础的新疆旅游中心地体系划分。

课题组考虑到新疆166万平方公里的地域面积、绿洲区块地理特征及各地州（市）分布情况，综合吴必虎和柴彦威的理论观点，即认为旅游中心地是包含优质旅游目的地和相对完整旅游集散城镇功能的旅游经济区域，由此来确立新疆旅游中心地体系的划分方式。

具体也就是在新疆12个地州和2个地级市所构成的基本行政区划基础上，结合新疆旅游发展“十二五”规划的新思路，考虑该规划中确定的3大集散中心（乌鲁木齐市、喀什市、伊宁市）与8座旅游中心城市（阿勒泰市、博乐市、哈密市、和田市、库尔勒市、阿克苏市、克拉玛依市、吐鲁番市）。于是课题组提出了由11个大小不同的旅游中心地构成新疆旅游中心地体系，即乌昌吐石城市群旅游圈（含乌鲁木齐市、昌吉州、吐鲁番地区和石河子市）、伊犁州直旅游圈、阿勒泰地区旅游圈、巴州旅游圈、喀什地区旅游圈（含克州）、阿克苏地区旅游圈、哈密地区旅游圈、克拉玛依市旅游圈、塔城地区旅游圈、和田地区旅游圈、博州地区旅游圈。这个体系划分显然不同于新疆大学李晓东教授以柴彦威观点为基准的新疆15个城市的体系划分方式。

上述11个旅游圈既考虑了新疆绿洲区块分布特征，也考虑了新疆地州（市）经济十分明显的相对独立特性，同时兼顾了核心旅游目的地的区域性辐射功能特点，所以作为新疆的11个主要旅游中心地比较符合实际的地理空间环境和新疆旅游经济发展的现实状态，能够较鲜明地分别代表新疆不同特色旅游产品服务的区域角色。

9.4.1.2 新疆旅游中心地体系结构分析模型的设计

（1）由三个分维结构表征的分析模型构思。

课题组综合考虑了国内学者陈彦光、陈建设等对旅游中心地体系分形结构的研究成果，提出由旅游中心地位序—规模分维结构、空间关联分维结构和空间聚集分维结构三个参数组合定量表征的研究思路与模型构思。其中，位序—规模分维着重于从吸引游客的数量规模角度解析旅游中心地体系的市场规模层次结构关系，空间关联分维结构着重于交通关联角度解析旅游中心地体之间的相互作用空间结构关系，而空间聚集分维结构则从交通关联角度解析核心旅游中心地构造聚集空间结构的能力与水平。也就是说，这三个结构分维从位序—规模、空间关联和空间聚集三个层面可以较为立体地对旅游中心地体系的结构特征做出表达。

（2）确定分析模型的假设条件。

综上所述，课题组基于新疆旅游经济区域一体化发展的趋势，参照新疆维吾尔自治区人民政府的重要规划，提出基于地州（市）行政主体单元的新疆旅游中心地体系假设，确定了构建分析模型的3个假设条件。

假设条件1：基于地州（市）行政主体单元的新疆旅游中心地体系假设。也就是前文中所阐释的全疆11个旅游圈域划分标准：乌昌吐石城市群旅游圈（含乌鲁木齐市、昌吉州、吐鲁番地区和石河子市）、伊犁州直旅游圈、阿勒泰地区旅游圈、巴州旅游圈、喀什地区旅游圈、阿克苏地区旅游圈、哈密地区旅游圈、克拉玛依市旅游圈、塔城地区旅游圈、和田地区旅游圈、博州地区旅游圈。

这11个旅游圈域既表达了新疆绿洲旅游区块的空间组合特征，也表达了疆内旅游经济的区域分工与协同发展的基本情况。

假设条件2：决定旅游中心地位序—规模分维的指标参数。运用位序—规模维数对新疆旅游中心地进行三个等级的划分，选择旅游收入作为参数进行测算。在对旅游中心地体系位序—规模的分析中，可以选择旅游接待人次、旅游收入、

旅游资源、基础设施等指标，最好综合各个指标定量分析，但是旅游资源、基础设施等很难量化，即使做了量化也很难具有说服力，因为至今还没有一套较统一的量化指标。所以本章借鉴国内外专家学者的研究成果，仍然采用旅游接待人次作为基本分析参数。即假设旅游接待人次是决定旅游中心地位序—规模分维的基本指标。

假设条件3：设定公路里程作为分析新疆旅游中心地空间聚集与空间关联的基本指标参数。尽管在新疆目前铁路与支线客机已对旅游通行发挥重要作用，但是公路交通依然是最为基础的。首先，最近几年新疆交通建设如火如荼，铁路、航空交通在不断变化，铁路正在建设中，航空路线也在变化，因此其网络系统还不够稳定，而新疆的公路交通网络基本稳定；其次，从大量的研究资料中可以判断出铁路、航空一般作为入疆的交通选择，而在新疆区域内的旅游活动则主要还是以公路交通为主体，特别是疆内组团旅游、自驾游占相当大比例。

另外，引用公路里程作为参数通常存在乳牛距离和乌鸦距离两种数据模式，当区域公路网较发达时会认为乳牛距离与乌鸦距离可近似相等。为了尽量使模型数据接近实际，在本研究中模型计量分别做了乌鸦距离和乳牛距离测算，通过两种距离的对比来发现可能存在的差异。

9.4.2　新疆旅游中心地体系位序—规模结构的分维研究

在中华人民共和国旅游局发布的《2013 年中国旅游业统计公报》中，新疆的国际旅游（外汇）收入为 5.85 亿美元（与上年相比增长了 6.3%），在全国排名为较偏后的第 22 位，而接待入境过夜游客数量更是排全国第 25 位（68.88 万人次，增长了 10.2%）。相较于丰富的旅游资源和 5A 级旅游景区数量在全国排名第三的优势，显然新疆年度吸引游客的数量规模是过于偏低的。这在一定意义上反映了新疆区域旅游空间结构方面存在缺陷和劣势，对此可以从新疆区域内旅游中心地体系结构的发展水平进行解析，比如其区域内部的旅游中心地的位序—规模、空间关联性和中心聚集结构等方面的特征与问题。本章将利用分形统计中的空间位序—规模维数来测度分析新疆旅游中心地的规模结构。

9.4.2.1　数据选择与处理

对于旅游中心地体系的位序—规模，通常以旅游接待总人次进行衡量。那么本文从数据可得性、完整性和代表性综合考虑，旅游接待总人次选用新疆维吾尔自治区旅游局发布的 2012 年各地州接待旅游总人次统计值（2013 年所公布的值）为分析数据，经过对 11 个旅游中心地旅游总人次规模从大到小排序，从而得出新疆旅游中心地的位序—规模表（见表 9－3）。

表9－3　新疆旅游中心地位序—规模列表

旅游中心地	位序	旅游接待人数（万人次）	位序	旅游收入（亿元）
乌昌吐石	1	2281.89	1	298.93
伊犁州直	2	452	3	53.25
阿勒泰地区	3	441.14	2	42.94
巴州	4	432.46	5	38.23
喀什地区	5	358.02	4	30.79
阿克苏地区	6	189.33	7	20.66
哈密地区	7	182.31	8	15.04
克拉玛依市	8	111.65	6	14.01
塔城地区	9	103.27	9	11.95
和田地区	10	86.68	10	10.9
博州地区	11	72.08	11	5.05

数据来源：《新疆维吾尔自治区2013年度旅游报告》。

9.4.2.2　空间位序—规模维数测算方法

（1）位序—规模结构分维模型。

根据Zipf位序—规模法则和Hausdorff维数模型，可构建中心地体系的位序规模结构分维模型。对于旅游中心地而言，通常是以旅游接待人数来比较区域旅游中心地的等级规模。因此，在一定区域内，可设旅游接待总人数为测量不同旅游中心地的规模、尺度r，那么变换尺度r，区域旅游中心地的数目$N(r)$也会随着变化。

如果当尺度r由小变大时则$N(r)$不断减小，反之亦然，那么便认为区域旅游中心地位序—规模的分布在这一时间、空间条件下具有分形的性质，并且符合Zipf位序—规模法则。

在某个尺度范围里，旅游中心地的数目$N(r)$与尺度r之间的关系式为

$$N(r) \propto r^{-D} \quad (9-1)$$

此时旅游中心地累计数与旅游接待人次尺度r呈负幂律分布，则认为旅游中心地位序—规模分布有分形特征。式（9－1）属于分形模型，与Hausdorff维数公式类似，D在该式中就是区域旅游中心地位序规模结构的分维数，它在一定时期内应该为常数，反映出的是区域旅游中心地的规模分布在一定时期的状态特征。

式（9－1）经变换可得Zipf公式

$$P_r = P_1 r^{-q} \quad (9-2)$$

Zipf公式遵守幂定律，有分形的意义。式（9－2）中的r为旅游中心地的序号（$r=1, 2, \cdots, N$；N为系统中旅游中心地总数），P_r是序号为r的旅游中心地的旅游接待总人次，P_1为首位旅游中心地的旅游接待总人次，q为Zipf指数，

q 与中心地规模结构维数 D 是互为倒数，即 $D=1/q$。

（2）位序—规模结构分维数 D 的定性解析。

D 值的大小反映了区域旅游中心地体系规模结构的不同形态特征，可分解为下述五种基本情况。

1）当 $D<1$ 时，表明不同的中心地旅游接待人数的分布差异大，首位旅游中心地有较强的垄断性，次级旅游中心地的中心性强度较弱。此时区域旅游接待人次高度集中于首位中心地，中心地体系位序规模结构失衡。

2）当 $D=1$ 时，说明首位旅游中心地与最小规模的旅游中心地的旅游接待人数之比恰好是区域内整个旅游中心地体系的旅游中心地数目，为约束型位序规模分布。此时区域旅游接待人次在各中心地分布呈现梯度有序的理想状态，中心地体系位序规模结构形态极佳。

3）当 $D>1$ 时，表明不同旅游中心地的旅游接待人数分布相对均匀，位于中间位序的旅游中心地数目比较多，而且首位旅游中心地的垄断性并不高。此时区域旅游接待人次在各中心地的分布相对均衡有序，中心地体系位序规模结构优良。不过，随着 D 值的增大，整个中心地系统作为一个整体的整体性的增强效应就开始降低了，系统整体的结构会逐渐松散化，但是系统的整体性在一定程度上还是增强的，首位中心地的中心性作用非常明显。但 $D>3.3$ 时，预示着系统整体性开始变弱，具有中心性的中心地的中心性作用离散、弱化，系统等级结构也显著松散。

4）当 $D\to 0$ 时，表明区域内仅有唯一的旅游中心地。

5）当 $D\to\infty$ 时，表明旅游中心地体系中旅游中心地位序规模无差异。

9.4.2.3　实证分析

依据旅游中心地体系的Zipf位序—规模法则对新疆旅游中心地体系的空间规模分维数做测度分析。模型测算分为两步，首先进行旅游中心地首位指数计算，再做旅游中心地体系位序—规模分维数计算。对于新疆旅游中心地体系的位序—规模分维数测度，本文将分别测度2012年和2013年两个年度的旅游接待人次数据值，然后给出对比性的判断。

（1）旅游中心地首位指数测算。

1）关于首位度与首位中心指数概念。首位度表达的是整个中心地体系发展要素在最大中心地的集中程度，首位度可通过首位中心指数做出定量表达。

马克·杰斐逊（M. Jeffersong）为便于理解和简化首位度测算，提出了2中心地指数 $S_2=P_1/P_2$ 概念，即以首位中心地旅游接待人次与次中心地旅游接待人次的比值刻画首位中心地与二级中心地之间的规模结构比例关系，来表达首位旅游中心地针对二级中心地的要素集中程度。一般认为，合理比值是2∶1，若旅游中心地首位度小于2，则表明结构正常，首位中心地处于集中适度状态；而出现大于2时，则有结构失衡问题，意味着首位中心地产生过度集中的趋势。

为了更全面地反映出首位中心地的首位度，后来又有人提出了4中心地指数 S_4 和11中心地指数 S_{11} 概念，即 $S_4 = P_1/(P_2 + P_3 + P_4)$，引用于旅游中心地体系分析中，就表示首位旅游中心地旅游接待人次与第二、第三和第四中心地旅游接待人次之和的比值。同理可类推 $S_{11} = 2P_1/(P_2 + P_3 + \cdots + P_{11})$。

对于 S_4 和 S_{11}，其值趋近1则较理想，表明首位中心地与次级的旅游中心地游客接待位序—规模结构呈比较均衡的梯度匹配关系；若 S_4 和 S_{11} 小于1，则反映出首位中心地的集中度是偏弱的；若 S_4 和 S_{11} 大于1，则反映出首位中心地的集中度是偏强的。

因此，综合运用 S_2、S_4 和 S_{11} 三个指数则能够更全面地表达出首位旅游中心地与次级的旅游中心地之间所形成的旅游接待位序—规模结构的均衡特征，更有利于分析判断所存在的问题。

2）对新疆旅游中心地三种中心指数的测算。为了全面反映新疆旅游中心地体系的位序—规模特征，本文运用三种中心指数来进行分析判断（旅游接待人次数据见表9-3）。

根据马克·杰斐逊首位律，由表9-3的数据计算出新疆旅游中心地体系的首位指数，即2中心地指数 S_2、4中心地指数 S_4 和11中心地指数 S_{11}：

$$S_2 = P_1/P_2 = 5.058429$$

$$S_4 = P_1/(P_2 + P_3 + P_4) = 1.721402$$

$$S_{11} = 2P_1/(P_2 + P_3 + \cdots + P_{11}) = 0.939459$$

其中，P_n 表示按旅游接待规模排在第 n 位的中心地旅游接待人次。

3）对三个指数的分析判断。依据Zipf位序—规模法则得到如下基本分析，首先，$S_2 = 5.058429$，远远高于理想值2，表明从2012年的数据来看，旅游接待人次位于首位的乌昌吐石旅游圈与排次位的伊犁州直旅游圈相比，首位度明显过度偏高；其次，对于 $S_4 = P_1/(P_2 + P_3 + P_4) = 1.721402$，首位地乌昌吐石城市群旅游圈与处在第二、第三、第四位的伊犁州直、阿勒泰和巴州三个旅游圈之和相比，依然显示出过于偏高的首位度；最后，从 $S_{11} = 2P_1/(P_2 + P_3 + \cdots + P_{11}) = 0.939459$ 角度看，比值则趋向合理，表明乌昌吐石与其他10个旅游中心地综合比较，旅游接待人次规模比例具有相对的均衡性。

综合上述三指数的分析，可以得到以下判断和认识。一是乌昌吐石旅游圈作为以乌鲁木齐城市圈为核心的大旅游经济区，该区域在全疆旅游中心体系结构关系中的旅游集散功能和旅游产品资源具有高度的集中性。二是分布于南北疆的各地州（市）10个旅游圈域发展总体上处于相对偏低的均衡水平上。尽管位居第二、第三、第四位次的三个区域水平相对要好得多，但是总体上南北疆仍缺少能

有效担当二级旅游中心地的地州（市）区域。

或许这正是新疆绿洲旅游承载力受绿洲地理区块空间约束的必然结果？是不是以地州（市）为划分旅游中心地的基本单元偏小了？是否应构建跨地州更大区域的旅游中心地分析系统呢？比如，在北疆是否可以把环准噶尔盆地北缘区块的阿勒泰、塔城和克拉玛依三个旅游圈视为一个旅游中心地系统，把伊犁州直和博州地区两个旅游圈共同视为一个旅游中心地系统是否合理呢？要回答这些问题显然还需要更为充分的论据。

（2）旅游中心地体系位序—规模分维数计算。

1）模型计算。根据空间规模分维模型，对数线性关系等价于幂函数关系，若是双对数的坐标图上的位序—规模点，呈直线关系或其中部分呈直线关系，那么就可以断定存在分形，直线上点的范围即为无标度区，以 $\ln P_r$ 为纵坐标，以 $\ln r$ 为横坐标做散点图，然后再进行线性回归的模拟（见图 9－1、图 9－2）。

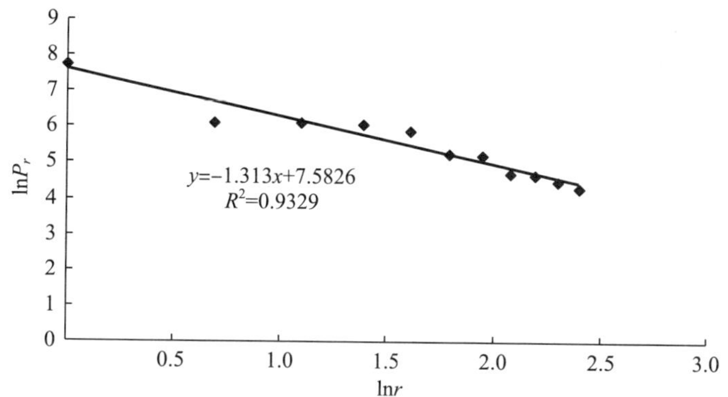

图 9－1　新疆旅游中心地规模分布双对数坐标图（基于 2012 年数据）

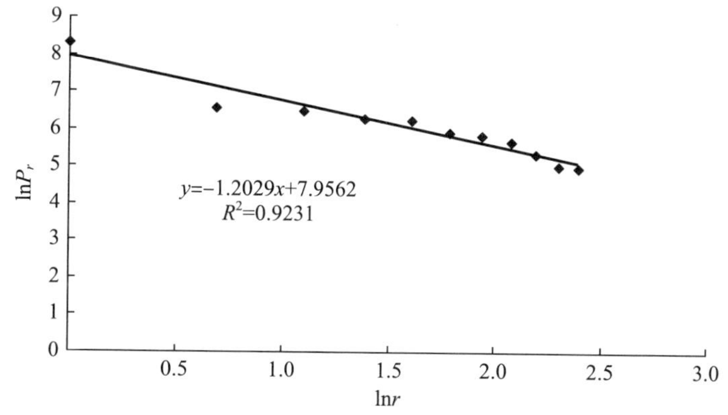

图 9－2　新疆旅游中心地规模分布双对数坐标图（基于 2013 年数据）

2）分维结论。如图 9－2 所示，对于 2012 年的旅游接待人次进行模拟的结果是 $q=1.2029$，分维数 $D=0.8313$，$R^2=0.9231$，两组数据模拟的相关性都较好。

依据位序—规模分维的五种特征值，上述两次测度的分维值 D 值均小于 1，显然两年的数据情况可以较为充分地表明上述新疆旅游中心地体系位序—规模结构属于 $D<1$ 的类型，即表明不同中心地旅游接待人次分布差异较大，首位旅游中心地有较强的垄断性，次级旅游中心地的中心性强度较弱。

因此，首位度指数和位序—规模分形结构一致反映新疆区域旅游接待人次高度集中于首位中心地，可推断出该旅游中心地体系模型的位序—规模分布缺乏有序的梯度关系，各中心地旅游接待人次分布差异程度较大，首位中心地乌昌吐石旅游圈垄断性显著，二级旅游中心地不明显，故旅游中心地体系位序—规模结构明显失衡。

9.4.2.4　本节小结

首先，从上述新疆旅游中心地的位序—规模分维结构来看，大体可以把新疆旅游中心地体系划分为三个等级。一级旅游中心地即首位旅游中心地乌昌吐石城市群旅游圈；处于二级的旅游中心地位置的大体有 4 个，即伊犁州直旅游圈、阿勒泰地区旅游圈、巴州旅游圈和喀什地区旅游圈；处于三级的旅游中心地位置的大体有 6 个，即阿克苏地区旅游圈、哈密地区旅游圈、克拉玛依市旅游圈、塔城地区旅游圈、和田地区旅游圈和博州地区旅游圈。分析结果显示，4 个二级的旅游中心地与首位旅游中心地之间的差距确实过大，是新疆旅游中心地体系位序—规模梯度结构失衡的关键问题。

其次，从位序—规模结构分析结果看，新疆旅游业发展“十二五”规划打造“一个中心”（乌昌旅游集散中心）具有显著效果。以 2013 年数据为例，统计数据显示，乌昌吐石城市群旅游圈总共接待游客 4057.24 万人次，占整个新疆旅游接待人次的 51.223%。上述模型分析以 2012 年旅游接待人次测算的新疆旅游中心地体系的位序—规模维数为 0.7616；以 2013 年数据测算出的位序—规模维数为 0.8313，提高了 0.07。当分维值越接近于 1 时，区域旅游接待人次在各中心地分布越能呈现出梯度有序的理想状态，中心地体系的位序—规模结构形态越好。

由此可以看出，新疆“十二五”旅游业发展规划提出的“三条核心产业带、六个重点旅游区、四个特色旅游区、二十个精品景区、三条旅游环线”的旅游发展总体格局对于优化新疆旅游中心地体系的位序—规模结构起到了积极的发展作用，但是对于二级旅游中心地的培育依然是优化结构的关键所在。

那么接下来的 9.4.3 节将从空间聚集的角度来分析新疆旅游中心地体系的凝

聚态与向心性特征，进一步解析这11个旅游中心地构建体系的结构特征与问题。

9.4.3 新疆旅游中心地体系空间聚集的分维研究

本节采用聚集维数来反映新疆旅游中心地的分布从旅游中心地向周围腹地的密度衰减特征。从旅游中心地体系的空间结构上讲，就是反映体系结构的连续性和紧凑性特征。在数据上，聚集分维模型仅需以欧氏距离（即俗称的乳牛距离）进行测算即可。

9.4.3.1 数据选择与处理

本节数据的获取是将地图《新疆维吾尔自治区旅游交通地图（2013）》上的旅游中心地要素投影到数字化地图上，运用MAPGIS软件测出各旅游中心地到中心旅游中心地的欧氏距离，实测数据是以乌鲁木齐市作为乌昌吐石城市群旅游圈空间上的中心点位，其他10个旅游圈巴州、克拉玛依市、阿勒泰地区、博州地区、哈密地区、伊犁州直、塔城地区、阿克苏地区、和田地区与喀什地区以相应地州首府城市（依次是库尔勒市、克拉玛依市、阿勒泰市、博乐市、哈密市、伊宁市、塔城市、阿克苏市、和田市、喀什市）所在地图标示位置代表各中心地空间位置来进行距离测量。

9.4.3.2 空间聚集维数测算方法

根据分形理论模型来构建旅游中心地体系空间聚集的分形结构模型，当各旅游中心地按照某种自相似规则围绕中心旅游中心地（级别较高的旅游中心地）呈凝聚态状分布时，而且分形体是向各个方向均匀的变化，在忽略边界效应情况下，若凝聚分布不为多重分形，那么就可以认定旅游中心地数目N的函数与回转半径$R_{(N)}$有以下关系：

$$R_{(N)} \propto N^{\frac{1}{D}} \qquad (9-3)$$

类比于Hausdorff维数公式，可以得出，式中D即为分维，这说明如果上述假设是正确的，则可以运用回转半径法来测算旅游中心地系统空间聚集分维数。为避免受半径R单位取值的影响，可以将它转化成平均半径，则定义的平均半径是：

$$R_N = \left[\left(\frac{1}{N}\sum_{i=1}^{N} r_i^2\right)^{\frac{1}{2}}\right] \qquad (9-4)$$

其中，R_N为平均半径；r_i为第i个旅游中心地到旅游中心地的欧氏距离；N为旅游中心地个数，符号［…］表示平均，因为这里的D反映的是测算点围绕中心点随机聚集的特征，所以也可以称它为聚集维数，可纳入到广义的半径维数之中。于是得到分维关系式：

$$R_N \propto N^{\frac{1}{D}} \qquad (9-5)$$

聚集维数 D 反映了旅游中心地聚集体系结构的紧凑性特征。从聚集维数 D 值判断，聚集特征表现为三种状态值。

（1）当 $D<2$ 时，表示旅游中心地聚集体系的空间分布从核极向四周密度衰减，即体系结构层次紧凑，核极的中心性强，旅游中心地体系为较高紧致度的结构体，是良好的分形演化。

（2）当 $D=2$ 时，表示旅游中心地聚集体系的空间分布是在半径的方向上均匀变化，其分形性质已退化，无凝聚态结构体系。

（3）当 $D>2$ 时，表示旅游中心地聚集体系的空间分布从核极向四周的密度是递增的，核极旅游中心地不具备中心性作用，这种情况是一种不正常的现象。

9.4.3.3　实证分析

（1）模型计算。

作为首位度极高的乌鲁木齐城市圈（乌昌吐石）一级旅游中心地，其空间聚集的分形水平如何？现以乌鲁木齐市（乌昌吐石）为测量中心对聚集维数做测算，即以乌鲁木齐市为投影中心的要素点分布在数字化地图上，通过 MAPGIS 软件得出其他各点到中心点的中心距 r_i，再通过公式转化为平均半径 R_N，改变 N 可以得到相对应的 R_N 值，所得相关数据如表 9－4 所示，以（R_N，N）做双对数坐标图（见图 9－3），通过 OLS 求出 11 个旅游中心地以乌鲁木齐为中心的聚集维数值。

表 9－4　新疆旅游中心地体系空间结构随机聚集分维数据表

以乌鲁木齐市为中心（乌昌吐石）							
旅游中心地	N	r_i	R_N	旅游中心地	N	r_i	R_N
乌昌吐石	1	0	0	伊犁州直	7	14.4	11.12
巴州	2	7.2	5.09	塔城地区	8	14.5	11.6
克拉玛依市	3	8.5	6.43	阿克苏地区	9	19	12.63
阿勒泰地区	4	13	8.56	和田地区	10	28.2	14.94
博州地区	5	13.1	9.64	喀什地区	11	30.8	17
哈密地区	6	13.9	10.47				

数据来源：《新疆维吾尔自治区旅游交通地图册（2012）》。

测算依据：《新疆维吾尔自治区旅游交通地图册（2012）》，新疆维吾尔自治区对外文化交流协会出版；比例尺 1∶3500000，r_i 的单位是公里。

（2）实证结论。

由图 9－3 可知，空间聚集维数 $D=0.773624$，测定系数 $R^2=0.931847$，相关性良好。

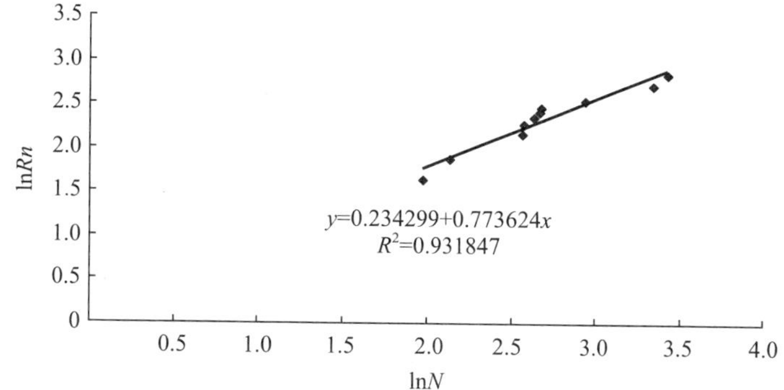

图9-3 新疆旅游中心地系统聚集分形维数双对数图

所测值 $D<1$，于是可推断：首位中心地乌昌吐石城市群旅游圈向各次级中心地辐射的空间分布呈密度衰减态势，旅游中心地体系分布结构趋向线性空间，但是中间存在断层。说明局部分形结构的紧致性较好，而整个首位中心地体系的凝聚结构有一定的紧凑度但是紧致性并不很高。

从图9-3可以看出，回归线存在显著突变，表明该聚集分形结构体是不稳定的。它反映了新疆地理空间相对过大，上述11个旅游中心地之间的关联不均衡性很突出，也说明旅游中心地体系分布的绿洲地理空间碎片化破损度是较高的，导致首位中心地向次级中心地的交通辐射密度衰减变化的非连续跳跃情况较重，即中间梯次的过渡关系连续性不足。

9.4.3.4 本节小结

从聚集分维结果看，上述11个样本构成的新疆旅游中心地体系的空间分形结构密度总体上是从首位旅游中心地向周围腹地衰减的，但是空间上的连续性较弱，局部紧致性较好而整体紧致性偏弱，反映了新疆干旱与半干旱地理空间上的绿洲碎片化导致的绿洲城镇孤岛效应，致使旅游景区吸引物与集散地的空间聚集效能较低。

综合来讲，以上问题的关键还是新疆旅游中心地之间的距离较远，旅游资源分布差异较大，空间上的距离导致上一级旅游中心地不能很好地带动下一级旅游中心地的发展，两地之间的连通性就会较弱。为了克服地理空间上的缺陷，一方面要积极开发新的旅游资源形成新的旅游中心地，使各级旅游中心地之间连接紧密；另一方面要做好交通基础设施建设。关于这一点，接下来的9.4.4节将利用分形统计理论模型中的空间关联维数来作相关的测算分析。

9.4.4 新疆旅游中心地体系空间关联的分维研究

旅游景区、景观的空间结构研究中常用到的一种方法是测算分形关联维数，它一样适用于中心地体系结构的特征，主要用于揭示旅游中心地系统各相关要素分布的空间关联性。本章将利用乌鸦距离和乳牛距离来分别测度新疆旅游中心地之间的空间关联特征。

9.4.4.1 数据选择与处理

利用 Arcgis 工具对新疆交通图矢量化，分别测算 11 个旅游中心地测量基点（以 11 个旅游中心地所在区域中心城市的地图点位为基点）两两间的乌鸦距离（即两地间直线距离），构成 11×11 乌鸦距离矩阵（见表 9－5），两两间的乳牛距离（即两地间的最近交通里程），构成 11×11 乳牛距离矩阵（见表 9－6）。

表 9－5 新疆旅游中心地（地图测量点）的乌鸦距离矩阵 单位：公里

	乌鲁木齐市	伊宁市	喀什市	阿勒泰市	博乐市	哈密市	和田市	塔城市	库尔勒市	阿克苏市	克拉玛依市
乌鲁木齐市	0	504.2	1077.5	450.1	465.3	489.4	990.2	487.5	257.8	671.7	290.5
伊宁市		0	680	669	108	980	776	328.5	455	328	321.5
喀什市			0	1345	800	1513	430.5	985.5	897	408	996.5
阿勒泰市				0	572	697	1373	407	689	968	354
博乐市					0	949	880.5	224	481.5	439	238
哈密市						0	1299	943	617	1150	755
和田市							0	1100	741	451.5	1026
塔城市								0	614.5	660	195
库尔勒市									0	498	442
阿克苏市										0	617
克拉玛依市											0

表 9－6 新疆旅游中心地的乳牛距离矩阵 单位：公里

	乌鲁木齐市	伊宁市	喀什市	阿勒泰市	博乐市	哈密市	和田市	塔城市	库尔勒市	阿克苏市	克拉玛依市
乌鲁木齐市	0	697	1467	666	515	589	1427	545	473	1005	313
伊宁市		0	1286	987	252	1282	1245	831	629	825	599
喀什市			0	1782	1525	1796	501	1627	1008	463	1395
阿勒泰市				0	798	933	1742	527	1133	1665	402
博乐市					0	1094	1484	643	977	1064	411
哈密市						0	1758	1136	803	1336	903

续表

	乌鲁木齐市	伊宁市	喀什市	阿勒泰市	博乐市	哈密市	和田市	塔城市	库尔勒市	阿克苏市	克拉玛依市
和田市							0	1587	969	586	1355
塔城市								0	1006	1165	233
库尔勒市									0	546	789
阿克苏市										0	933
克拉玛依市											0

9.4.4.2 空间关联维数测算方法

陈彦光和刘继生最早是类比于奇异吸引子的关联维数的定义而提出空间关联维数的。一般地，假设区域内有 N 个旅游中心地，那么构建旅游中心地体系空间分布结构模型可用关联维数模型方法，由关联维数 D 反映出旅游中心地体系的空间分布结构的均衡状态。模型公式为：

$$C_r = \frac{1}{N^2}\sum_{i=1}^{N}\sum_{j=1}^{N} H(r-d_{ij}),(i \neq j) \tag{9-6}$$

其中，C_r 为关联函数，表示满足一定条件的旅游中心地的数目；r 为给定的尺度；d_{ij}则是第 i 个旅游中心地与第 j 个旅游中心地之间的距离，d_{ij}可取欧氏距离（又称乌鸦距离），d_{ij}也可以取实际交通里程（又称乳牛距离），由此也表明关联维数 D 实际是对旅游中心地之间交通网络连通性的刻画；H 为 Heaviside 跃阶函数，其基本性质为：

$$H(r-d_{ij}) = \begin{cases} 1 & (r-d_{ij}) > 1 \\ 0 & (r-d_{ij}) < 1 \end{cases} \tag{9-7}$$

在实际的计算过程中，为了计算方便，通常将 C_r 计算公式改为：

$$C_r = \sum_{i,j=1}^{N} H(r-d_{ij}),(i \neq j) \tag{9-8}$$

式（9-8）中所得关联函数 $C_{(r)}$ 与给定尺度 r 满足关系式：

$$C_r \propto r^D \tag{9-9}$$

D 在该式中是旅游中心地体系空间分形的关联维数，满足该式则表明旅游中心地体系的空间分布结构具有分形特征。一般情况下，点列（C_r，r）并不是完全呈对数线性分布，而是存在相应的无标度区间。

关联维数 D 值一般在区间（0，2）变化，反映区域旅游中心地体系空间利用效率与连通性的特征，即各旅游中心地体系空间分布与通勤关联的均衡关系。

（1）当 $D \to 2$ 时，表示该区域旅游中心地体系空间分布均匀但连通水平较低，交通关联为弱相关，表明旅游中心地体系结构缺乏层次性，中心性强弱梯度结构失衡。

（2）当 $D \to 0$ 时，表示该区域内各旅游中心地之间空间连通性极强，旅游中心地体系空间分布高度集中于某一地区，交通关联十分紧密。此时区域旅游中心地具有高度极化性，空间分布严重失衡，空间利用效率较低，区域内多数地区无旅游中心地分布。

（3）当关联维数 D 位于 0 与 2 之间较为中间的值时，表示该区域内旅游中心地体系空间分布相对均匀且连通性较好，空间利用效率相对充分，交通关联比较紧密，表明旅游中心地体系结构有一定的层次性关系，中心性强弱梯度结构相对均衡。

空间关联维数不仅可以反映出中心地体系各要素之间的交通网络通达性，而且能够指示出旅游中心地之间的关联性。d_{ij} 为实际交通里程即乳牛距离时就可以得出交通网络的关联维数 D'，因此，可以定义牛鸦维数比为

$$\rho = D' / D \tag{9-10}$$

ρ 越靠近于 1，表明旅游中心地之间的交通网络通达性越好，从而旅游中心地体系各要素的关联度越高。

9.4.4.3　实证分析

（1）模型计算。

现从空间关联维数角度对 11 个旅游中心地较分散的空间分布状态做进一步解析。根据新疆旅游中心地的交通距离情况，测度时以步长 $\Delta r = 50$ 公里取尺度 r 的值，各旅游中心地两两间距离在尺度 r 的每次取值范围内的点数 N_r 随 r 值变化而变化，即改变 r 得出一系列 N_r 值，通过 N_r 与 N^2 的比值，计算出 C_r 由计算式（9－8）与式（9－9）得到一个点对（r，C_r）系列，如表 9－7、表 9－8 所示。

表 9－7　标度 r 及其相对应的关联函数 C_r（根据乌鸦距离矩阵表）

序数	1	2	3	4	5	6	7	8	9
r	1500	1350	1300	1250	1200	1150	1100	1050	1000
$N(r)$	119	117	115	113	113	111	109	107	105
$C(r)$	0.983	0.967	0.95	0.934	0.934	0.917	0.908	0.884	0.868
序数	10	11	12	13	14	15	16	17	18
r	950	900	850	800	750	700	650	600	550
$N(r)$	95	91	87	85	81	79	67	61	59
$C(r)$	0.785	0.752	0.719	0.702	0.669	0.653	0.554	0.504	0.488

续表

序数	19	20	21	22	23	24	25	26	27
r	500	450	400	350	300	250	200	150	100
N (r)	57	41	31	29	23	19	15	13	11
C (r)	0.471	0.339	0.256	0.24	0.19	0.157	0.124	0.107	0.091

表 9-8　标度 r 及其相对应的关联函数 C_r（根据乳牛距离矩阵表）

序数	1	2	3	4	5	6	7	8	9	10	11
r	1750	1700	1650	1600	1550	1500	1450	1400	1350	1300	1250
N (r)	115	113	111	109	107	105	101	99	95	93	89
C (r)	0.95	0.934	0.917	0.901	0.884	0.868	0.835	0.818	0.785	0.769	0.736
序数	12	13	14	15	16	17	18	19	20	21	22
r	1200	1150	1100	1050	1000	950	900	850	800	750	700
N (r)	87	85	81	77	71	65	59	59	53	49	49
C (r)	0.719	0.702	0.669	0.636	0.587	0.537	0.488	0.488	0.438	0.405	0.405
序数	23	24	25	26	27	28	29	30	31	32	
r	650	600	550	500	450	400	350	300	250	200	
N (r)	45	41	35	25	21	17	17	15	13	11	
C (r)	0.372	0.339	0.289	0.207	0.174	0.14	0.14	0.124	0.107	0.091	

以 $\ln r$ 为横坐标、$\ln C_r$ 为纵坐标做出散点图，结果如图 9-4、图 9-5 所示。

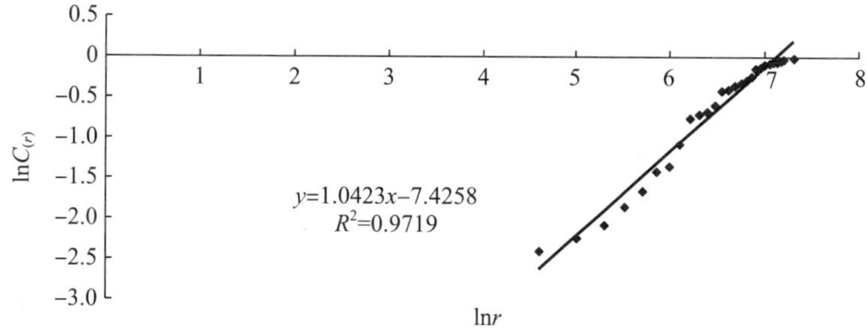

图 9-4　新疆旅游中心地空间分布双对数坐标图（根据乌鸦距离矩阵）

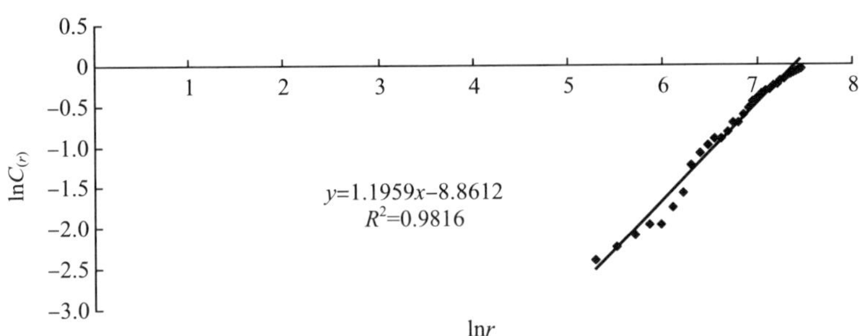

图 9－5　新疆旅游中心地空间分布双对数坐标图（根据乳牛距离矩阵）

（2）实证结论。

由图 9－4 可知，空间关联维数 $D=1.0423$，测定系数 $R^2=0.9719$，相关性良好。

由图 9－5 可知，交通网络关联维数 $D'=1.1959$，测定系数 $R^2=0.9816$，相关性良好，$\rho=D'/D=1.1474$，牛鸦比值 ρ 大于 1。

于是可推断，上述 11 个旅游中心地构成的体系在空间分布上也具有分形特征，即表明新疆旅游中心地体系的自组织演化在空间结构方面表现出优化趋势；该旅游中心地体系模型的空间分布总体较为均匀，但公路交通距离偏大，即中心地之间还是弱相关的交通关联。这表明，旅游中心地体系结构层次性的不足，中心性强弱梯度结构不够合理；ρ 值较高，表明新疆旅游中心地之间公路交通网络还不够完善，整体交通网络通达性还不够成熟。

9.4.4.4　本节小结

由于新疆“三山夹两盆”的地理形态与干旱气候所生成的碎片化的绿洲孤岛环境，使新疆各地州间旅游中心地的交通跨距显得过度大。比如，南疆重镇喀什市与新疆门户哈密市就相距达 1500 多公里，在一个省份的两个重要城市能有这么远的距离估计也只有新疆了。新疆各地州的间距或城市间距基本都是几百公里以上的大跨度，极大地阻碍着旅游中心地的体系化发展。从本节的实证分析结果可以看出，本章所述的新疆 11 个旅游中心地构建体系在地理分布上的确有显著的空间不均匀性，彼此之间的关联性明显较弱，必须进行长期不断的交通建设。

尽管新疆的旅游交通发展已得到国家高度重视与建设投入，特别是新疆“十二五”规划在旅游交通方面确立了“四横两纵”高速公路骨架和“五横七纵”干线公路网格局，但是毕竟自然地势很难使任意两个城市之间形成理想的直线公路，就像博乐市与喀什市之间欧氏距离（直线距离）约 800 公里，而交通里程却高达 1500 多公里。所以对于新疆旅游交通发展，还需要加大旅游航空网的战略性发展，不断推进疆内各地州（市）支航旅游网的高水平构建。同时在“一带一路”新经济地理大背景下，更需要积极构建新疆的旅游高铁网系统。

9.5 对缓解绿洲城镇孤岛效应的评价

9.5.1 实证研究的基本结论

（1）位序—规模分维的实证结论。

由上述 11 个旅游圈构成的旅游中心地体系在位序—规模结构上的失衡状态十分显著，其现实问题就是实际扮演着二级中心地角色的喀什、伊犁和阿勒泰这三个地区的旅游接待规模水平还远未达到“十二五”规划的定位目标，目前尚未充分承载起全疆二级旅游中心地功能。这三个假设二级旅游中心地的旅游集散辐射能力与其他 7 个地区（假设为三级中心地）相比并未能显著地脱颖而出。因而缓解“旅长游短”问题反映在位序—规模结构上，就是需要重点加大上述三个二级中心地的发展力度。

（2）聚集分维的实证结论。

对于课题组所构建的由 11 个旅游中心地构成的体系，其中 10 个次级中心地在聚集分维上以乌昌吐石城市群旅游圈为核心形成了相对良好的凝聚态分形结构，总体上属于有利于缓解“旅长游短”的结构形态，尤其是乌昌吐石城市群旅游圈的首位主导作用非常显著。相应的现实情况就是乌吐石城市圈在新疆地理空间的交通优势地位突出，以乌鲁木齐市为中心的公路交通辐射网达到了优良水平，统领着全疆旅游中心地体系结构的空间伸展。

（3）关联分维的实证结论。

从关联分维看，11 个中心地的空间地理结构表现为较均匀的分布关系，说明对整个新疆自然地理空间的利用效率应是相对较好的；然而从新疆公路交通联络角度来看，各旅游中心地之间就有突出的弱相关性问题。

这意味着 11 个旅游中心地的空间分布若要实现连通效率较优的点—轴式线性结构，在新疆全域性的地理条件上具有极大的困难性，尽管新疆绿洲、交通和城镇分布的点—轴线性结构十分突出。从这一点看，其优化方向仍然是大力提升二级旅游中心地水平、完善中心地体系梯度结构并大力增强多级交通建设，着力发展网络式旅游中心地体系空间结构。

也就是说，缓解“旅长游短”关键在于提升二级旅游中心地的旅游中心性强度与交通辐射能力，既要不断推进交通网络化和立体化发展，更要着力开发高水平旅游项目、产品与服务品牌，使二级旅游中心地的旅游吸引力和集散服务能力达到更高的规模水平。

（4）“旅长游短”暨绿洲城镇孤岛效应的问题所在。

归纳以上基本结论，可见实证假设（即新疆“十二五”规划确立的旅游中心地体系结构布局）的首位中心地具有强中心性、强垄断性的凝聚结构形态；而作为重点规划建设的三个二级中心地的中心效能依然偏低；新疆旅游中心地体系的交通网建设依然是结构优化的基础问题，对完善新疆绿洲旅游中心地体系和破解“旅长游短”问题的作用尤为关键。总体来看，虽然新疆旅游中心地体系结构发育已具备有利的分形结构特征，并且在某些方面达到了优良状态，但是仍存在比较突出的结构失衡问题。

问题一：作为一级旅游中心地的乌鲁木齐都市圈承载新疆商贸、旅游与集散活动过度集中，而作为二级旅游中心地的三个主要地区旅游聚集功能还明显偏弱。

问题二：10 个次级旅游中心地发展水平普遍较低，供给相应旅游中心产品的集中度与乌鲁木齐都市圈一级旅游中心地之间级差过大。

问题三：这 11 个旅游中心地在新疆 166 万平方公里地理域面的空间分布结构还是明显地分散不均，极大地影响着旅游交通与经济效率的提升。

这三个问题的关键所在就是二级旅游中心地过于偏弱，导致整个旅游中心地体系达不到良好的梯度结构关系。因此整个体系在全疆的空间分布上便表现为首位度偏高、梯度断层和空间分散等，这应是新疆“旅长游短”问题空间结构的症结。

就位序—规模结构来看，伊犁州直属区域和阿勒泰地区明显是北疆旅游板块上最主要的两大旅游产品供给地，“十二五”以来两地的年游客规模合计平均已达千万人次以上。但是这两个区域跨度很大，两地中心城市伊宁市与阿勒泰市之间的公路里程约 1000 公里（国道 + 高速路）。从旅游接待人次比较，伊犁州直旅游圈和阿勒泰地区旅游圈几乎难分伯仲，两者在北疆大旅游板块上成为乌鲁木齐都市圈一级旅游中心地的南北两翼，三地间共同构成北疆大旅游板块的三角结构体系。也就是说，伊犁州直旅游圈与阿勒泰地区旅游圈明显担当着二级旅游中心地的角色，但是这两个二级旅游中心地的中心性功能和交通辐射条件仍然有较大缺陷，需要进一步发展壮大和提升能力。

同样地，在南疆大旅游板块上，巴州旅游圈和喀什旅游圈便是相应的两个二级旅游中心地。然而以上 4 个二级旅游中心地相对于一级中心地乌昌吐石城市圈而言却都明显分量不足，所以只有大力促进这 4 个初具规模的二级旅游中心地的

竞争性发展，从中间跃升出更强的旅游中心地，未来才能更有效地提升和改善新疆旅游中心地体系的整体水平，才能更加有效率地缓解新疆旅游的“旅长游短”，从而对缓解绿洲城镇孤岛效应发挥出更大的效能。

9.5.2 进一步促进绿洲城镇孤岛效应缓解的对策分析

综合以上关于新疆旅游中心地体系结构的分形实证所取得的分析依据，课题组提出优化新疆旅游中心地体系空间结构、促进“旅长游短”与绿洲城镇孤岛效应问题缓解的对策分析。

要进一步推动新疆旅游中心地体系结构位序—规模与空间分布的优化发展，必须依赖强有力的发展机遇和外部条件，需要从全球化国际大视野角度出发突破对新疆经济地理区位的传统认知。因此可以说“一带一路”倡议的提出又一次开启了新疆千载难逢的历史性大时代，其国际化大视野的构图前所未有地将新疆推到了中国开放战略的新前沿，从而使新疆过往长期处于国内经济市场末端绵延几千公里的沿边地州，将会以华丽的姿态成为面向亚欧国际市场的前沿滩头。这一战略布局早在2010年就在新疆初露端倪，中央政府高瞻远瞩地在喀什和伊犁霍尔果斯两地分别设立了国家级的开放特区，着力打造面向南亚和中亚并直指亚欧大市场的沿边关口，为新疆“一带一路”核心区的定位提前埋下了重要伏笔。

可见构建新疆旅游中心地新体系优化策略一定要着眼于“一带一路”倡议的发展要求，从连通国内国际两大市场的空间关系来勾画。所以就必须清楚地看到新疆传统的空间区位将发生的根本性转变，要充分认识到各沿边地州将扮演的新区位角色。进一步讲，就是要看到持续增长的国内国际投资将会在新疆沿边地州开放区形成聚集，从而有力地推动我国向西开放的交通资源、人力资源和产业资源在“一带一路”核心区形成高聚集区，因此必将会带来新疆沿边地州旅游发展的绝对优势条件。

9.5.2.1 基于位序—规模分维结构的对策分析

若从实证获得的位序—规模分维数（$D=0.7616$）来解读，则反映了新疆的不同中心地旅游接待人次分布差异较大，首位旅游中心地有较强的垄断性，次级旅游中心地的中心性强度较弱的特征。全疆旅游接待人次高度集中于首位中心地乌昌都市圈，显示出旅游中心地体系位序—规模结构较严重的失衡状态。

从资源特色、开发基础和品牌影响力等综合考虑结构优化对策，课题组认为北疆的伊犁州直属地区、阿勒泰地区和南疆的喀什这三个地区显然更适合作为新疆主要的二级旅游中心地加以重点规划培育，着力提升它们的旅游中心性功能。首先，要充分有效地把这三个地区在“一带一路”核心区建设中聚集的多种资源投入转化为促进区域旅游发展的有效条件，积极借势发展三个沿边地州的旅游开发。其次，要从旅游业发展战略规划上给予伊犁、阿勒泰和喀什三个沿边地州更多的5A级高水平景区为代表的产品开发优先条件，促进三地区充分发挥出特色旅游资源的优势条件，培育更具世界影响力的旅游产品。最后，要充分运用旅游营销等多种手段积极开拓围绕伊犁、阿勒泰和喀什三个地区的国内国际旅游精品线路，凝练具有国际影响力的高端品牌。总之，应积极通过对伊犁、阿勒泰和喀什三大旅游中心地的高水平开发，创建三个水平更高的旅游产业聚集区是优化改善新疆旅游中心地体系的关键，也是适应丝绸之路经济带核心区建设的基本要求。

乌鲁木齐作为首位旅游中心地，具有较强的垄断性，应高效发挥出龙头带动效能，积极引领和协同好各旅游中心地的建设。各旅游中心地要在基础设施建设、发展定位、资源高效利用、品牌营销和旅游服务管理等方面着力进行改善和提升，既要不断凝练和叫响各中心区域旅游的自我品牌特色，更要使各中心地相互之间进一步加强体系化的协同创新。以上策略分析的核心与实质就是抓住关键、重点突破、优化结构。

9.5.2.2　基于空间聚集分维结构的对策分析

若从新疆旅游中心地体系的空间聚集维数（$D=0.773624$）解读，则反映了新疆旅游中心地聚集体系的空间分布从核极向四周密度衰减（体系结构层次紧凑）的基本特征，表明核极的中心性很强，也就是全疆旅游中心地体系基本上以乌昌都市圈一级中心呈较紧致度的空间分布结构关系。由此来看，空间聚集维数所得出的结论与位序—规模维数的结论基本吻合：乌鲁木齐市作为首位旅游中心地的中心性很强，其他二级、三级旅游中心地的中心凝聚能力有相对较弱的显著表现。

也就是说，新疆旅游中心地体系（11个中心地）总体已具有较好的一级旅游中心地分形凝聚结构特征，这对推进二级以下的旅游中心地成长意味着一个良好基础的形成。各级旅游中心地特别是沿边地州应该积极围绕口岸建设、景区资源与城镇交通协同以及品牌营销等来强化旅游中心功能的提升。

一是借助口岸经济的发展来提升旅游影响力，充分利用喀什、伊犁、吉木乃等口岸的开发政策，比如争取简化签证办理手续便利游客入境旅游的政策。尤其要用心借势“一带一路”建设来提升新疆旅游业的市场化和国际化水平，充分利用国际国内这两个市场、两种资源推进沿边旅游开发。二是深入推进各地不同旅游景区之间、景区与旅游中心城镇之间的通道建设。三是政府增强政策推进效能，继续争取和加大旅游交通的金融与财政支持。四是各个旅游中心地不断凝练发展规划与精准定位，按照高端化和国际化的水准进一步提升旅游服务层次、旅游产品特色和旅游品牌形象。这四个方面的核心与实质就是扩大影响力、增强辐

射力、提升中心能力。

9.5.2.3 基于空间关联分维结构的对策分析

若从空间关联维数（$D=1.868573$）解读，则反映了新疆旅游中心地体系（11个中心地）空间分布均匀但连通水平不足，交通的弱相关性突出，旅游中心地体系结构缺乏有效层次，中心性强弱梯度结构失衡等基本特征。也就是说，中心地之间相互关联、相互作用的关系在结构的有序性和高效性品质方面存在明显的缺陷。

在《新疆旅游业发展三年行动计划》（2013）（以下简称《计划》）中可以看到，自治区政府对于促进结构优化的规划思路，比如《计划》确定要积极打造7条旅游精品线。其中非常明显地可以观察到，7条旅游精品线的打造均是以乌鲁木齐为中心辐射其他旅游中心地。因此积极推进落实《计划》，显然会有效促进阿勒泰、喀什、伊犁等二级旅游中心地发展。通过借力7条旅游精品线路开发来促进和优化各中心地的连通关系，带动较低等级旅游中心地的开发，从而实现推进二级旅游中心地能力和水平提升的战略目标。

此策略分析的核心与实质就是要积极有效地利用好多种政策支持、充分发挥出政策效力，通过重大政策的落实着力促进高水平旅游中心地交通、服务和品牌水平的升级，从而改善体系结构、促进“旅长游短”与绿洲城镇孤岛效应缓解取得实效。

9.6 本章研究中存在的不足

由于课题研究正处于“十二五”规划实施推进过程中，比如高速公路建设的不少项目尚未完全竣工，因此本文采用的公路交通数据总体属于“十一五”末的水平，而且两个重要开发区建设尚在初期阶段。由此推断，新疆旅游中心地体系结构的优化效果应在“十三五”后才可能有明显释放，而丝绸之路经济带建设无疑将增强其可信度。

另外，新疆“十二五”还规划了支撑旅游中心地发展的旅游节点城镇、旅游强县和特色旅游城镇构成的城市群，为各级旅游中心地增强空间关联性提供了一个由多级交通网络连通的城镇节点系统。但本章的实证分析中并未考虑城镇节点系统因素，这显然是很大的不足。

最后，在关联维数测度时一般多用交通距离作为关联参数，这可能会很大程度地偏离现实，因为除了交通距离外新运输技术和工具的出现对旅游中心地关联作用也非常大，比如高速公路比一般的国道就大大地提高了连通效率，用时间参数替代距离参数的测度就可能更为准确。同样，对于位序—规模结构分析模型也可以考虑以旅游收入参数替代接待人次参数。

参考文献

［1］陆玉麒．明清时期太湖流域的中心地结构［J］．地理学报，2005，60（4）：587－596.

［2］李恕宏．安徽省中心地结构与城镇体系建设初探［J］．安徽师范大学学报（自然科学版），2002，25（2）：194－198.

［3］张敏等．长江三角洲全球城市区空间建构［J］．长江流域资源与环境，2006，15（6）：787－791.

［4］樊杰等．基于中心地理论对银川市服务功能的解析［J］．地理学报，2005，60（2）：248－256.

［5］张凡等．CAS 理论在中心地理论研究中的应用［J］．微计算机应用，2005，26（2）：133－138.

［6］王心源等．基于雷达卫星图像的黄淮海平原城镇体系空间结构研究［J］．地理科学，2001，21（1）：57－63.

［7］王心源，范湘涛，郭华东．自然地理因素对城镇体系空间结构影响的样式分析［J］．地理科学进展，2001，20（1）：68－72.

［8］陈彦光．中心地体系中的分形和分维［J］．人文地理，1998，13（3）：19－24.

［9］陈彦光．城市体系 KOCH 雪花模型实证研究——中心地 K_3 体系的分形与分维［J］．经济地理，1998，18（4）：33－37.

［10］陈彦光．中心地体系空间结构的标度定律与分形模型——对 Christarller 中心地模型的数学抽象与理论推广［J］．北京大学学报（自然科学版），2004，40（4）：626－634.

［11］陈彦光，刘继生．中心地体系与水系分形结构的相似性分析——关于人—地对称关系的一个理论探讨［J］．地理科学进展，2001，20（1）：81－88.

［12］陈彦光．城镇等级体系的 Beckmann 模型与三参数 Zipf 定律的数理关系——Beckmann 城镇等级—规模模型的分形与分维［J］．华中师范大学学报（自然科学版），2001，35（2）：229－233.

［13］刘伟强．云南旅游地域系统地位研究［J］．地理学与国土研究，1990，6（2）：56－60.

［14］柴彦威等．旅游中心地研究及其规划利用［J］．地理科学，2003，23（5）：547－553.

［15］李玲，李娟文．湖北省旅游中心地空间结构系统优化研究［J］．经济地理，2005，25（5）：740－744.

［16］何调霞．旅游中心地的内涵及成长机制研究［J］．无锡商业职业技术学院学报，2010，10（2）：27－30.

［17］何调霞．长三角旅游中心地等级体系及职能优化研究［D］．安徽师范大学博士学位

论文，2006.

［18］李晓东等．新疆旅游中心地等级体系初构［J］．干旱区地理，2011，34（2）：331－336.

［19］黄静波．湖南省旅游中心地空间结构系统构建与优化［J］．旅游学刊，2008，23（2）：51－55.

［20］简王华等．欠发达地区旅游中心地发展与演变——以南宁市为例［J］．旅游学刊，2008，23（8）：34－38.

［21］何调霞．旅游中心地空间外向度及等级体系研究——以全国 27 个优秀旅游城市为例［J］．资源开发与市场，2006，22（3）：297－300.

［22］胡小红，颜俊．湖北旅游中心地发展状况综合评价及其空间结构系统构建［J］．武汉职业技术学院学报，2007，6（3）：100－103.

［23］林刚．试论旅游地的中心结构——以桂东北地区为例［J］．经济地理，1996，16（2）：105－109，111.

［24］颜俊．基于 AHP 优化湖北旅游中心地空间结构系统的研究［J］．国土资源科技管理，2007，24（3）：91－94.

［25］陈建设，朱翔，徐美．基于分形理论的区域旅游中心地规模与空间结构研究——以湖南省为例［J］．旅游学刊，2012，27（9）：34－39.

［26］徐金发，韩强，吴军．关于亚心大旅游区的构想与设计［J］．新疆大学学报（社会科学版），2000，28（3）：19－21.

［27］阚耀平．哈密地区旅游资源开发研究［J］．干旱区地理，1999，22（3）：77－81.

［28］杨兆萍，刘默然．新疆观光农业类型、发展格局与趋势［J］．干旱区地理，2000，23（2）：155－158.

［29］阎顺．新疆旅游资源及其开发利用［J］．干旱区地理，2001，24（4）：297－304.

［30］阎顺等．乌鲁木齐旅游业与旅游资源开发［J］．干旱区地理，2001，24（1）：1－8.

［31］杨兆萍．新疆旅游地域系统及其精品体系建设［J］．干旱区地理，2003，26（1）：57－63.

［32］李景宜．新疆入境旅游市场竞争态分析［J］．干旱区地理，2003，26（1）：64－67.

［33］张海霞，阎顺，张旭亮．新疆旅游饭店等级、规模、空间结构的分析与对策［J］．干旱区资源与环境，2004，18（4）：72－75.

［34］刘玲等．新疆境内旅游者游憩活动空间分析［J］．广西科学院学报，2004，20（2）：96－98.

［35］张海霞，张旭亮．新疆国内游客出游取向分析及差异性对策探讨［J］．边疆经济与文化，2005，16（4）：39－42.

［36］王松茂，何昭丽，海米提·依米提．新疆国际旅游业集中度及产业结构分析与优化［J］．桂林旅游高等专科学校学报，2006，17（1）：81－84.

［37］刘亚军．乌鲁木齐城市经济圈七城市旅游地吸引力评价及分析［D］．新疆大学博士学位论文，2006.

［38］韩芳．新疆南疆五地州旅游空间整合研究［D］．新疆师范大学博士学位论文，2007.

[39] 王璐．新疆乌昌地区旅游资源整合研究 [D]. 新疆师范大学博士学位论文，2007.

[40] 王娟．旅游非优区的旅游开发研究——以哈密地区为例 [D]. 新疆师范大学博士学位论文，2007.

[41] 陈彦光．论分形与旅游景观 [J]. 人文地理，1997，12（1）：62－66.

[42] 戴学军，丁登山，林岚．长三角地区旅游圈吸引物体系空间结构聚集分形特征 [J]. 地理研究，2010，29（12）：2189－2200.

[43] 王英姿等．武夷山双遗产地旅游景区系统等级结构的分形分析 [J]. 山地学报，2008，26（1）：103－112.

[44] 李凤华等．吐鲁番葡萄沟风景区旅游发展的 SWOT 分析和开发对策研究 [J]. 资源与产业，2007，9（1）：59－63.

[45] 杨国良等．区域旅游关联与景区（点）系统分形结构的关系——以四川省为例 [J]. 四川师范大学学报（自然科学版），2010，33（2）：257－265.

[46] 吴必虎．区域旅游规划原理 [M]. 北京：中国旅游出版社，2001：322－363.

[47] 陆大道．区域发展及其空间结构 [M]. 北京：科学出版社，1995.

[48] 卞显红．城市旅游空间结构研究 [J]. 地理与地理信息科学，2003，19（1）：105－108.

[49] 常正文，王兴文等．德国南部中心地原理 [M]. 北京：商务印书馆，1998.

[50] 奥古斯特·勒施．经济空间秩序——经济财贸与地理间的关系 [M]. 王守礼等译．北京：商务印书馆，1995.

[51] 扬吾扬，梁进社．高等经济地理学 [M]. 北京：北京大学出版社，1997.

[52] 许金根．旅游中心城市建设与西部旅游业的发展 [J]. 宝鸡文理学院学报（社会科学版），2003，23（4）：67－71.

[53] 周一星等．城市中心性与我国城市中心性的等级体系 [J]. 地域研究与开发，2001（4）：1－5.

[54] 林岚等．旅游目的地系统空间结构耦合与优化研究——以福建省为例 [J]. 人文地理，2011（4）：140－146.

[55] 强海洋，张小雷，雷军．基于分形理论的新疆干旱区绿洲城镇体系研究 [J]. 干旱区地理，2010，33（5）：802－808.

[56] 陈彦光，罗静．河南省城市交通网络的分形特征 [J]. 信阳师范学院学报（自然科学版），1998，11（2）：171－177.

[57] 刘继生，陈彦光．城镇体系空间结构的分形维数及其测算方法 [J]. 地理研究，1999，18（2）：171－178.

[58] 冯晓玉，杨宏伟．环准噶尔旅游产业带景区系统空间结构的分形研究——以"阿勒泰千里旅游画卷"为例 [J]. 经济地理，2012，32（11）：171－176.

[59] 陈彦光，刘继生．城市规模分布的分形和分维 [J]. 人文地理，1999，14（2）：43－48.

[60] 刘继生，陈彦光．城镇体系等级结构的分形维数及其测算方法 [J]. 地理研究，1998，17（1）：82－89.

第 10 章　论证报告九：优秀旅游城市建设对缓解新疆绿洲城镇孤岛效应的影响

10.1　引言

作为旅游业发展的重要空间载体，旅游城市的体系化建设是新疆旅游业发展的空间战略依托。与此同时，旅游资源的战略性开发不断推动和提升了旅游城市的体系化发展。"九五"以来的中国优秀旅游城市创建为新疆旅游城市的体系化建设带来了历史性机遇，产生了极大的推动力，至"十五"末基本形成了新疆各地州全域性的优秀旅游城市体系框架，对缓解新疆绿洲城镇孤岛效应无疑产生了非常重要的作用。

新疆旅游业"十二五"发展目标明确要大力构建旅游城镇体系。"十二五"规划提出重点建设三个旅游集散中心，包括乌鲁木齐旅游集散中心、喀什旅游集散次中心和伊宁旅游集散次中心；不断完善八座旅游中心城市，即库尔勒市、阿克苏市、阿勒泰市、吐鲁番市、哈密市、和田市、克拉玛依市和博乐市。无疑"十一五"以来 10 年间的旅游资源战略性开发也是新疆旅游城市体系建设提质增效的一个重要时期，有效地促进了绿洲城镇孤岛效应的缓解，推进了新疆绿洲城镇体系的成长发展。

优秀旅游城市作为旅游经济活力的主要释放点，对其进行空间分析有助于认识旅游业发展的空间格局。由于旅游资源禀赋和发展基础的差异，新疆旅游经济发展表现出明显的时空差异。新疆复杂的自然环境导致地理阻隔大、交通进入难、市场距离远和生态承载力脆弱，形成了长期难解的绿洲城镇孤岛效应。因此，研究优秀旅游城市空间分布特征和优秀旅游城市地理分布差异，对认识旅游资源战略性开发缓解绿洲城镇孤岛效应的作用具有重要意义。

10.2 新疆优秀旅游城市体系的构成与发展

新疆优秀旅游城市经过1995年以来的近20年创建与发展，已形成一个遍布全疆各地州（市）的旅游城市体系，成为支撑新疆旅游发展的城市主干系统。自1995年国家旅游局开展创建“中国优秀旅游城市”活动以来，新疆21个城市积极参与了创建活动，截至2006年获得“中国优秀旅游城市”称号的有吐鲁番市、库尔勒市、乌鲁木齐市、喀什市、克拉玛依市、哈密市、阿克苏市、伊宁市、阿勒泰市、石河子市、博乐市、昌吉市和阜康市。

这13个优秀旅游城市占全疆城市总数的近2/3（2012年统计数据），除阜康市外，其余各城市均是所在地州的首府城市，全疆12个地州的首府城市中仅塔城市、和田市、阿图什市尚未获得中国优秀旅游城市称号（截至2012年）。事实上到2014年，随着“十二五”新疆旅游资源战略性开发的进一步推进，塔城市、和田市、阿图什市以及五家渠市、阿拉尔市、乌苏市与北屯市旅游业都获得了较快的发展，成为新疆较有影响力的一批新旅游城市。若是再纳入这些城市的旅游发展情况，那么优秀旅游城市体系的构成则应远远超过13个。但是考虑到需要对优秀旅游城市评价有一个较清晰权威的标准，本课题仍然以获得“中国优秀旅游城市”称号的13个城市作为分析样本。

值得一提的是，2006年12月，国务院办公厅下发了《关于清理评比达标表彰活动的意见》文件，致使2008年以来国家旅游局暂停了优秀旅游城市的评选活动，之后新疆未再增加“中国优秀旅游城市”头衔的新城市。尽管如此，获得中国优秀旅游城市称号的13个城市事实上旅游业不断取得新的发展，成为新疆各地州开发旅游资源和支撑旅游经济的主要集散中心。仅以“7·5”事件之后的2010年为例，各优秀旅游城市的旅游收入占到了新疆旅游总收入的48.9%。随着新疆旅游资源战略性开发的持续推进，新疆优秀旅游城市的体系化发展也将更加深入和广泛，从而不断推进新疆城市体系的优化并促进绿洲城镇孤岛效应获得有效的缓解。

10.3 新疆优秀旅游城市的空间体系结构

10.3.1 整体分布结构

（1）基于 GIS 空间分析。

运用 GIS 空间分析法，对 13 个优秀旅游城市的空间分布状态进行分析，其计算公式为：

$$R = \frac{\overline{r}_I}{\overline{r}_e} \tag{10-1}$$

其中，R 为凝聚分布指数，$\overline{r}_I$ 为最邻近点之间的距离 r_I 的平均值，$\overline{r}_e$ 为理论最邻近距离。当 $\overline{r}_I = \overline{r}_e$ 时，$R = 1$，说明点状要素随机分布；当 $\overline{r}_I > \overline{r}_e$ 时，$R > 1$，说明点状要素均衡分布；当 $\overline{r}_I < \overline{r}_e$ 时，$R < 1$，说明点状要素凝聚分布。$\overline{r}_e$ 可以用如下公式计算：

$$\overline{r}_e = \frac{1}{2\sqrt{\frac{n}{A}}} = \frac{1}{2\sqrt{D}} \tag{10-2}$$

其中，n 为点状要素的个数，A 为区域面积，D 表示点状要素的密度。

因此，式（10－1）可转换为：

$$R = 2\overline{r}_I\sqrt{D} \tag{10-3}$$

$\overline{r}_I$ 的计算利用新疆测绘局网站提供的电子地图为基础，大致测量出 13 个旅游城市的最邻近距离 r_I 的平均值，得到 $\overline{r}_I \approx 175$ 公里。为减小绘图产生的误差，$\overline{r}_e$ 的计算采取实际区域面积，由《新疆统计年鉴》（2011）可知 $A = 166.4897$（单位：10^4 平方公里），已知 $n = 13$，由式（10－2）求得 $\overline{r}_e \approx 179$ 公里。由式（10－3）计算得到凝聚分布指数 $R \approx 0.98$，可知 R 的值略小于 1，凝聚分布特征不显著，若考虑一定测量误差因素，R 的值应在 1 的左右，点状要素可近似看作随机分布。利用如 R2V 软件和 Arc View GIS 软件，采用比例尺为 1∶6400000 的新疆维吾尔自治区全图为底图，把所有的优秀旅游城市抽象为点状要素，并标注在底图上。从图 10－1 可直观地看出，优秀旅游城市的分布是不均衡的，南疆区域的旅游城市比例很少，大部分优秀旅游城市分布在北疆区域。

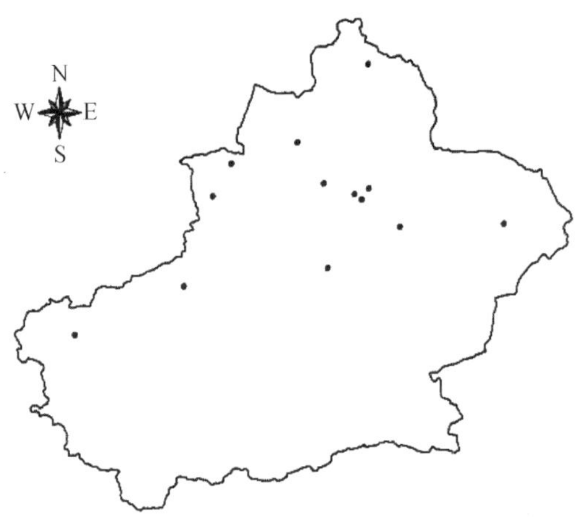

图 10－1 新疆优秀旅游城市分布图

这个结果不仅与新疆的旅游资源分布、人口分布及绿洲经济特点是吻合的，而且与其他学者运用不同方法得出的研究结果也是一致的。

（2）基于交通线路的空间离散度分析。

因乌鲁木齐市是新疆的首府城市，是新疆的政治、经济、文化中心，处于进出新疆必经的交通要塞上。从历年各城市的旅游人数比较来看，乌鲁木齐市均是新疆旅游人数最多的地区。因此乌鲁木齐市在所有优秀旅游城市中的首位度最高。若以乌鲁木齐市为原点，以中国交通地图集中各旅游城市之间的公路交通距离来看，距离乌鲁木齐市在 100 公里以下范围内的城市有 2 个，分别是昌吉市和阜康市；100～500 公里范围内的城市有 4 个，分别是石河子市、吐鲁番市、克拉玛依市和库尔勒市；500～1000 公里范围内的城市有 4 个，分别是博乐市、哈密市、伊宁市和阿勒泰市；1000 公里以上范围的城市有 2 个，分别是阿克苏市和喀什市。

若以乌鲁木齐市为区位定点，以其他 12 个优秀旅游城市到乌鲁木齐市的公路距离为依据，引入空间离散度公式：

$$V = \frac{\sigma}{D}, \sigma = \sqrt{\frac{\sum_{i=1}^{n}(x_i - \bar{x})^2}{n}} \tag{10-4}$$

其中，V 为旅游城市空间离散指数，σ 为某个旅游城市距离乌鲁木齐市的标准差，D 为各优秀旅游城市距离区位定点的平均距离。

经过计算可得：$D = 506.62$（公里），$V = 0.8343$。由此说明，若以乌鲁木齐市为中心点，新疆各优秀旅游城市空间分布是较为分散的。这对新疆旅游业的发

展是不利的，而且历史的、客观的原因造成的新疆缺乏大城市的现实难以在短时间内得到改善。从已有的研究来看，在等级规模上新疆的特大城市仅1个（乌鲁木齐市）、大城市1个（石河子市）、中等城市7个、小城市10个。

因此，目前从旅游业的发展来看，新疆旅游城镇化建设的重点不应全面撒网，而应继续加大中等城市和小城市城镇化建设的力度，使新疆城市等级规模趋于合理，这样不仅有利于新疆城镇体系布局的形成，而且有利于新疆旅游业的可持续发展。

10.3.2 空间聚集特征

在新疆辽阔的地域面积上，13个优秀旅游城市的分布具有显著的要素凝聚特征，主要受交通、资源和经济要素分布的不同而呈现出优秀旅游城市的非均衡分布状态，具体表现有交通凝聚、资源凝聚和经济区域凝聚三种不同的空间聚集特征。

（1）交通凝聚特征。

交通凝聚特征主要表现为优秀旅游城市多围绕旅游干线而分布的状态，另外则可看作优秀旅游城市有较强的交通资源凝聚性要求。

首先，就公路交通线而言，新疆优秀旅游城市主要分布在312国道、314国道、315国道、216国道、217国道、218国道等7条国道沿线绿洲带的重要节点上，而且博乐市、石河子市、昌吉市、乌鲁木齐市、吐鲁番市、哈密市均为连—霍高速公路沿线绿洲的重要节点。

其次，在铁路交通线方面，目前新疆优秀旅游城市中除阿勒泰市、阜康市以外，其他11个城市均分布在铁路沿线上（按计划阿勒泰市将于2015年年底开通客运火车）。

最后，在航空机场分布方面，目前新疆有通航机场16个，其中拥有机场的优秀旅游城市有9个，分别是乌鲁木齐市（地窝堡机场）、克拉玛依市（克拉玛依机场）、阿勒泰市（阿勒泰机场）、伊宁市（伊宁机场）、阿克苏市（阿克苏机场）、库尔勒市（库尔勒机场）、喀什市（喀什机场）、吐鲁番市（吐鲁番机场）、博乐市（博乐机场）。可见这些新疆优秀旅游城市多数也都是支线客机枢纽节点，具有民航优先发展的优势。

（2）资源凝聚特征。

资源凝聚特征主要指优秀旅游城市的行政或经济区域范围内多会分布有比较丰富且规格高的旅游资源（自然景观或人文景观），另外则可看作高规格旅游景观资源开发对于优秀旅游城市发展具有要素凝聚优势。

根据国家旅游局网站和新疆旅游局网站公布的A级景区（点），如表10-1

所示，新疆（含兵团）共有1A～5A级景区265个，优秀旅游城市所辖景区（点）有111个，占41.89%。新疆（含兵团）3A级及以上的景区（点）共144个，优秀旅游城市所辖景区（点）有66个，占45.83%。充分说明优秀旅游城市占据着近一半的新疆高品质旅游资源。

表10－1　新疆优秀旅游城市所辖景区情况

地区/城市	旅游景区（个）					合计（个）
	AAAAA级	AAAA级	AAA级	AA级	A级	
全疆（含兵团）	4	47	93	94	27	265
乌鲁木齐市	—	9	6	8	3	26
克拉玛依市	—	2	3	4	—	9
石河子市	—	1	5	2	—	8
库尔勒市	—	—	1	1	—	2
昌吉市	—	1	1	2	4	8
阿勒泰市	—	—	5	6	1	12
吐鲁番市	1	3	2	—	—	6
哈密市	—	2	5	2	—	9
伊宁市	—	—	3	1	—	4
博乐市	—	2	1	1	—	4
喀什市	—	1	4	3	—	8
阜康市	1	—	2	2	—	5
阿克苏市	—	—	—	2	—	2
喀什市	—	1	4	3	—	8
13个城市合计	2	22	42	37	8	111
占整体比例（%）	50.00	46.81	45.16	39.36	29.63	41.89

数据来源：根据国家旅游局网站和新疆旅游局门户网站公布的资料整理而得。

（3）经济区域凝聚特征。

经济区域凝聚特征，主要指较高水平的经济发展区域往往凝聚有较多的优秀旅游城市，另外则可看作较高水平经济区域具有旅游开发的要素凝聚优势。

2000年，新疆提出率先发展天山北坡经济带，以此带动经济发展的战略举措，10年来，天山北坡经济带已发展成为新疆核心经济发展区域，更成为新疆经济发展的重要增长带。2011年出台的新疆“十二五”规划更延伸了天山北坡经济带范围，将原来的东起乌鲁木齐市、西到乌苏市扩大到东起哈密西到伊宁，

并计划将其建成国家重要的经济增长带。在这条经济带上，分布着哈密市、吐鲁番市、乌鲁木齐市、阜康市、昌吉市、石河子市、克拉玛依市、博乐市、伊宁市共 9 个城市，占所有优秀旅游城市的 69.2%。这 9 所城市 2008 ~ 2010 年的国内生产总值占全部旅游城市的 89.71%，旅游收入占 87.04%，旅游人数占 81.2%。新疆“十二五”规划中提出的天山南坡产业带上，则集中了库尔勒市和阿克苏市 2 个优秀旅游城市。喀什市的位置更是得天独厚，2011 年国务院确定其为国家级经济特区，成为其发展历史上的崭新一页。

10.4 优秀旅游城市对缓解城镇孤岛效应的积极影响

城市体系的空间布局受多方面复杂因素的影响，对于优秀旅游城市而言也同样如此。优秀旅游城市的体系化推进意味着新疆城市体系的发展，这种发展体现了旅游引导的产业一体化和规模化成长，因而明显能够增强对绿洲城镇孤岛效应的缓解功效。观察解析新疆优秀旅游城市空间分布结构的形成原因，有助于认识优秀旅游城市体系化发展对缓解绿洲城镇孤岛效应的影响因素乃至相应的作用机理。

10.4.1 空间分布结构的成因

通过上述优秀旅游城市体系空间分布结构的定量解析，归纳发现行政区位因素、城市经济因素、交通便利因素、旅游资源因素和旅游政策因素是影响新疆优秀旅游城市空间分布结构的 5 个重要方面。通过对这 5 个重要因素的分析解读，能够进一步认识优秀旅游城市体系化发展对新疆绿洲城镇孤岛效应缓解的影响机理。

（1）行政区位因素。

通过经济与人口数据分析，可以发现行政区位是影响新疆各优秀旅游城市呈现地理均衡分布特征的一个关键而重要的因素。新疆 14 个地州（市）中，除塔城地区的塔城市、克孜勒苏柯尔克孜自治州的阿图什市、和田地区的和田市以外，2 个地级市乌鲁木齐市和克拉玛依市以外和其余 9 地州的首府城市均为优秀旅游城市。乌鲁木齐市作为新疆的首府城市，在所有优秀旅游城市中的区位优势度最高，而除克拉玛依市和阜康市以外的其余 9 个城市均是所在地州的政治、经济与文化中心。

行政中心城市的显著行政区位优势，为优秀旅游城市建设提供了相对优厚的基础条件，特别是在新疆各地州层面吸引着区域中往来的最大人流与物流，是各地州吸引和集散游客的主要中心区。

（2）城市经济因素。

由于位居地州行政中心的综合优势，新疆的13个优秀旅游城市几乎都是各地州经济发展的主要中心，具有经济发展的相对优越性，这为优秀旅游城市的发展提供了良好的经济基础和条件。

以2010年数据为例，当年新疆21个城市共创造生产总值3852.33亿元（当年价），占全区生产总值的比重为70.85%。13个全国优秀旅游城市共创造生产总值3473.85亿元（当年价），竟然占全区21个城市生产总值的比重为90.18%，占全区生产总值的比重为63.89%，其中乌鲁木齐市GDP超过了1000亿元，克拉玛依市GDP超过了500亿元，库尔勒市GDP超过了400亿元，而石河子市、昌吉市、阿克苏市、哈密市4个市GDP超过了100亿元（见图10－2）。

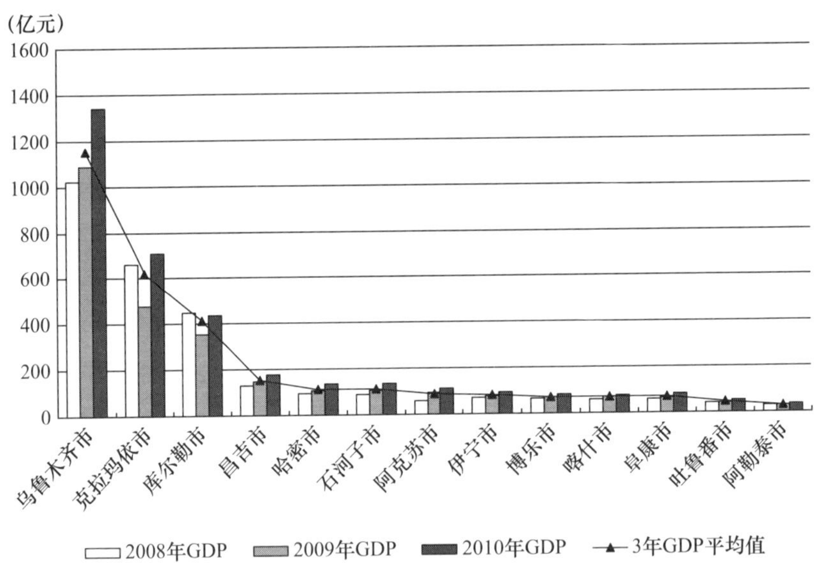

图10－2　2008～2010年新疆13个优秀旅游城市地区生产总值

可见新疆13个优秀旅游城市几乎也都是各地州经济发展的中心城市，反映出经济指标在优秀旅游城市评价中的关键性，同时也说明优秀旅游城市建设对城市经济条件有严重依赖。

（3）交通便利因素。

出行的方便程度是游客旅行优先考虑的重要因素，而长期制约新疆绿洲旅游业发展的一个关键问题恰是交通不够便利，因此交通改善带来的大量人流一直是新疆旅游业持续发展的重要推动力量，也极大促进了优秀旅游城市的成长发展。比如“十一五”以来的十余年间是新疆高速公路、铁路与民航交通取得历史性超速发展的时期，而这一时期也恰是新疆 13 个国家优秀旅游城市的创建高峰期。

“十一五”期间，新疆公路交通基础设施建设完成投资 830 亿元（含生产建设兵团 123 亿元），甚至比规划目标 552 亿元超额完成 21.7%。截至 2010 年底，新疆全区公路总里程达 15.3 万公里（含生产建设兵团 3.2 万公里），比 2009 年年末增加 2159 公里，比“十五”末增加 16624 公里。“十二五”规划曾远期预计到 2020 年新疆铁路营运里程将增加到 1.2 万公里，覆盖所有地市级城市和 90% 的县级城镇。新疆铁路网结构将形成向东 4 条出疆通道，即兰新线、哈临线、青新线、新藏线；向西 4 条出境通道，即兰新线西段、精伊霍铁路、中吉铁路、中巴铁路；区内 4 个环线，即环塔里木盆地、准噶尔盆地、天山北坡、吐鲁番盆地的新疆铁路主要干线网。

“十二五”期间，新疆还重点加大了枢纽机场建设力度，在支线机场建设方面新建石河子、塔中、莎车、楼兰、富蕴机场，“十二五”末新疆机场数量接近 21 个、实际运营航线 100 余条。2011 年就已有 15 个国家、25 个国际城市和 45 个国内城市与乌鲁木齐国际机场通航。21 世纪以来不断增大的公路、铁路、航空等方面基础设施的持续建设投入，再次历史性地使新疆旅游交通得到巨大改善优化。

目前来看，新疆各优秀旅游城市的形成在空间上基本分布于重要公路、铁路的干线绿洲带，各优秀旅游城市或拥有辖区民航机场或位于首府国际机场都市圈内，能够为日益增长的游客旅行提供越来越现代便利的交通服务。可见，交通便利因素极大地影响着新疆优秀旅游城市的创建和发展，是优秀旅游城市空间分布的重要因素之一。

（4）旅游资源因素。

旅游是资源导向性十分突出的产业，一个地区的旅游资源禀赋状况会极大地影响到优秀旅游城市发展的空间布局。新疆城市发展相对来说存在市场区位偏远、城市规模较小、城市建设相对滞后的一些劣势，因此城市的旅游吸引力并不算十分突出。从实际情况来看，新疆的多数优秀旅游城市创建特别需要依托高水平的自然景观开发来获得支撑，所以高水平旅游景观资源的分布和开发对优秀旅游城市布局发展至关重要。

就资源而言，新疆具有丰富多样的旅游资源储备。根据旅游局的公开资料，按《旅游资源分类、调查与评价》（GB/T 18972－2003）归类，新疆旅游资源有

8个主类、31个亚类、103个基本类型的类型结构。与全国旅游资源的类型结构（8个主类、31个亚类、155个基本类型）相比，新疆主类和亚类资源所占比例均为100%，基本类型达到66.5%。除岩礁、观光游憩海域、港口渡口和码头等基本类型外，新疆旅游资源涵盖大部分基本类型。可见新疆旅游资源的类型丰富度极高，为新疆旅游城市建设创造了非常有利的基本条件。但是新疆的地域十分辽阔，而绿洲地块则相对狭小并且空间分布散碎，对于城镇则必须依托绿洲而布局发展。因此新疆有相当多的优秀旅游城市便出现在雪山和草原风光较突出的绿洲地区，比如北疆的伊犁、阿勒泰、塔城和博州等地区都十分典型。

在很大程度上，相对优越的旅游资源禀赋显然是新疆优秀旅游城市在竞争中取得优势地位的关键。由新疆13个优秀旅游城市的分布特征可以看到，各城市的区域旅游资源都是比较丰富的，一些高品质的景观景区都是当地能够吸引游客的关键因素。尤其对于新疆等级规模较低的县市级中小城市来说，由于受到城市规模和等级的限制，交通便捷程度、商务与购物环境、休闲娱乐设施等皆无法与大城市相抗衡。作为城市旅游目的地，这些中小城市对旅游者的吸引力则很难与大城市相匹敌。如果中小城市能拥有高质量的旅游资源，占据旅游资源优势，那么即使城市功能和现代化设施有所欠缺，亦能够形成较强的旅游吸引力和竞争力。所以拥有丰富的高水平旅游资源是新疆多数优秀旅游城市（以县级城市为主体）取得发展优势的关键所在。

（5）旅游政策因素。

推动旅游业发展的重大政策是新疆旅游业获得发展机遇的关键，也是促进新疆优秀旅游城市体系发展的重要推动力，对新疆优秀旅游城市布局发展的行政区位因素、城市经济因素、交通便利因素和旅游资源因素都会产生综合性的影响。进入21世纪以来特别是“十二五”时期，发展旅游业已上升到我国国家战略层面，在宏观政策的引导下新疆亦步入旅游业发展的快车道，极大地推进了新疆优秀旅游城市的建设和拓展。

“十二五”期间，新疆12个地州提出将旅游业作为战略性支柱产业发展，在自治区三大旅游产业带发展战略、旅游支柱产业发展战略和“三年行动计划”的大力推进下，不仅进一步增强了优秀旅游城市的旅游服务功能与竞争力，而且推进了更多新的旅游城市和旅游村镇的出现与发展。

比如和田市、五家渠市、北屯市、阿拉尔市、奇台县、富蕴县、布尔津县、福海县、温泉县、新源县、库车县、沙湾县和玛纳斯县等，这一批县级市和自治区重要旅游强县尽管没有国家优秀旅游城市的头衔，但是这些市县在国家旅游业发展政策的推动下日益具备较突出的优秀旅游城市功能与特点，进一步丰富壮大了新疆优秀旅游城市的体系空间。再比如可可托海城镇、冲乎尔镇和那拉提镇等一批特色旅游名镇建设也取得了积极成效，在新疆旅游城镇体系中成为具有重要影响力的新型专业旅游城镇。

10.4.2 对缓解绿洲城镇孤岛效应的积极影响

综上所述，在行政区位因素、城市经济因素、交通便利因素、旅游资源因素和旅游政策因素的综合影响下，通过积极克服不利因素和促进有利因素，特别是“十一五”与“十二五”以来的新疆优秀旅游城市体系获得快速成长与发展，不断优化了新疆旅游城市体系的空间结构与空间关系，较显著地壮大了新疆绿洲中小城市群的建设发展。一是促进了各绿洲城市群的产业一体化综合发展；二是增强了以旅游业为平台的城镇特色产业的开发和竞争力；三是通过旅游产业带战略促进了各绿洲产业的区域一体化联系和产业分工关系；四是提升了新疆旅游业的规模化水平和综合实力。

这些方面的进步与发展显然有效地促进了新疆绿洲城镇之间的交通关联、产业关联、信息关联等发展关系，激发了新疆绿洲城镇系统的物质与能量交流交换的活力，增强了城镇间的开放互动关系，因此积极促进了新疆城镇对严重的自然绿洲空间碎片结构的克服，使绿洲城镇的孤岛效应缓解问题取得了比较明显的成效。

10.5 结论与启示

尽管由国家旅游局牵引开展的“中国优秀旅游城市”创建活动只经历了大约 10 年时间（1995 ~ 2006 年），但是这一具有重要意义的旅游发展战略举措对新疆旅游业发展产生了比较深远的影响。通过“中国优秀旅游城市”创建活动，获得称号的 13 个新疆优秀旅游城市构成了新疆旅游城市体系的基本框架，产生了持续发展的旅游品牌效应，不断引领新疆各级旅游专业城镇的发展，目前已使新疆各地州构建起多层级和一体化水平不断提升的旅游城市体系。

由于经济区位、自然地理环境和产业结构发展等方面的原因，新疆优秀旅游城市发展的空间布局受到行政区位、城市经济、交通便利、旅游资源和旅游政策等因素的较大影响。在这五个方面条件越有利的城市会更多地拥有优秀旅游城市创建的综合条件，从而获得较好发展。

优秀旅游城市创建作为新疆旅游资源战略性开发的重要部分，直接推动新疆绿洲城镇和旅游产业的发展壮大，比较有效地促进了新疆旅游资源开发与中小城镇建设的整体发展，因此对新疆绿洲城镇孤岛效应缓解产生了积极的作用和影响。

参考文献

［1］黎筱筱，马晓龙，吴必虎．中国优秀旅游城市空间分布及其动力机制研究［J］. 干旱区资源与环境，2006，20（5）：120－124.

［2］何瑛，唐湘玲．新疆旅游经济空间差异初步分析［J］. 湖北农业科学，2011，50（15）：3225－3228.

［3］陈家刚，李天元．中国优秀旅游城市空间分布特征及其优化研究［J］. 华侨大学学报（哲学社会科学版），2009（7）：44－50.

［4］方磊．山西省旅游业空间布局演变及其机理研究［D］. 首都师范大学博士学位论文，2006.

［5］强海洋，张小雷，雷军．基于分形理论的新疆干旱区绿洲城镇体系研究［J］. 干旱区地理，2010，33（5）：802－808.

［6］王燕，阎顺，赵彩龙．新疆旅游资源的类型、等级及空间分布特征［J］. 干旱区地理，2009，32（5）：783－790.

［7］国家质量技术监督局．中华人民共和国标准旅游区（点）质量等级的划分与评定（GB/T 17775－2003）［M］. 北京：中国标准出版社，2003.

后　记

作为国家社科基金项目“新疆旅游资源战略性开发对缓解绿洲城镇孤岛效应的作用机理研究（11XMZ048）”的主要成果，本书的研究过程历时6年，历经了整个“十二五”以及“十三五”起始期。经过几年的观察研究，课题组提出了旅游战略性开发缓解绿洲城镇孤岛效应的基本观点和机理性分析，明确指出旅游业作为绿洲新型城镇化动力引擎的重要时代功能和重大经济动能。

成果即将付梓之际，中共十九大吹响了习近平新时代中国特色社会主义的号角，绿水青山就是金山银山，新发展理念前所未有地被提升到国家基本发展理念的历史性高度，进一步昭示了旅游业在绿洲新型城镇化过程中扮演的关键性经济角色。我们更是欣喜地看到新疆维吾尔自治区党委于2018年4月9日明确提出：“使旅游业真正成为新疆战略性支柱产业，成为新疆经济高质量发展的重要引擎。”

这难道不是给本课题一个巨大的鼓励和肯定吗？作为课题研究者，能使自己的思想符合时代发展脉搏实属不易，更是我们的荣幸。时代发展的动力让我们进一步明确了继续深入开展课题研究的方向和重点。

感谢国家哲学社会科学基金给予我们的有力支持，感谢兵团社科办、石河子大学科技处社科办对课题工作的具体指导。在课题开展过程中，石河子大学商学院原院长陈文新教授、经济与管理学院副院长何剑教授、经济与管理学院李光明教授给我们提出了非常宝贵的意见和建议，在此向他们表示衷心的感谢。参与本课题研究活动的有石河子大学经济与管理学院的教师还包括王春豪副教授、王晓蜀副教授、王惠副教授、周蕾讲师、蒲静讲师，以及原商学院工作的李倩副教授、王平书讲师和韩英经济师等，对他们的付出也表示诚挚谢意。在本课题研究过程中，我的硕士研究生积极参与其中，他们思维活跃、工作努力、富有成效，所发表的论文先后获得北京大学研究生基地学术创新奖（冯晓玉）、新疆维吾尔自治区研究生学术论坛一等奖（张海文）、新疆维吾尔自治区研究生学术论坛二等奖（孙善祥）以及石河子大学硕士研究生优秀毕业论文奖（冯晓玉）等。在此也向这些可爱的研究生们致意，祝愿他们不断进步。

最后要特别感谢的是我的家人，感谢他们的理解、支持、鼓励和陪伴，特别是我的妻子周翠云默默地付出了很多辛劳，女儿小雨以自己的努力学习给予我很多宽慰。我的好兄弟李军、周志勇提供了不少阿勒泰旅游发展方面的鲜活实例，真心感谢他们。

祝愿这些朋友、同事和亲人身体健康、一切安好！祝愿新疆长治久安，祝愿伟大祖国永远繁荣昌盛，早日实现中华民族伟大复兴的中国梦！

杨宏伟

2018 年 4 月 20 日于石河子大学